武汉体育学院学科建设资助项目成果

武汉体育学院“东湖学者”计划项目成果

体育特色小镇建设的理论与实践探索

沈克印 著

WUHAN UNIVERSITY PRESS
武汉大学出版社

图书在版编目(CIP)数据

体育特色小镇建设的理论与实践探索/沈克印著.—武汉:武汉大学出版社,2020.12
ISBN 978-7-307-21709-6

Ⅰ.体…　Ⅱ.沈…　Ⅲ.小城镇—城市建设—研究—中国
Ⅳ.F299.21

中国版本图书馆 CIP 数据核字(2020)第 151795 号

责任编辑:陈　豪　　责任校对:李孟潇　　整体设计:马　佳

出版发行:**武汉大学出版社**　(430072　武昌　珞珈山)
(电子邮箱:cbs22@ whu.edu.cn　网址:www.wdp. com.cn)
印刷:武汉邮科印务有限公司
开本:720×1000　1/16　印张:20.75　字数:297 千字　插页:1
版次:2020 年 12 月第 1 版　2020 年 12 月第 1 次印刷
ISBN 978-7-307-21709-6　定价:68.00 元

序　言

体育特色小镇是以体育为载体的一类特色小镇，融合旅游、健身、休闲、娱乐等多种功能，可以聚焦文化、旅游、养老、金融等多种产业，是我国全面深化改革的产物，是体育产业跨界融合的创新载体，也是推进供给侧结构性改革和新型城镇化的有益探索。建设体育特色小镇是贯彻和落实全民健身、健康中国、体育强国等国家战略的重要内容，是新时代实现全民健身和全民健康深度融合的必然要求，也是推动体育产业高质量发展的重要抓手和实施路径。建设体育特色小镇，对于挖掘和释放体育消费潜力、保障与改善民生、培育新的经济增长点、增强经济增长新动能等具有重要的时代意义和现实价值。

改革开放以来，我国体育产业获得较快发展，特别是步入"十三五"时期，体育产业迎来了难得的发展机遇，体育产业规模逐年扩大，成为推动我国经济发展的新亮点和强势推动力。2018 年，全国体育产业总规模(总产出)为 26579 亿元，增加值为 10078 亿元，体育产业增加值占国内生产总值的比重为 1.1%。我国体育产业前景广阔，潜力巨大，始终保持持续快速发展态势，对经济的贡献不断扩大，有望成为国民经济支柱性产业。2014 年 10 月，国务院发布《关于加快发展体育产业促进体育消费的若干意见》，提出大力发展体育产业，扩大体育产品和服务供给，满足人民日益增长的体育消费需求，推进体育强国建设。近年来，随着我国体育产业规模不断扩大，体育产业与教育、健康、养老、地产、文化、旅游、医疗、互联网、金融等多个领域的融合日益加深，在国家密集出台的促进体育产业发展、建设特色小镇、激发消费潜能的多重政策引导下，体育特色小镇作为特色小镇的一种类型应运而生。

从国家政策来看，体育特色小镇建设是新时期国家体育工作的重点。国家和各级地方政府发布了一系列关于体育特色小镇建设的文件和政策，积极引导和鼓励体育特色小镇建设。2016 年 2 月 2 日，国务院印发《关于深入推进新型城镇化建设的若干意见》，明确指出要加快培育特色小城镇，促进新型城镇化健康有序发展，为经济发展注入新的强劲动力。2016 年 7 月 1 日，住建部联合发改委、财政部发布《关于开展特色小镇培育工作的通知》，提出到 2020 年，全国培育 1000 个左右各具特色、富有活力的特色小镇。2016 年 10 月 25 日，中共中央、国务院发布《"健康中国 2030"规划纲要》，提出要积极发展健身休闲运动产业，推动社会共建共享，实现全民健康。2016 年 10 月 28 日，国务院印发《关于加快发展健身休闲产业的指导意见》，指出打造各具特色的产业带和健身休闲集聚区，推进健身休闲与健康、旅游等产业融合互动。2017 年 5 月 11 日，国家体育总局办公厅印发了《关于推动运动休闲特色小镇建设工作的通知》，标志着全国范围内的体育特色小镇建设工作正式启动。2017 年 8 月，国家体育总局发布了首批 96 个运动休闲特色小镇试点项目名单。经过不到两年的发展，试点项目的建设工作取得了一定进展和成效，但部分试点项目存在着"新瓶装旧酒""简单堆砌""碎片化开发"等问题。2018 年年末，国家体育总局通报取消 3 个试点资格项目和警示整改 30 个项目名单。2019 年 3 月，国家体育总局体育经济司在广泛调研和深入分析各试点项目现状的基础上，针对整体进展、存在问题和实际需求，研制了《运动休闲特色小镇试点项目建设工作指南》，从遵守刚性约束、坚持合理布局、培育产业核心、推进规划工作、明确职责分工 5 个方面，为推进运动休闲特色小镇试点项目规范、健康、高质量发展，指导和规范国家级运动休闲特色小镇试点项目建设提出了具体指导和工作指南。2019 年 8 月 10 日，国务院办公厅印发《体育强国建设纲要》，进一步明确体育强国建设的目标、任务及措施，充分发挥体育在全面建设社会主义现代化国家新征程中的重要作用，提出“体育产业更大、更活、更优，成为国民经济支柱性产业”，并在体育产业升级工程中强调，稳步推进运动休闲特色小镇建设，开展定期测评，实行动态调整，打造10个具有示范意义的小镇样板。2019年9月4日，国务院办公厅印发《关于促进全民健身和体育消费推动体育产业高质量发展的意见》明确提出，要强化示范引领，打造发展载体，稳步推进建设一批规划科学、特色突出、产业集聚的运动休闲特色小镇，推动体育产业高质量发展。由此看出，国家对体育特色小镇发展寄予厚望，希望能够通过体育特色小镇建设，推动体育产业创新和转型升级，推动经济社会整体进步。

党的十九大报告指出，中国特色社会主义进入新时代，我国社会主要矛盾已经转化为“人民日益增长的美好生活需要和不平衡不充分的发展之间的矛盾”。党的十九大以来，确立了“以人民为中心”的发展思想，对新时代的体育工作赋予了重要的责任和期望。没有全民健康，就没有全面小康，实现全民健康离不开全民健身。在“健康中国”和“体育强国”国家战略背景下，体育运动已被公认为一种科学健康的生活方式，可以有效地调节改善人们的生活习惯，形成一种良好的社会方式，成为一种社会稳定器。习近平总书记强调，体育在提高人民身体素质和健康水平、促进人的全面发展，丰富人民精神文化生活、推动经济社会发展，激励全国各族人民弘扬追求卓越、突破自我的精神方面，都有着不可替代的重要作用。李克强总理指出，体育健身和体育消费是经济发展到一定阶段自然而然形成的新增长点。建设体育特色小镇顺应国民经济社会和体育产业发展的趋势，有利于解决体育发展中的“不平衡不充分”问题，满足人民对美好生活的需要。近年来，在新型城镇化、健康中国、全民健身、健康中国等国家战略背景下，伴随着《关于深入推进新型城镇化建设的若干意见》《关于开展特色小镇培育工作的通知》《国家发展改革委、国土资源部、环境保护部、住房城乡建设部关于规范推进特色小镇和特色小城镇建设的若干意见》《国家发展改革委办公厅关于建立特色小镇和特色小城镇高质量发展机制的通知》《体育总局办公厅关于推进运动休闲特色小镇健康发展的通知》《运动休闲特色小镇试点项目建设工作指南》等文件的陆续出台，建设体育特色小镇成为推动体育产业高质量发展的重要空间载体，对于经济发展新常态下发展体育产业、促进产业跨界融合、脱贫攻坚、经济转型升级及城乡一体化发展具有重要意义。

体育特色小镇是体育产业与新型城镇化相互作用的积极成果，它与传统产业园、体育产业集聚区有明显区别，凸显特色产业，以特色产业带动体育产业发展，创新建设理念，推动我国的新型城镇化进程。从产业融合角度来看，体育特色小镇建设的本质是体育产业与旅游、文化、健康、休闲、健康、互联网等产业的融合，提高体育产业的附加值，促进各种产业要素整合，推动产业创新升级，实现体育特色小镇科学长远发展。体育产业是健康产业、绿色产业和朝阳产业，具有需求弹性大、覆盖领域广、资源消耗低、产品附加值高、产业链条长、带动作用强的特点。同时，体育产业还是新兴产业，横跨第一、二、三产业，在新旧动能转换中伴随新技术的诞生，会不断涌现新模式、新产品、新业态，具有较强的可持续性和发展潜力。我国体育产业处在快速发展的上升期，到2035年，体育产业总量占GDP的比重将达到4%左右，届时将成为国民经济发展的支柱性产业。目前，浙江、江苏、北京等省市已经相继开始了体育特色小镇的实践探索，引发了社会各界的广泛关注。当前，我国已进入中等收入国家行列，人民群众的体育健身和体育消费意愿不断提升，且发展潜力巨大，通过建设体育特色小镇，来提高体育产业的发展速度和质量，进而推动我国经济转型升级。

“体育强则中国强，国运兴则体育兴。”①习近平总书记关于体育工

① 朱虹，张静淇. 体育强则中国强 国运兴则体育兴[N]. 人民日报，2017-09-05.

作的重要论断，不仅高度概括了体育对于国家发展的重要作用，也表明了国泰民安对体育发展的支撑作用。国家已经将特色小镇上升到国家战略层面，地方政府纷纷推出自己的体育特色小镇建设计划，多家大型房地产集团已经制定了自己的特色小镇战略，金融界、学术界等都高度关注体育特色小镇的建设。随着体育运动全民化、休闲化与常态化，体育产业得到更长足的发展，在特色小镇建设并快速发展的背景下，建设体育特色小镇也迎来了新的发展机遇。中国特色社会主义步入新时代，发展体育产业是体育强国建设的主要途径，而建设体育特色小镇又是发展体育产业的空间载体。为此，本书主要置于建设体育强国的大背景之下，分析体育特色小镇建设的政策背景、时代意义、理论渊源，并详细介绍国内外体育特色小镇的发展状况，提出一些发展策略和政策建议。

在本书的撰写过程中，笔者查阅了大量的国内外诸多学者的文献资料，对作者和著作权人表示由衷的感谢。特别感谢董芹芹、曾友美等老师的积极支持，也要感谢杨毅然、王志文、张心怡、郜邦国、王雪艳、张胡丽、侯猛、刘璐、张文静等同学为本书的顺利完成做了大量的资料搜集与整理分析工作；同时，还得到了湖北省体育局群体处、上海市体育局、常州市体育局、武汉体育学院经济与管理学院、武汉体育学院体育社会科学研究中心、武汉体育产业研究院、湖北体育产业研究中心等单位的大力支持。

2018 年 8 月 30 日，国家发改委发布《关于建立特色小镇和特色小城镇高质量发展机制的通知》，对特色小镇的发展提出了若干规范管理措施，未来建设体育特色小镇建设需要进一步规范，切实强化对体育特色小镇的统筹指导、统一行动、协同发力，促进体育特色小镇高质量发展。总之，我国体育特色小镇的建设是一个涉及政府、体育特色小镇开发商、产业运营商、体育社会组织、体育企业、公民等多元主体的复杂系统工程，理论和实践研究难度较大，笔者虽竭尽全力研究这个热点，但由于水平和能力有限，还有诸多问题尚待深入研究。

本书中难免有不足之处，敬请读者能够对疏漏之处或不当之处提出宝贵意见，笔者将在此基础上继续研究，为体育特色小镇建设乃至体育产业发展贡献微薄之力。

目　录

第一章　体育特色小镇内涵与建设意义……………………………… 1
第一节　体育特色小镇的内涵特征……………………………………… 2
一、体育特色小镇的缘起………………………………………………… 2
二、体育特色小镇的内涵解读…………………………………………… 6
三、体育特色小镇的多维审视 ………………………………………… 10
第二节　体育特色小镇的建设意义 ………………………………… 17
一、建设体育特色小镇有利于体育资源整合和跨界融合 ……… 17
二、建设体育特色小镇有利于推进体育产业供给侧改革 ……… 20
三、建设体育特色小镇有利于推动新型城镇化进程 …………… 22
四、建设体育特色小镇有利于推进健康中国建设 ……………… 24
五、建设体育特色小镇有利于助力体育扶贫工作 ……………… 25

第二章　体育特色小镇建设的理论基础与趋势研判 ……………… 28
第一节　体育特色小镇建设的理论基础 …………………………… 29
一、产业融合理论 ……………………………………………………… 29
二、供给侧改革理论 …………………………………………………… 35
三、新型城镇化相关理论 ……………………………………………… 39
第二节　体育特色小镇的建设条件及趋势研判 …………………… 44
一、产业融合背景下体育特色小镇的驱动因素 ………………… 44
二、体育特色小镇建设的现实基础 ………………………………… 50

三、新时代体育特色小镇发展的趋势研判 …… 62

第三章　体育特色小镇建设的国外经验 …… 79
第一节　国外体育特色小镇产生的背景 …… 80
第二节　法国霞慕尼体育特色小镇 …… 82
一、霞慕尼体育特色小镇简介 …… 83
二、霞慕尼体育特色小镇的建设特色和发展经验 …… 88
三、对中国体育特色小镇建设的启示 …… 92
第三节　英国温布尔登网球小镇 …… 95
一、温布尔登网球小镇简介 …… 96
二、温布尔登网球小镇的建设与运营特色 …… 97
第四节　瑞士达沃斯体育特色小镇 …… 101
一、达沃斯小镇简介 …… 101
二、达沃斯小镇的发展历程 …… 102
三、达沃斯小镇的体育项目运营模式 …… 104
四、达沃斯小镇的发展体系架构 …… 105
五、对中国体育特色小镇建设的启示 …… 106
第五节　意大利蒙特贝卢纳体育特色小镇 …… 109
一、蒙特贝卢纳体育特色小镇简介 …… 110
二、蒙特贝卢纳体育特色小镇的发展历程 …… 111
三、蒙特贝卢纳体育特色小镇的发展模式 …… 112
四、蒙特贝卢纳体育特色小镇的建设经验 …… 115
五、对中国体育特色小镇建设的启示 …… 118

第四章　体育特色小镇建设的国内实践 …… 121
第一节　体育特色小镇的主要特征与形成机理 …… 122
一、体育特色小镇的主要特征 …… 122
二、基于产业融合的体育特色小镇形成动力 …… 124

三、体育特色小镇蕴含的产业融合过程……………………… 125
第二节　体育特色小镇建设的浙江实践：以柯桥酷玩小镇为例………………………………………………… 126
一、浙江省特色小镇建设概况………………………………… 127
二、体育特色小镇的典型例子：柯桥酷玩小镇…………… 127
三、柯桥酷玩小镇建设特色与成效………………………… 129
四、柯桥酷玩小镇的建设启示……………………………… 132
第三节　体育特色小镇建设的江苏实践：以南京汤山小镇为例………………………………………………… 137
一、江苏省体育产业发展概况………………………………… 138
二、体育特色小镇的典型例子：南京汤山温泉小镇……… 148
三、南京汤山温泉小镇建设特色和成效…………………… 151
四、南京汤山温泉小镇存在的问题及经验借鉴…………… 154
第四节　体育特色小镇建设的北京实践：以丰台足球小镇为例………………………………………………… 156
一、北京市特色小镇建设概况………………………………… 156
二、体育特色小镇的典型例子：丰台足球小镇…………… 159
三、丰台足球小镇建设特色与成效………………………… 161
四、丰台足球小镇存在的问题及经验借鉴………………… 164
第五节　体育特色小镇建设的河南实践：以嵩皇体育小镇为例………………………………………………… 165
一、河南省特色小镇建设概况………………………………… 165
二、体育特色小镇的典型例子：嵩皇体育小镇…………… 166
三、嵩皇体育小镇建设特色与成效………………………… 167
第六节　体育特色小镇建设的安徽实践：以大圩马拉松小镇为例………………………………………………… 169
一、安徽省特色小镇建设概况………………………………… 169
二、体育特色小镇的典型例子：大圩马拉松小镇………… 170

三、大圩马拉松小镇建设特色与成效…………………………………… 172
第七节　体育特色小镇建设的广西实践：以马山县攀岩小镇为例…………………………………………………… 174
一、广西壮族自治区概况……………………………………………… 174
二、精准扶贫与体育扶贫内涵阐释…………………………………… 178
三、体育特色小镇助力体育扶贫的现实意义………………………… 182
四、体育特色小镇助力体育扶贫模式：以广西马山攀岩小镇为例…………………………………………………… 185
五、体育特色小镇助力体育扶贫的实施路径………………………… 189
第八节　体育特色小镇建设的河北实践：以崇礼冰雪小镇为例…………………………………………………… 192
一、河北省特色小镇建设概况………………………………………… 192
二、体育特色小镇的崇礼实践 ……………………………………… 194
三、体育特色小镇的建设路径………………………………………… 200
第九节　体育特色小镇建设的四川实践：以峨眉山黄湾武术文化小镇为例…………………………………………… 202
一、四川省概况………………………………………………………… 203
二、四川省峨眉山黄湾武术文化小镇建设现状与成效……………… 206
三、黄湾武术文化小镇存在问题与借鉴经验………………………… 209
第十节　体育特色小镇建设的湖北实践：以京山网球特色小镇为例…………………………………………………… 210
一、京山网球特色小镇的建设背景…………………………………… 211
二、京山网球特色小镇的建设现状…………………………………… 220
三、京山网球特色小镇建设存在的问题……………………………… 222
四、京山网球特色小镇建设发展对策………………………………… 227

第五章　体育特色小镇建设中存在的问题及原因分析……………… 235
一、管理体制机制缺失，盲目模仿复制现象严重…………………… 235

二、过度依赖旅游产业，主导产业模糊化…………………… 236
三、忽视差异定位，小镇同质化现象严重…………………… 237
四、小镇房地产、商业化倾向，盲目跟风建设……………… 238
五、政府行政干预过当，缺乏理性规划指导………………… 239

第六章 体育特色小镇建设的基本原则………………………… 241
第一节 凸显特色原则……………………………………………… 242
一、产业特色是关键…………………………………………… 242
二、体育特色是基础…………………………………………… 243
三、生态特色是保障…………………………………………… 243
第二节 产业融合原则……………………………………………… 244
第三节 产城融合原则……………………………………………… 246
一、功能复合…………………………………………………… 247
二、配套完善…………………………………………………… 248
三、空间融合…………………………………………………… 248
第四节 市场主导原则……………………………………………… 249
第五节 民生导向原则……………………………………………… 251

第七章 体育特色小镇建设的方略与举措……………………… 254
一、创新制度供给，做好科学规划…………………………… 254
二、凸显体育特色，明确产业定位…………………………… 255
三、坚持市场主导，优化资源配置…………………………… 256
四、树立融合理念，加强跨界融合…………………………… 257
五、完善运营管理，重视动态评估…………………………… 257
六、突出小镇发展特色，形成产业链和服务圈……………… 258
七、重视生态文明建设，合理开发小镇旅游资源…………… 259
八、走新型城镇化发展道路，提高城市综合承载力………… 260
九、加强政府管理扶持力度，协调多元主体共同参与……… 260

十、冷静思考小镇建设，巩固小镇“底色”和丰富“颜色” …… 261

参考文献…………………………………………………………… 267

附录 A　国家体育总局运动休闲特色小镇第一批试点单位………… 281

附录 B　体育总局办公厅关于推动运动休闲特色小镇建设工作的通知………………………………………………………… 295

附录 C　国家发展改革委办公厅关于建立特色小镇和特色小城镇高质量发展机制的通知……………………………………… 301

附录 D　国务院办公厅关于促进全民健身和体育消费推动体育产业高质量发展的意见……………………………………… 306

附录 E　贵州省体育特色小镇建设与评定指标(试行) …………… 314

第一章 体育特色小镇内涵与建设意义

2016年2月2日，国务院印发《关于深入推进新型城镇化建设的若干意见》，明确指出要加快培育特色小城镇，促进新型城镇化健康有序发展，为经济发展注入新的强劲动力。7月1日，住建部联合发改委、财政部发布《关于开展特色小镇培育工作的通知》提出，到2020年，全国培育1000个左右各具特色、富有活力的特色小镇。10月25日，中共中央、国务院发布《“健康中国2030”规划纲要》，提出要积极发展健身休闲运动产业，推动社会共建共享，实现全民健康。10月28日，国务院印发《关于加快发展健身休闲产业的指导意见》指出，打造各具特色的产业带和健身休闲集聚区，推进健身休闲与健康、旅游等产业融合互动。2017年5月11日，国家体育总局办公厅印发了《关于推动运动休闲特色小镇建设工作的通知》，标志着全国范围内的体育特色小镇建设工作正式启动，明确指出到2020年，在全国扶持建设一批体育特征鲜明、文化气息浓厚、产业集聚融合、生态环境良好、惠及人民健康的运动休闲特色小镇。2017年8月10日，体育总局公布了首批96个体育特色小镇试点名单，目前全国已开发或正开发的体育小镇超过130个，全国体育小镇建设迎来爆发增长期。在新型城镇化、健康中国、全民健身等国家战略背景下，建设体育特色小镇成为未来发展趋势，对于经济发展新常态下发展体育产业、促进产业跨界融合、脱贫攻坚、经济转型升级及城乡一体化发展具有重要意义。目前，浙江、江苏、北京等省市已经相继开始了体育特色小镇的实践探索，引发了社会各界的广泛关注。为此，研究体育特色小镇的缘起、内涵和意义迫在眉睫，本研究系统梳理了体育特色小镇建设的理论基础，在其他学者对体育特色小镇研究的基础之上进一步丰富其内涵特征，夯实体育特色小镇的理论基础，运用理论指导实践，在实践中不断完善理论。

第一节 体育特色小镇的内涵特征

一、体育特色小镇的缘起

我国建设体育特色小镇的灵感来自法国的沙木尼体育旅游小镇、瑞士的达沃斯会展与运动小镇、新西兰皇后镇等国外特色小镇，这些小镇极具体育产业特色，生态富有魅力，文化独具韵味。早在2011年，云南省就出台了《关于加快推进特色小镇建设的意见》，提出要加快培育特色产业，使特色小镇成为经济发展的新亮点。北京市根据城乡统筹发展的思路，把特色小镇纳入"十二五"规划之中。2014年，浙江省政府开始特色小镇相关研究工作，在2015年浙江省政府工作报告中提出"特色小镇"一词，并很快出台了《关于加快特色小镇规划建设的指导意见》等一系列政策，推动特色小镇建设，成为全国的学习榜样。2016年7月，住建部、发改委、财政部联合发布《关于开展特色小镇培育工作的通知》，在全国范围内培育特色小镇，并于10月公布了第一批中国特色小镇名单。2016年，江苏省体育局在全国体育系统率先出台了《关于开展体育健康特色小镇建设工作的通知》。2017年5月11日，国家体育总局办公厅印发了《关于推动运动休闲特色小镇建设工作的通知》，明确指出要在全国扶持建设一批体育特色小镇。至此，全国各地体育特色小镇培育和建设工作正式拉开了序幕。

建设体育特色小镇主要基于以下宏观背景。第一，推动新型城镇化的需要。新型城镇化是实现国家现代化的必经之路，有利于扩大内需、促进产业升级和推动区域协调发展。体育特色小镇在一定程度上可以有效促进城乡公共体育服务均等化，提高公共体育服务水平，从而推动新农村建设和新型城镇化进程。第二，供给侧改革大政方针的有力回应。供给侧改革是在我国经济新常态背景下提出的重大经济管理战略，旨在创造新的经济增长点和发展新兴领域。体育特色小镇作为一种现代体育产业空间组织形式，能够发挥产业集聚和融合功能，推动供给侧结构性改革。第三，健康中国背景下发展体育产业的创新实践。在全民健身和健康中国等国家战略背景下，旅游、健康、互联网、生态、文化、养生、教育等元素融入到体育产业领域，结合新型城镇化发展，形成体育特色小镇。

在政策的引导下，我国各地相继出现了冰雪小镇、足球小镇、马拉松小镇等多种多样的体育特色小镇，但在学术界关于体育特色小镇的概念界定还没有明确，仅从字面上理解就是具有体育特色且比较小的城镇。浙江省提出的“特色小镇”是相对独立于市区，规划面积一般控制在3平方公里，具有明确产业定位、文化内涵、旅游资源和一定社区功能的平台。① 江苏省提出的“体育健康特色小镇”是以体育健康为主题和特色，体育、健康、旅游、休闲、养老、文化、宜居等多种功能叠加的空间区域和发展平台②。

在经济全球化的进程中，体育不可避免地卷入经济旋风，扮演着不可或缺的角色。体育的商业运作已成为许多国家促进国民消费、扩大就业人数的重要手段。美国体育市场消费量为600亿~700亿美元，占美国国民生产总值的1.5%左右。英国政府从体育消费总收入68亿多英镑中得到了24亿英镑左右的税收。意大利通过发展足球产业，使体育跻身意大利国民经济支柱产业的前10名。正是这种社会刚性需求催生了国家倡导体育小镇建设的战略。此外，欧美发达的体育产业也来源于其成熟的休假制度，欧盟所有成员国要保证每年最少4周的带薪休假，

① 李强. 怎样推进特色小镇建设[J]. 中国乡村发现，2016(6)：1-5.

② 江苏省体育局. 关于开展体育健康特色小镇建设工作的通知[EB/OL]. [2016-09-12]. http://www.jssports.gov.cn/art/2016/9/12/art_137_101816.html.

包括全职员工和非全职员工，这也直接催生了户外体育旅游的巨大市场。

国外学者主要从田园城市理论、城市区域核心理论、“技术小区-技术中心”理论来研究体育特色小镇。比如：1898 年，埃比尼泽·霍华德在《明日的田园城市》中对特色小镇进行了描述，尽管具有典型的理想主义色彩，但为今后研究奠定了基础。美国社会学家万斯提出城市“区域核理论”，指出要构建一个生活与工作一体化的生活圈。另外，美国学者卡尔·艾博特提出的“技术小区-技术中心”理论也为研究体育特色小镇提供了一个新视角。Hsiao C T 认为，一个国家的经济发展到一定程度，必定会发展体育产业，来提高人民生活水平，刺激经济进一步发展①。Xue T 认为，参与体育休闲是生活质量提高的标志，因为体育休闲需求与基本生存需求不同②。比如，法国霞慕尼(Chamonix)体育旅游小镇、意大利蒙特贝卢纳的体育产业小镇、新西兰的皇后小镇(Queenstown)等国际著名体育特色小镇对我国体育特色小镇的发展具有一定的借鉴意义，它们已经成为学术界研究的重点案例。Moore K Berno 认为，Queenstown 是高级体育休闲小镇，探险活动和高端服务完美结合，使新西兰皇后小镇成为户外运动天堂③。Foray J 指出，Chamonix 小镇有悠久的发展历史，第一届冬奥会在此举办，推动了冰雪运动的发展，且 Chamonix 小镇有完善的配套设施、专业的冰雪设备，带动了当地经济发展。④

① Hsiao C T, Peng H L, Huang H H. The impact of sports ethics of professional baseball player to the development of sports industry in Taiwan[J]. Quality & Quantity, 2012, 46(6): 1753-1767.

② Xue T. Sports industry and sustainable development of sports economy on vacation study recreation[J]. Journal of Sports & Science, 2006(6): 7-10.

③ Moore K Berno. The nature of the adventure tourism experience in Queenstown [C]. Tourism Down Under Conference, Centre for Tourism, University of Otago. 1996.

④ Foray J. Chamonix, an alpine and scientific adventure [J]. International Journal of Sports Medicine, 1992, 13(S1): S9-S12.

近几年，我国体育特色小镇建设虽然刚刚起步，却成为众多学者研究的重点。从2016年起，国内专家学者对体育特色小镇建设的研究逐渐增多，对体育旅游产业、新型城镇化和产业融合发展进行理论探索。21世纪初，我国开始自发性地出现“特色小镇”这一词语，到2016年，官方文件正式提到“特色小镇”。2016年2月2日，国务院印发《关于深入推进新型城镇化建设的若干意见》明确指出，要加快培育特色小城镇，促进新型城镇化健康有序发展。以“特色小镇”为关键词，2008年10月—2019年10月为时间跨度，在中国知网上检索到4435篇文献，在2015年以前，国内学者对特色小镇研究甚少，自2015年之后，对特色小镇的研究大幅增加，2016年达407篇，2017年高达1376篇，2018年已有1619篇，2019年10月已达885篇，预计今后5年内仍将是学者们的研究热点。目前，浙江、江苏、北京等省市已经相继开始了体育特色小镇的实践探索，引发了社会各界的广泛关注，学术界也开始了此方面的研究。

2016年9月12日，江苏省体育局在体育领域内率先印发了《关于开展体育健康特色小镇建设工作的通知》指出，“体育健康特色小镇”是以体育健康为主题和特色，体育、健康、旅游、休闲、养老、文化、宜居等多种功能叠加的空间区域和发展平台。① 国家体育总局印发的《关于推动运动休闲特色小镇建设工作的通知》指出，运动休闲特色小镇是以运动休闲为主题打造的具有独特体育文化内涵、良好体育产业基础，集运动休闲、文化、健康、旅游、养老、教育培训等多种功能于一体的空间区域、全民健身发展平台和体育产业基地。② 有学者认为，体育特色小镇是具有特色文化内涵、扎实体育产业基

① 江苏省体育局. 关于开展体育健康特色小镇建设工作的通知[EB/OL]. [2016-09-12]. http://www.jssports.gov.cn/art/2016/9/12/art_137_101816.html.

② 国家体育总局办公厅. 关于推动运动休闲特色小镇建设工作的通知[EB/OL]. [2017-05-09]. http://ghs.ndrc.gov.cn/zttp/xxczhjs/ghzc/201707/t20170731_856450.html.

础、综合休闲健身、培育体育技能、休闲健康旅游等多种功能的体育产业发展平台，具有现代化、科技化、特殊化特征。① 有学者认为，体育特色小镇应当具备优美自然环境和深厚历史文化基础条件，体育特色小镇发展必须依托自然禀赋资源，明确小镇产业定位，融合文化、健康、科技、旅游等元素。

二、体育特色小镇的内涵解读

改革开放以来，我国小城镇建设伴随着经济社会进程得到快速发展，新型城镇化进程不断加快，传统城镇化的发展方式逐渐暴露出许多弊端，如：区域发展不平衡、产业布局和城镇规模结构不合理、城镇建设及规划不科学。在经济新常态背景下，为推动经济转型升级，深入落实新型城镇化建设，实现城乡一体化融合发展，“特色小镇”应时而生。“特色小镇”的概念，从字面上理解就是有特色且比较小的城镇，在新型城镇化建设时期，“特色小镇”又被赋予了新的内涵和外延。

目前，“特色小镇”在学术界虽然还没有明确的概念界定，但在学界展开了广泛研讨。有学者认为：特色小镇并不是一个行政意义上的城镇，是一个大城市内部或周边的，在空间上相对独立发展的，有特色产业导向、景观旅游和居住生活功能的项目集合体。② 同时，有学者从产业基础角度指出，特色小镇是以信息经济、环保、健康、旅游、时尚、金融、高端装备制造等产业为基础，来打造具有特色的产业生态系统，以此带动当地的经济社会发展，对周边地区产生一定的辐射作用，是区域经济发展的新动力和创新载体。浙江省在国内率先提出打造特色小镇的发展战略，其特色小镇的建设模式，在全国范围内引起广泛关注。陈宇峰、黄冠指出浙江省特色小镇的特色首先在于产业特色。产业定位聚

① 张潇潇. 互联网+视域下的“体育小镇”构建研究[J]. 南京体育学院学报(社会科学版), 2017, 31(4): 18-22.

② 吴一洲, 陈前虎, 郑晓虹. 特色小镇发展水平指标体系与评估方法[J]. 规划师, 2016, 32(7): 123-127.

焦于支撑浙江省未来发展的信息经济等七大产业和黄酒、青瓷等历史经典产业。坚持产业、文化、旅游“三位一体”和生产、生活、生态融合发展。特色之二在于体制机制灵活，用“政府引导、企业主体、市场化运作”的方式，以企业为主推进项目建设，加强政府引导和服务保障。按照“宽进严定”的建设标准，通过“自愿申报、分批审核、年度考核、验收命名”四个程序完成“特色小镇”建设①。大多数学者以浙江省的特色小镇为参照物，借鉴浙江省特色小镇发展经验，从其建设模式可以看出，浙江省的特色小镇不是按照行政区划分的“镇”，并非明文规定的“建制镇”，也非一般产业园区的意思，而是结合自身特质，按照五大发展新理念，科学规划，突出强调产业特色，由企业主导建设的“产、城、人、文”四位一体的综合空间和平台。浙江省要求所有特色小镇要建设成3A级以上景区，规划面积控制在3平方千米左右，建设面积控制在1平方千米左右，3年内要完成固定资产投资50亿元左右。《国家发展改革委关于加快美丽特色小(城)镇建设的指导意见》指出，特色小镇主要指聚焦特色产业和新兴产业，集聚发展要素，不同于行政建制镇和产业园区的创新创业平台。根据三部委联合发布的《关于开展特色小镇培育工作的通知》及其他省份发布的政策文件以及学者的相关研究，可以得出我国特色小镇建设体现了产业、文化、旅游、生态等多方面的跨界融合，核心是特色产业，旨在实现新型城镇化建设，推动产业结构调整升级，引领经济新常态。

体育特色小镇是在小城镇基础上演变而来的，是对小城镇的继承与创新，是历史的必然选择，是时代的产物。简单理解，体育特色小镇就是体育产业与特色小镇融合而成的，以体育产业为主要经济支柱且具有体育特色的小城镇。2016年10月28日，国务院办公厅出台了《关于加快发展健身休闲产业的指导意见》，提出结合新型城镇化建设等国家重

---

① 陈宇峰，黄冠. 以特色小镇布局供给侧结构性改革的浙江实践[J]. 中共浙江省委党校学报，2016，32(5)：28-32.

大部署，以健身休闲重点运动项目和产业示范基地等为依托，鼓励地方积极培育一批以健身休闲为特色的服务贸易示范区。2017 年 5 月 9 日，体育总局办公厅发布《体育总局办公厅关于推动运动休闲特色小镇建设工作的通知》，指出运动休闲特色小镇是在全面建成小康社会进程中，助力新型城镇化和健康中国建设，促进脱贫攻坚工作，以运动休闲为主题打造的具有独特体育文化内涵、良好体育产业基础，集运动休闲、文化、健康、旅游、养老、教育培训等多种功能于一体的空间区域、全民健身发展平台和体育产业基地。国务院鼓励建设的以健身休闲为特色的示范区和体育总局倡导建设的运动休闲特色小镇，都反映出体育产业与城镇化建设相融合的特点。关于体育特色小镇概念，有学者定义为：体育特色小镇是以体育为载体，聚焦文化、旅游、养老、金融等多种产业，融健身休闲、旅游、娱乐等多种功能于一体，具有明确产业定位与文化内涵的聚集体①。有学者说，体育特色小镇在建设中要做到体育产业"特而强"、各类功能"聚而合"、形态上"小而美"、制度上"活而新"。第一，做到产业主导的特而强，体育产业在小镇发展中成为核心的主导产业，体育产业的产值规模、就业人口、吸聚效应等较为突出；第二，能"聚而合"，在功能上小镇的体育内容集中且凝聚，打通某一特色体育内容的上下游产业链；第三，小镇发展的形态上注重"小而美"，摒弃而全，尽可能地做到"一镇一品"，避免建设的同质化、趋同化；第四，制度上"活而新"，要突出原有的制度设计，造型要适合特色小镇建设的制度设计。②

江苏省体育局根据本省的经济社会和体育发展状况，提出"体育健康特色小镇"是以体育健康为主题和特色，体育、健康、旅游、休闲、养老、文化、宜居等多种功能叠加的空间区域和发展平台。江苏省提出

① 陈磊，陈元欣，张强. 国内外体育特色小镇建设启示——以湖北省为例[J]. 体育成人教育学刊，2017，33(3)：41-45.

② 何春刚. 体育小镇建设中的政府职能与推进路径[J]. 南京体育学院学报(社会科学版)，2017，31(4)：23-27.

的体育特色小镇在建设主体上强调原则上是以建制镇为主；在建设项目上，选择体育赛事活动、户外运动休闲、体育用品制造、体育特色培训以及体育与互联网、健康、文化等相融合的产业领域；在建设目标上，到2020年，要发展20个左右的具有鲜明产业特色、体育服务便捷、生态易居的体育特色小镇。2017年国际时尚体育城市暨体育健康特色小镇建设论坛在安徽宿迁召开，指出积极打造体育+旅游、体育+养生、体育+时尚运动、体育+文化、体育+赛事、体育+制造、体育+科技等不同模式和形态的体育特色小镇。其他省市和地区也相继开始培育和建设体育特色小镇，譬如：以2022年承办冬季奥运会为发展契机，京津冀各地区极力打造冰雪特色小镇；陕西省体育局和旅游局联手打造照金体育旅游特色小镇；杭州市培育永安山飞翔小镇、桐洲划艇小镇、裸心体育小镇、银湖智慧体育小镇，等等。2017年8月10日，国家体育总局通过对有关直属单位和中国足球协会推荐的运动休闲特色小镇申报项目进行筛选，公布了首批96个体育特色小镇试点名单，更加标志着将休闲与运动相结合的体育特色小镇在各类特色小镇建设规划中脱颖而出。

我国“十三五”规划纲要指出，要优化城镇化布局和形态，推动以人为核心的新型城镇化，加快特色小城镇建设。经过国家政策引导和地方实践，体育特色小镇在全国蓬勃发展，成为体育产业发展的另一个风向标。结合诸多案例可知，体育特色小镇有且具有以下四个特征：第一，小镇体育产业特色鲜明，有完整的支撑体系：体育特色小镇以特色体育产业引领，融合健康、休闲、文化、金融、互联网等元素，形成严密而完整的发展体系。体育特色产业、旅游产业、智慧化与互联网三引擎相互协调，体育产业链整合、旅游目的地、新型城镇化三架构共同支撑。第二，小镇建设规模小，形态美：体育特色小镇的建设规模一般都比较小，小镇建设规划设计要求所有项目连接成片，且小镇一般都建设在自然风光秀丽、文化底蕴深厚的地区，依托天然自然景观和人文景观建造，注重生态环境保护，坚持可持续发展。第三，小镇功能聚合度高，专业性强：体育特色小镇注重生产、生活、生态的“三生融合”，坚持“产、城、人、文”四位一体，发挥“产业+文化+旅游+社区”的特色功能，实施“体育+旅游”双核驱动战略，助推经济社会健康可持续发展。第四，小镇特有的运营和开发机制，敏捷灵活：体育特色小镇发展坚持以市场主导，政府引导、企业主体的开发运营机制，小镇市场化程度高，且包容性强，积极培育多元市场主体参与。

综上所述，体育特色小镇是具有明确体育产业定位，建设体育基地和体育设施、举办体育赛事，融合文化、健康、生态、科技、旅游等多种元素，并具有一定社区功能的综合性空间。体育特色小镇是我国全面深化改革的产物，是体育产业跨界融合的创新载体，也是推进供给侧改革和新型城镇化的有益探索。体育特色小镇不同于体育产业园区和一般行政划分单元，具有明确体育产业定位，融合文化、健康、生态、科技、旅游等多种元素。体育特色小镇是在新型城镇化背景下体育产业发展到一定水平的一种区域性要素集聚的空间载体和发展模式，其形成和发展受到体育产业发展基础、区域地位、生活环境、政策导向、体育文化、生活方式等多种因素影响。体育特色小镇所依托的项目大多集中在户外运动休闲、体育赛事活动、体育特色培训以及体育与旅游、健康、文化等相融合的产业领域。体育特色小镇具有体育产业特色突出、经济带动性强、生态环境优美、体制机制灵活等特征。

三、体育特色小镇的多维审视

（一）社会治理视角

党的十八大报告中提出加强和创新社会治理管理，党的十八届三中全会提出了社会治理理念，指出要加快推进社会领域制度创新，推进基本公共服务均等化，加快形成科学有效的社会治理体制，要推进国家治理体系和治理能力现代化。社会治理理念的正式提出表明我国更加注重政治、经济、文化和社会领域的协调可持续发展。社会治理相对于传统的治理而言更加强调权威来源的多元化、治理主体的多元化，政府不再扮演全能型角色。就当前而言，我国的社会治理是在“党委领导、政府负责、社会协同、公众参与、法治保障”的总体格局下运行的中国特色社会主义社会管理。我国“十三五”规划提出，要构建全民共建共享的社会治理格局，就是要在全球治理体系和中国特色的国家治理体系、治理能力现代化进程中，坚持创新、协调、绿色、开放、共享的发展理念，实现全民参与社会建设、全民共享发展成果的小康社会，进一步强化了社会治理理念。党的十九大报告再次强调打造共建共治共享的社会治理格局，加强社会治理制度建设，完善党委领导、政府负责、社会协同、公众参与、法治保障的社会治理体制，提高社会治理社会化、法治化、智能化、专业化水平，是我国当前社会治理领域最重要的指导原则和创新方向。党中央对社会治理体制建设提出的更高标准推动着体育社会治理体系的发展与完善，解放思想和发展生产力，积极推进社会治理变革，探索特色社会主义发展道路。

在我国全面进入深化改革的关键时期，社会转型和城市化进程给经济社会带来了巨大活力，同时社会结构不断变化，社会矛盾集中涌现，传统的社会管理模式已不能满足社会需求，主要表现为以下三个方面。第一，在经济体制层面，我国的经济体制逐渐由单一的公有制经济发展转化为以公有制为主体，多种所有制经济共同发展的所有制结构，市场发挥着决定性作用，以前的计划经济时代的政府管理方式无法为经济发展注入活力。第二，在政治体制层面，我国的政治结构由集权型转化为民主法治型，政治体制改革进程加快，强制性的行政管理不适合当前政治发展环境。第三，在文化体制层面，文化体制改革不断深入，传统政府统包统揽的管理方式束缚了文化事业与文化产业的发展。经济新常态背景下，社会治理的特征愈加突出，主要表现为政府主导、多元参与的治理方式；综合化、现代化、科技化、网络化的治理手段；人民利益、社会稳定、百姓安康的治理目标。从社会管理向社会建设再向社会治理转变，就是要坚持在中国共产党的领导下，改变以政府为主导的传统治理结构，形成政府、社会、市场和公民之间的良性关系，在法治框架内化解社会矛盾，解决社会问题，促进社会公平，推动社会有序发展，实现公共利益最大化。

目前，体育产业和全民健身已经上升为国家战略层面，这为体育特色小镇建设提供了很好的发展机遇。体育特色小镇一般选择在城乡结合的区域，一方面可以促进城乡体育“一体化”发展，另一方面可以有效解决“城市病”问题。建设体育特色小镇，不仅刺激了体育产业、旅游、健康、房地产、基础设施、文化及服务业等多个产业发展，也在一定程度上拓展了社会治理空间。体育特色小镇作为社会治理领域下多元融合跨界发展的特色产业，依据小城镇地理基础和生态环境，采取因地制宜方式充分利用地区资源，整合各种社会资源，最大限度地增进公共利益，为社会提供更丰富有效的公共服务，是对社会转型期间凸显的社会问题的积极回应与解决。体育特色小镇的社会治理是创新国家社会治理的一个组成部分，是社会治理精细化的具体体现。建设体育特色小镇，应发挥市场机制，通过运用精准治理模式，发展社会力量和组织，推进体育治理体系和治理能力现代化。

（二）产业融合视角

近年来随着体育产业的快速发展，我国体育产业与相关产业的产业融合和业态创新已逐渐显露出来，并朝着深层次方向发展。就体育产业与相关产业融合的概念，有学者定义为体育产业与文化、旅游、信息等相关产业之间互相打破产业边界，各自产业价值链的渗透、延伸和重组，以体育健身休闲业、体育竞赛表演业、体育馆（场）服务业等体育本体产业资源为依托，相关产业要素为载体，技术融合、业务融合和市场融合逐步融合发展形成的，以体育本体资源为核心，具有相关产业特性的新型体育业态的动态发展过程。① 我国体育产业与相关产业在更深

① 杨强．体育产业与相关产业融合发展的内在机理与外在动力研究［J］．北京体育大学学报，2013，36（11）：20-24，30.

程度上、更大范围内进行融合，遵循了技术融合、业务融合和市场融合等产业融合的演进路径，最后形成体育融合新业态。产业融合是新时期发展体育产业的必经之路，发展体育产业要用融合发展的理念来协调与不同产业之间的关系，通过服务创新、制度创新、组织创新、管理创新等，依靠政府、企业等力量，实现体育产业与不同产业之间的资源要素整合。

2014 年，国务院出台《关于加快发展体育产业促进体育消费的若干意见》，明确指出积极拓展业态，鼓励交互融通。丰富体育产业内容，推动体育与养老服务、文化创意和设计服务、教育培训等融合，促进体育旅游、体育传媒、体育会展、体育广告、体育影视等相关业态的发展，支持金融、交通、制造、信息等企业开发体育领域产品和服务，促进体育产业与相关产业相互融合。2015 年，国务院印发了《关于积极推进“互联网+”行动的指导意见》，为“互联网+体育”提供了政策保障，为体育产业融合提供了发展动力。2016 年，国务院相继发布《关于加快发展健身休闲产业的指导意见》《关于进一步扩大旅游文化体育健康养老教育培训等领域消费的意见》《“健康中国 2030”规划纲要》等文件，促进体育产业与相关产业的融合发展。2016 年，《体育产业发展“十三五”规划》中提到“十三五”时期体育与科技、文化、传媒、健康、养老、旅游等相关行业日益融合，并指出接下来的发展目标是实现体育产业各门类协同融合发展。2016 年 12 月，国家体育总局与国家旅游局加强合作，共同印发《关于大力发展体育旅游的指导意见》，提出要加快发展体育旅游，推动体育产业与旅游产业深度融合。

目前，体育特色小镇的产业跨界融合已具有鲜明的特征，体育与旅游产业融合不断深化，体育与健康养老产业的关联不断加大。产业跨界融合视域下，更加强调各产业之间的契合度与匹配度，体育产业是激发体育特色小镇活力的关键，体育特色小镇汇聚体育相关产业，将产业链自然延伸，提高联合产业附加值，满足市场需求。产业融合背景下的体育特色小镇具有明确的体育产业定位，体育特色小镇与体育产业内的不同类别产品和其他产业相互渗透，相互交叉，改变了原有产业产品的特征和市场需求，产业边界逐渐模糊化，但体育产业不是孤立的产业形态，而是与旅游、文化、健康、科技等产业融合在一起，本质上就是产业融合的产物。体育特色小镇具有产业融合性、制度创新性、空间开放性、经济带动性等特征，成为推动体育产业与相关产业进行融合的新载体。

（三）新型城镇化视角

我国城镇化自改革开放以来得到迅速发展，是历史自然选择的合理性结果，也是经济社会的物质推动结果，当前中国城镇化发展已经进入中期阶段，传统城镇化发展模式是以经济发展为中心目标、以地方政府为主导、以外向型工业化为中心动力、以土地为主要内容、以规模扩张为发展方式、以大量的物质资本投入为驱动要素，这种发展模式违背了可持续发展。传统城镇化发展中所带来的问题愈演愈烈，主要表现为城镇区域发展、产业布局、人口分布不均衡；城镇建设和发展规划不科学、不合理；社会发展成本增加、社会问题突出。总之，在我国传统城镇化发展过程中，地理上多样性和城乡二元分割的体制造成了区域的不均衡发展，特别是产业布局和人口分布差别较大，在发展和建设规划方面也缺乏特色。

城镇化是人类社会发展的客观趋势，是实现国家现代化的重要标志，推动新型城镇化对我国经济社会发展以及社会主义现代化建设具有重大推动作用。2016 年 2 月，国务院出台《关于深入推进新型城镇化建设的若干意见》明确提出，要求地方政府结合本地区的实际，充分发挥市场的主体作用，制定完善的土地、财政、投资等政策，以人为核心，将小城镇发展与特色产业相结合，推动特色小城镇快速发展。2018 年 9 月，国务院出台《乡村振兴战略规划（2018—2022 年）》同样指出要保护乡村特色资源，坚持与新型城镇化相结合，因地制宜发展特色鲜明、充满魅力的特色小镇，以完善城乡结构，推动城乡一体化发展。特色小镇是在“创新、协调、绿色、开放、共享”五大发展新理念下新型城镇化建设的呈现方式和重要路径，具有结构调节、要素调节、文化传承等功能，对于破解传统城乡二元结构、转换经济发展模式、推进新农村建设和新型城镇化具有重要意义。特色小镇建设已经成为新型城镇化建设中最为突出的载体和呈现模式，是新一轮城镇化的“综合实验区”和与乡村振兴的重要结合点。① 体育特色小镇是当前发展新型城镇化的一种选择，具有产业融合、健身休闲、生态宜居、城乡一体等功能，在一定程度上可以促进城乡公共体育服务均等化发展和推进体育产业供给侧结构性改革。建设落实体育特色小镇是落实新型城镇化战略的重要抓手，譬如：合肥市包河区大圩镇利用承办国际马拉松赛为抓手，立足于良好基础设施和生态环境，结合景区优势，兴建体育休闲广场、体育公园等，积极打造安徽省乃至全国有名的体育特色小镇；无锡江阴市新桥镇以海澜国际马术俱乐部为抓手建造国际化标准的马术综合训练馆、马术比赛馆、马术表演馆三项赛场地，逐步建成江苏省乃至全国有名的体育特色小镇。

（四）全民健身视角

2014 年 10 月，国务院发布《关于加快发展体育产业促进体育消费的若干意见》（46 号文件），第一次将全民健身上升为国家战略。2015 年，党的十八届五中全会审议通过《中共中央关于制定国民经济和社会发展第十三个五年规划的建议》，将建设“健康中国”正式上升为国家战略，特别提出要发展体育事业，推广全民健身，增强人民体质。2015 年，国务院发布的《关于积极发挥新消费引领作用加快培育形成新供给新动力的指导意见》和《关于加快发展生活性服务业促进消费结构升级

① 曾江，慈锋．新型城镇化背景下特色小镇建设[J]．宏观经济管理，2016(12)：51-56.

的指导意见》都指出，全民健身在更好地满足居民消费需求，提高人民生活质量，加快推动产业转型升级以及实现经济增效方面发挥着积极作用。2016年6月，国务院印发的《全民健身计划(2016—2020年)》指出，要提升全民健身现代治理能力，统筹建设全民健身的生态圈和产业链，让全民健身成为拉动内需、形成新的经济增长点、促进体育产业发展的动力源。2016年10月，国务院印发的《关于加快发展健身休闲产业的指导意见》指出，各地打造各具特色的健身休闲产业，推进健身休闲产业供给侧结构性改革，促进全民健身与全民健康深度融合。同时，《“健康中国2030”规划纲要》发布，提出要优化市场环境，引导社会力量积极发展健身休闲运动产业。提出引导社会力量参与健身休闲设施建设运营，建造健身休闲综合服务体，极力培育冰雪、山地、水上、汽摩、航空、极限、马术等消费引领特征的时代休闲运动项目，打造具有区域特色的健身休闲示范区、健身休闲产业带。习近平总书记也曾强调：“没有全民健康，就没有全面小康。”全民健康离不开全民健身，全民健身是全面建成小康社会的重要保障，是健康中国建设的重要内容，对经济结构战略性调整的意义重大。习总书记在十九大工作报告中提出：“人民健康是民族昌盛和国家富强的重要标志。要完善国民健康政策，为人民群众提供全方位全周期健康服务。”

近年来，随着国民经济的快速发展和人民群众健身需求的日益提高，健身休闲产业正在成为带动消费升级、促进体育产业发展和带动相关产业迅速增长的重要动力。休闲时代的来临，使全民健身在国家发展中的战略地位不断提升，体育产业作为运营和构建积极健康生活方式的生产经营性活动，成为推动全民健身战略实施的中流砥柱。全民健身对于增强人民体魄，推广健康积极的生活方式起到保障性作用，而国民体质健康是国家富强的物质基础，是实现民族振兴的重要途径，是实现人民美好生活的根本途径。全民健身体育强调在“健体”的基础上实现“健心”，培育良好的健身运动休闲方式。而结合了“体育+养生”“体育+旅游”等诸多突出健身健体特色的体育特色小镇旨在多层次、全方位地满足消费者的需求，达到“健体”“健心”的效果。体育特色小镇是发展健身休闲产业的绝佳载体，蕴藏着无限市场潜力和发展空间，正面临着重大发展机遇。

第二节　体育特色小镇的建设意义

体育特色小镇将成为我国体育产业发展的另一个方向标，建设体育特色小镇有利于体育资源整合和跨界融合，有利于推进体育产业供给侧改革，有利于推动新型城镇化进程，有利于推进健康中国建设，有利于助力体育扶贫工作。体育特色小镇作为体育产业供给侧改革的创新实践，是体育产业跨界融合的新模式，对于新型城镇化和健康中国建设具有重要意义。体育特色小镇是“体育+旅游”“体育+养生”“体育+教育”“体育+文化”等体育资源整合的新模式，是产业融合的最好例证。体育特色小镇是推动我国体育产业发展的新载体，体育特色小镇的建设初衷是以产业经济为导向，推动产业集聚、产业创新和产业升级，以此来带动地区经济和社会发展。体育特色小镇作为体育产业发展与新型城镇化相结合的产物，不仅是产业小镇，更是宜居的综合小镇，吸引了国家和社会对农村地区的投资，促进了农村地区配套设施的完善，对于消除城乡二元结构，缩小城市与农村发展差距有着重要意义。在新时代建设体育特色小镇能够促使全民健身生活化，自觉内化成人们的健身习惯和生活方式，顺应了健康中国战略和全民健身战略的具体要求。建设体育特色小镇是精准扶贫的一种形式，依托当地自然人文条件，利用特有的自然资源，发展体育特色项目，发展经济，探索扶贫开发工作新思路，为我国脱贫攻坚助力。

一、建设体育特色小镇有利于体育资源整合和跨界融合

资源整合是组织获取有效资源和形成能力的过程，其本身并不会直接产生经济价值，而需要置于具体的生产经营活动中，通过合理利用并

与其他资源进行有效整合才会发挥其经济价值或社会价值①②。有研究表明，体育企业将内部资源与其他类别企业进行资源整合，能够把资源转化为企业的竞争优势和核心能力，对组织创新绩效有显著的促进作用③。当前，我国体育产业资源存在开发不足、利用不够、与相关产业缺乏融合等问题，需要对投入的人力、物力、财力、信息、时间等资源进行整合，促进体育产业与相关产业深度融合，催生具有较大潜力的新产业形态。国务院颁发的《关于加快发展体育产业促进体育消费的若干意见》中明确指出，促进体育产业与其他产业融合发展，延伸体育产业链，积极拓展业态。体育特色小镇迎合了体育产业发展要求，体现了"大体育"理念，建设过程中要树立"生产、生活、生态"融合理念，创新投入方式和优化体育资源配置，促进资源整合和跨界融合。体育特色小镇建设过程中，政府、企业等行为主体通过对人才、土地、资本、科技、信息等资源进行有效整合，可以产生新的资源，降低资源获取成本和提高运营效率。伴随着体育改革的不断深入和国家政策红利的逐步释放，大量资本不断涌入体育产业，特别是在"互联网+"的科技推动力下，体育产业将会与相关产业进行跨界融合，不断产生新的业态形式。

体育特色小镇要长远发展，必须促进体育产业与旅游、文化、生态、养生元素的融合，产业融合和产业创新是体育特色小镇的生命力。《关于加快发展体育产业促进体育消费的若干意见》在加快发展体育产业的总体要求上，明确提出"促进体育产业与其他产业相互融合"的基

---

① Sirmon D G, Hitt M A, Ireland R D. Managing firm resources in dynamic environments to create value: looking inside the black box[J]. Academy of Management Review, 2009, 32(1): 273-292.

② Mele C, Spena T R, Colurcio M. Co-creating value innovation through resource integration[J]. International Journal of Quality and Service Sciences, 2010, 2(1): 60-78.

③ 段艳玲，徐茂卫，陈曦. 我国体育产业协同创新网络能力和创新绩效：基于资源整合的中介效应研究[J]. 上海体育学院学报，2016，40(2)：56-61.

本原则，以及“积极拓展业态，促进康体结合，鼓励交互融通”的任务要求①。

体育特色小镇实际上是“体育+旅游”模式的典范，从某种意义上说，体育特色小镇是体育旅游的综合体，因此，建设体育特色小镇必须将体育产业与旅游产业，甚至其他相关产业相结合，促使其产生裂变，吸引长效投资，因地制宜。体育特色小镇以体育竞赛、表演和健身休闲活动为核心，以旅游服务要素作为载体，通过技术、业务和市场的融合，形成具有体育和旅游双重特性的新的服务业态。② 加快培养我国体育产业复合型综合性人才，加强体育企业与市场其他企业的合作，建设有鲜明特色的地标性建筑，打响体育特色小镇的知名度，广泛开展冰雪运动、户外运动等休闲运动，开发体育旅游资源，推进体育特色小镇建设，对促进体育产业与其他相关产业融合，形成特色产业链，大力推动地区经济发展，造福人民，改善人民生活有重要意义。

体育消费需求已经由体育用品消费向体育服务消费转变，骑行、攀岩、潜水、滑雪、攀岩等体验性强的运动项目成为新宠，体育消费需求由低端化转向高级化，相应的体育产业结构也必须向高级化发展，融合旅游、文化等多元要素，才能吸引群众，享受体育特色小镇的建设成果。目前，我国浙江省和江苏省体育特色小镇建设走在国内前沿，江浙地区经济发达，交通便利，民众休闲娱乐需求较高，体育特色小镇建设现状良好。我国体育旅游有巨大发展潜力，但是到目前为止，发展仍然不成熟，国内体育特色小镇建设的成功经验仍需不断探索，随着体育特色小镇的发展，我国体育产业必将迎来重大战略机遇，体育产业与其他相关产业的跨界融合是大势所趋。

---

① 国务院. 关于加快发展体育产业促进体育消费的若干意见(国发〔2014〕46号)[Z]. 2014.

② 杨强. 体育旅游产业融合发展的动力与路径机制[J]. 体育学刊，2016，23(4)：55-62.

二、建设体育特色小镇有利于推进体育产业供给侧改革

培育体育特色小镇，是政府在体育产业政策方面的一次创新，是实施体育产业供给侧改革的具体实践，为体育产业转型升级和结构调整提供了新模式。目前，我国体育产业的整体规模还很小，对 GDP 贡献仍然不高，产业布局和结构还不够合理，难以解决人民日益增长的体育消费需求与不平衡不充分的体育产业发展之间的矛盾。“十三五”时期，解决体育产业供需问题和优化产业结构和已是经济新常态背景下的推进体育产业供给侧改革的内在诉求。体育产业供给侧改革是从提高体育产业的供给端出发，在制度、机制和技术等方面，利用改革的方式去优化和调整体育产业结构，提高体育产业的全要素生产率，减少无效供给和扩大有效供给，实现体育资源配置的最优化。在制度层面上，从国家层面和地方政府层面陆续出台了建设体育特色小镇的规划和土地政策、财政和金融政策、税费和价格政策、创新驱动和无形资产开发保护政策、人才和就业政策、健身消费政策等相关政策，以有效的制度供给来提升推动体育产业转型与升级。在机制方面，发展体育特色小镇，坚持了“简政放权、放管结合、优化服务”原则，正确处理政府与市场之间的关系，发挥政府引导作用，引入市场机制，通过激发市场活力，创新产业发展的体制机制。同时，建设体育特色小镇，也是构建人人共享的保障机制，强调了体育产业发展要依靠人民，让发展成果惠及人民。在技术层面上，体育特色小镇的建设，以改革创新为主引擎，以“互联网+体育”为契机，强调体育资源整合与产业跨界融合，推进了生产要素市场化，促进形成政府、社会组织、市场等多元参与的治理格局。

体育特色小镇是推动我国体育产业发展的新载体，体育特色小镇的建设初衷是以产业经济为导向，推动产业集聚、产业创新和产业升级，以此来带动地区经济和社会发展。体育特色小镇是体育产业区域经济体内增加的新的经济模块，根本作用仍旧是发挥“特色”产业优势，进一步带动整体区域经济发展。建设体育特色小镇是产业创新、升级的一种

形式，依托当地自然人文条件，利用特有的自然资源，发展体育特色项目，发展经济，探索体育产业开发工作新思路，推动体育产业创新升级。体育特色小镇发展是风景名胜区旅游业平台的转型升级，是体育产业新的探索，它为体育产业供给侧改革注入了新的活力。在全民健身的大背景下，体育运动逐渐常态化、休闲化、全民化，体育特色小镇能够很好地将体育与旅游相融合，既满足人们迫切的体育旅游需求，也能够通过各种体育项目的体验让人们达到休闲健身效果。可以说，体育特色小镇将成为发展新时代体育产业的最好载体。

目前，我国体育产业的整体结构和布局还不够合理，体育用品业在我国体育产业结构中占比在70%以上，而体育服务业在体育产业结构中占比不足30%，与发达国家有明显差距。体育服务业应当是体育产业的主体产业，建设体育特色小镇，可以为群众提供多层次、多种类的体育服务，提高体育服务业在体育产业中的主体地位。我国人民群众的体育消费需求由最初的实物性消费，向体验性和参与性消费转变，体育产业发展模式也随之转变，为满足全国人民群众更高端化的体育消费，体育特色小镇在全国兴起，比如浙江省绍兴柯岩酷玩体育小镇、德清莫干山“裸心”小镇以及江苏省南京汤山温泉小镇。不同类型的体育特色小镇展现出不同的特色，与普通的产业园区不同，体育用品制造业在体育特色小镇中基本不存在，所提供的体育产品以体育服务为主，大力发展体育服务业，增加了体育产业的有效供给，提高体育服务业在体育产业中的比重，优化体育产业结构，促进体育产业结构转型升级。

“十三五”时期，国家以足球改革作为突破口，大力发展“三大球”，挖掘体育产业发展潜力，发展冰雪、水上、户外运动，在全国建设起一批具有鲜明特色的体育小镇。据统计，全国足球小镇多达20个，冰雪小镇10余个，且集中在东北和京津冀地区，马拉松小镇近10个，极大地满足了群众的体育消费需求。在供给侧改革背景下，去除体育产业的无效供给，减少低端供给，增加有效和高端供给，是推进体育产业供给侧改革和满足群众多样化、多层次体育需求的内在诉求。当前，我国体育旅游业发展处于初级阶段，体育旅游在我国旅游业规模中占比仅5%，而发达国家体育旅游业占旅游总规模的25%，我国体育旅游发展潜力巨大，有广阔的发展前景。体育产业是健康休闲产业的中坚力量，浙江省和江苏省体育特色小镇建设走在国内前沿。江浙地区经济发达，交通便利，民众休闲娱乐需求较高，体育产业发展空间大，尤其是体育产业与旅游产业的结合，更能发挥出体育特色小镇的优势。体育特色小镇将体育产业与旅游产业的融合作为创新方向，增强体育旅游的趣味性和体验性。体育特色小镇是我国体育产业科学发展、创新发展、健康发展、可持续发展的战略选择，整合体育产业中的中高端要素，推动我国体育产业创新升级。

三、建设体育特色小镇有利于推动新型城镇化进程

在国家政策的积极支持和引导下，体育特色小镇作为体育产业发展的新风向，对于推进新型城镇化进程发挥着重要的作用。2016 年 2 月，国务院出台的《关于深入推进新型城镇化建设的若干意见》明确提出，要加强资金和政策支持，以人的城镇化为核心，推动特色小城镇快速发展。“十三五”规划纲要也指出，要因地制宜发展“产城”融合、特色鲜明的小城镇。新型城镇化是以城乡统筹、城乡一体、产城互动、节约集约、生态宜居、和谐发展为基本特征的城镇化，核心在于坚持生态环境不受破坏，农民利益得到保障，促进城乡一体化，实现公共服务均等化，促进城乡经济共同发展，实现共同富裕。新型城镇化具有强调民生、强调可持续发展、强调质量三大内涵。

体育特色小镇作为体育产业发展与新型城镇化相结合的产物，不仅是产业小镇，更是宜居的综合小镇，吸引了国家和社会对农村地区的投资，促进了农村地区配套设施的完善，对于消除城乡二元结构，缩小城市与农村发展差距有着重要意义。建设体育特色小镇，一方面要完善地区公共基础设施，对公路、水利、电力、医疗、教育、机场、城市公共交通等基础设施进行大量资金投入。另一方面要鼓励社会资本参与，发

展体育特色产业，形成辐射带动效应，带动小镇周边区域经济发展。体育特色小镇具有产业集聚、要素调节、结构调整、文化传承等功能，在乡村和城市之间建设体育特色小镇，有利于生态、生产、生活相融合，在一定程度上可以有效促进城乡公共体育服务均等化，提高公共体育服务水平。新型城镇化国家战略背景下，体育特色小镇建设迎来发展契机，全国各地将会不断涌现出更多形形色色的体育特色小镇。譬如：北京槐房足球小镇就是以足球改革为重要抓手，改造槐房村废旧厂房，建设了一批足球场地设施，建设国际足球小镇，进而推动新农村建设和新型城镇化进程。

体育特色小镇是体育产业与新型城镇化相互作用的积极成果，我国"十三五"规划纲要指出，要优化城镇化布局和形态，推动新型城镇化，加快特色小城镇建设。因此，体育特色小镇作为体育产业发展的新风向，在国家和政府的政策支持和引导下，在全国迅速发展开来。① 在传统城镇化进程中，土地和基础设施的城镇化是发展的重点，过度依赖土地支持，城市与城镇资源分配不均，忽略农民生活水平和经济利益，并没有实现"以人为本"。新型城镇化是以城乡统筹、城乡一体、产城互动、节约集约、生态宜居、和谐发展为基本特征的城镇化，是大中小城市、小城镇、新型农村社区协调发展、互促共进的城镇化。新型城镇化的核心在于坚持生态环境不受破坏，农民利益得到保障，促进城乡一体化，实现公共服务均等化，促进城乡经济共同发展，实现共同富裕。体育特色小镇作为新型城镇化的产物，有力地促进了农村地区配套设施的完善，同时吸引了国家和社会对农村地区的投资，对消除城乡二元结构，缩小城市与农村发展差距发挥了巨大作用。在以人为核心的城镇化进程中，体育特色小镇是产业小镇，更是宜居的综合小镇，与小镇周边地区共同发展，将体育产业做成可持续发展的创新型产业，优化城镇布

① 沈克印，杨毅然. 体育特色小镇：供给侧改革背景下体育产业跨界融合的实践探索[J]. 武汉体育学院学报，2017，51(6)：56-62.

局，丰富城镇化的形态。

体育特色小镇的建设中，首要发展特色产业，同时将人文内涵和历史文化传承放在重要位置，坚持因地制宜，因时制宜，带动体育特色小镇周边区域经济发展，形成辐射带动效应，实现体育特色小镇健康可持续发展，促进新型城镇化建设。建设体育特色小镇，必须完善地区公共基础设施，政府对包括医疗、教育、机场、公路、水利、电力、城市公共交通等在内的基础设施进行大量资金投入，城市和农村同时受惠。对体育特色小镇因地制宜进行规划、设计，完善特色体育设施、体育服务，发展体育特色产业，形成特色体育产业链，都进一步推进了新型城镇化进程。农村与城市之间经济发展不平衡的现状得到改善，逐步消除城乡二元结构对社会和经济发展的阻碍。体育特色小镇具有产业、文化、旅游、社区一体的综合功能，对提高城乡公共体育服务均等化水平、加快体育产业供给侧改革有重要推动作用。譬如：北京槐房足球小镇利用足球改革的重要抓手，改造槐房村废旧厂房，建设一批足球场地，缓解了北京市场地紧张的现状，同时建设冰雪谷项目，大力发展冰雪运动，打造国际化的小镇。体育特色小镇在助力我国新型城镇化建设，带动新农村建设，打破城乡发展的二元结构模式方面发挥了重要作用。

四、建设体育特色小镇有利于推进健康中国建设

健康中国战略是我国发展基本方略中的重要内容，是国家治理理念与发展目标的升华。健康中国上升为国家战略，对于提升国家综合实力、民生建设、经济社会发展等具有重要意义。全民健身是健康中国建设的战略基础、前端要地和有力支撑，也是全体人民增强体魄、幸福生活的基础保障。2016 年 10 月 25 日，国务院印发并实施的《“健康中国 2030”规划纲要》明确指出，坚持以人民为中心的发展思想，从“大健康”的视角，发挥全民科学健身在健康促进中的积极作用，同时还指出，要完善全民健身公共服务体系，广泛开展全民健身运动，引导社会

力量积极参与健身休闲运动产业。“十三五”规划纲要对推进健康中国建设进行了具体部署，提出要广泛开展全民健身活动，实施全民健身战略。在全民健身和健康中国等国家战略背景下，体育与健康、旅游、文化等元素交织在一起，终将成为人们生活中不可或缺的一部分，健身休闲成为健康产业的新亮点，体育产业也将成为推动我国经济转型升级的重要力量。在新时代，建设体育特色小镇能够促使全民健身生活化，自觉内化成人们的自觉行动和形成良好的健身生活方式，顺应健康中国战略和全民健身战略的具体要求。譬如：江苏省南京浦口的老山体育特色小镇是“体育+养老”类型的特色小镇，体现了“大健康”的理念，以徒步、登山、骑行等丰富多彩的有氧户外活动为特色，集聚体育产业资源，打造“有氧运动小镇”，成为一个户外有氧运动聚居区。体育特色小镇是发展健康产业的绝佳载体，是建设健康中国的重要内容，其特质在于“体育”，生命力在于“产业”。体育特色小镇的核心要素是体育产业，建设体育特色小镇就要树立“大健康”理念，找准和凸显体育产业特色，选择差异化的体育产业跨界融合路径。全民健身是推动全民健康的重要手段，推动健康中国战略的有力抓手。体育特色小镇建设正好与健康中国战略的实施不谋而合，是增进人民身体健康、提高体育活动意识、加强体育参与、促进体育消费的重要途径之一，是推进“健康中国2030”战略的重要阵地。体育特色小镇是在全民健身与健康中国战略背景下，在国家密集出台的促进特色小镇与体育产业发展的双重政策引导下产生的，是特色小镇的一种形式。目前，正值全民健身运动热潮，传统的健身运动休闲方式难以满足人们日益增长的健康需要，体育特色小镇恰逢其时，势必将成为全民健身的新载体，健身休闲发展的新方向。

五、建设体育特色小镇有利于助力体育扶贫工作

习近平总书记在十九大报告中提出：“民生领域还有不少短板，脱贫攻坚任务艰巨，城乡区域发展和收入分配差距依然较大。”运动休闲特色小镇的建设正是推动我国新型城镇化战略发展、体育供给侧结构性

改革以及推进脱贫攻坚工作、涉及民生改善的重要举措。体育特色小镇在江浙发达地区呈现出良好的发展态势，在我国贫困地区，同样可以依托体育特色小镇的建设来改变贫困地区的面貌。体育扶贫是我国扶贫战略的重要组成部分，是打赢脱贫攻坚战、实现共同富裕和全面小康社会的重要手段之一。体育扶贫的首要目的是保障我国公民的体育权和发展权，最终目的是发展社会经济，提高贫困地区人民的生活水平，增加贫困人口的收入。

建设体育特色小镇，是体育扶贫的直接体现，也是助力体育扶贫的一大亮点。学者段鸿斌认为，体育扶贫是指国家通过实施特别体育政策，履行“发展体育事业，增强人民体质”的法律义务，从而保障贫困地区公民享有现实的体育权达到或接近全国同等水平①。建设体育特色小镇是精准扶贫的一种形式，依托当地自然人文条件，利用特有的自然资源，发展体育特色项目，发展经济，探索扶贫开发工作新思路，为我国脱贫攻坚助力。建设体育特色小镇，直接促进了贫困地区经济社会发展，拉动体育产业促进经济增长，降低国家扶贫支出的成本，能够为城镇经济社会发展增添新动能。

体育特色小镇的建设能够为保障公民的体育权和中国特色发展权创造新途径，使城市和农村人民平等地享受体育特色小镇带来的益处。建设体育特色小镇的目的是利用体育产业发展经济，提高社会发展水平，把致富和脱贫同时推进。体育扶贫不仅是经济扶贫，更是“精神扶贫”，体育特色小镇有利于改变农村贫困人口的体育观念，培养贫困地区农民的体育兴趣和体育意识，释放出宝贵的社会精神财富。体育扶贫不仅是要促进经济发展，同时也产生文化价值，能够推动贫困地区乡村精神文明建设，引导贫困地区人民树立现代文明观念，体育扶贫所带来的社会激励价值，能够有力振奋贫困地区党员干部群众精神，树立脱贫致富的

---

① 段鸿斌. 体育扶贫：法律意涵、政策机制与实施路径[J]. 武汉体育学院学报，2017，51(8)：5-12.

信心和决心。① 同时，参加体育锻炼能够缓解工作压力，放松心情，促进人的心理健康，对锻炼意志品质有重要作用，心理健康比身体健康更重要。

体育特色小镇吸引人们旅游消费，给当地带来巨大的旅游收入，创造出更多的就业岗位，形成良好的社会氛围。大部分贫困地区人民生产技能单一、文化程度较低，无法接受素质教育，综合素质较低，缺乏优秀的人才储备。体育特色小镇的建设能够增强当地农村吸引力，帮助拓宽贫困人口的增收渠道，增强贫困群众致富能力，加快贫困地区人口的脱贫致富的步伐，增强农村自我“造血”功能，避免过度依赖政府扶贫，提高自身增收致富能力，早日实现2020年全面脱贫的目标。

① 郭庆. 农民工体育贫困状况与精准扶贫策略研究——基于城市融入视角的实证分析[J]. 武汉体育学院学报，2017，51(5)：21-27.

第二章　体育特色小镇建设的理论基础与趋势研判

体育特色小镇是经济新常态背景下我国发展体育产业的一个新亮点，不仅体现了“生产、生活、生态”三方融合，而且体现了“大体育、大健康、大旅游”等理念。在新时期，建设体育特色小镇对于发展体育产业、促进产业跨界融合、经济转型升级及城乡一体化发展具有重要推动作用。浙江省的体育特色小镇建设走在全国前列，具有较强的引领和示范作用。但是，体育特色小镇的形成和发展受到体育产业发展基础、区域地位、生活环境、政策导向、体育文化、生活方式等多种因素影响。体育特色小镇建设应以小而特、小而优、小而美、小而精的形态呈现，创造宜居、宜业、诗性、画意、温情并蓄的人本生态。我国体育消费需求发生了巨大变化，由实物性消费向体验性、参与性消费转变，这就要求体育产业的产品供给更多样化、多层次，增加体育产品供给，提高体育服务业在体育产业中的比重，满足群众娱乐休闲的体育消费需求。体育特色小镇的建设要求体育产业与文化、旅游、休闲等产业融合发展，建设不同类型的体育特色小镇，提供多样化的体育产品和服务。本章基于产业融合、新型城镇化的理论视角，探讨新时代建设体育特色小镇的理论基础，并根据驱动因素，对新时代体育特色小镇的发展趋势进行研判。

第一节　体育特色小镇建设的理论基础

体育产业作为朝阳产业，与旅游产业、文化产业、信息网产业等相关产业之间进行融合，形成了体育旅游、体育传媒、电子竞技和体育电子商务等新体育业态。体育小镇本身就是产业融合体，与旅游产业、文化产业、健康养老产业、教育产业、交通产业、服务产业等方面有着较好的契合度，是新常态下特色小镇创新发展的新平台。体育的产业化本质就是体育与其他产业相融合，体育特色小镇与其他产业融合是实现产业化的必然路径。建设体育特色小镇，推进体育产业供给侧改革，并不仅是产业数量上的调整，而是产业结构上的优化和水平的升级。在健康中国战略背景下，体育特色小镇建设规划树立"大体育、大健康、大旅游"理念，以社会公众的消费需求变化为导向，走特色化路径，丰富体育消费供给，体现了体育产业与相关产业的跨界融合。体育特色小镇是经济新常态背景下新型城镇化建设的新的呈现方式，小镇具有调整产业结构、整合多元要素、传承历史文化的功能，对于我国新农村建设和新型城镇化发展有重要意义。

一、产业融合理论

(一)产业融合理论的渊源

产业融合最早起源于通信和信息领域，但是信息与交流的不通畅阻碍了经济和社会的发展，因此产业融合最早体现在技术融合。随着科学技术和信息技术的发展，不同产业和行业之间相互融合、渗透，成为产业发展的必然选择。基于信息技术的高新技术革命，推动了产业之间的升级融合。

自20世纪70年代以来，全球信息技术以及相关产业迅速发展，通信、计算机、广播等产业间的交流大大增加，促使发达国家在信息技术领域间实现技术融合，并逐渐朝着产业融合的方向发展。产业融合现象引起了政府部门的广泛关注以及学界的广泛研究，产业融合理论逐渐呈现。在经济全球化时期，体育产业与相关产业融合的趋势愈加明显。20世纪90年代末，我国才开始对产业融合理论展开研究，在研究初期主要着手于以信息产业为研究对象的产业融合基本理论的构建。近年来随着经济的快速发展，产业结构不断调整升级，信息化进程不断加快，研究对象逐步转移到对具体产业领域如文化产业、传媒出版业、旅游业、农业等的产业融合理论与实证上，我国产业融合趋势日渐明朗。2001年，在第九届全国人民代表大会上，通过了《中共中央关于制定国民经济和社会发展第十个五年计划的建议》，首次明确提出"三网融合"，即电信、计算机与有线电视之间实现网络互联互通、共同合作。但是随着经济和社会的快速发展，产业结构优化升级的迫切要求，产业融合已经不再是简单的技术融合，不再单一地应用于信息通信领域，而是逐渐发展为第一产业、第二产业与第三产业的新融合，不单是技术融合，而是促进了业务融合和市场融合。体育产业作为朝阳产业，与文化产业、旅游产业和文化产业、信息网产业等相关产业之间进行融合，形成了体育旅游、体育传媒、电子竞技和体育电子商务等新体育业态。

（二）产业融合理论的内涵

不同学者对产业融合的定义不尽相同，1997年欧洲委员会绿皮书将产业融合定义为：产业联盟与合并、技术网络平台、市场3个角度的融合。而尤弗亚（Yoffie，1997）将融合定义为"采用数字技术后原来各自独立产品的整合"。以数字融合为基础，格林斯腾和卡恩纳（Greensteina & Khanna，1997）将产业融合定义为"为了适应产业增长而发生的产业边界的收缩或消失"。这个定义局限于以互联网为标志的计算机、通信和广播电视业的融合。日本产业经济学家植草益将产业融合定义为通过技术革新和放宽限制来降低行业间的堡垒，以此来加强行业中企业间的竞争合作关系。① Rosenberg 将在产业工具的演化中发生的技术向其他产业扩散的现象定义为产业融合。② Yoffie 认为，产业融合是独立产品的整合。③ Christensen 和 Rosenbloom 认为，产业融合必须建立在充分考虑市场需求和新产品的竞争优势能否通过产业融合满足市场消费需求之上。④ 国内学者厉无畏认为，产业融合是不同产业或同一产业内的不同行业相互渗透、交叉，共同合作，融为一体，形成新产业的过程。⑤ 产业融合是将不同产业、行业间的内容进行互补，共同合作，最后达到 1+1>2 的效果。因此，产业融合就是将不同产业或同一产业内的不同类别行业，通过相互渗透、相互交叉，改变原有产业产品的特征和市场需求，从而使产业边界模糊化，最终融为一体，并逐步形成新产业的动态发展过程。

纵观业内，可对“体育产业与相关产业融合”的概念做出以下定义：体育产业与文化、旅游、信息等相关产业之间互相打破产业边界，通过各自产业价值链的渗透、延伸和重组，以体育健身休闲业、体育竞赛表演业、体育馆(场)服务业等体育本体产业资源为依托，相关产业要素为载体，通过技术融合、业务融合和市场融合逐步融合发展形成的以体育本体资源为核心，具有相关产业特性的新型体育业态的动态发展过程。⑥ 体育的产业融合更强调一个动态过程，不同产业(物质产业部门

---

① 植草益. 日本的产业组织[M]. 经济管理出版社，2000：450.

② Rosenberg N. Technological change in the machine tool industry：1840-1910[J]. The Journal of Economic History，1963，23(2)：414-446.

③ Yoffie D B. Introduction：chess and competing in the age of digital convergence[C]. Competing in the Age of Digital Convergence. Boston，1997.

④ Christensen C M，Rosenbloom R S. Explaining the attacker's advantage：technological paradigms，organizational dynamics，and the value network [J]. Research Policy，1995，24(2)：233-257.

⑤ 厉无畏，王慧敏. 产业发展的趋势研判与理性思考[J]. 中国工业经济，2002(4)：5-11.

⑥ 杨强. 体育产业与相关产业融合发展的内在机理与外在动力研究[J]. 北京体育大学学报，2013，36(11)：20-24，30.

和非物质产业部门)与体育通过相互渗透、相互交叉，最终融为一体，逐步形成新的体育产业的动态发展过程。① 体育产业融合是建立在与原本处于分立的产业间的有机整合基础之上，这种融合不是对原有分工明确的产业的简单结合或拼凑，而是产业间的有机整合，是一系列互相关联的产业交叉、渗透而取得创新产业形态的过程。② 体育本体资源具有资产通用性的产业属性，体育产业与其他产业间以体育活动为平台和载体，当外动力条件(政策环境、市场需求、企业竞争等)逐步形成时，通过技术融合、产品融合，体育健身休闲业、体育竞赛表演业、体育场馆服务业等体育本体资源与文化、旅游、信息等相关产业之间互相打破边界，各产业价值链相互渗透、延伸和重组，逐步实现以体育本体资源为核心的融合型体育业态。体育产业与其他产业的合作与融合，能够实现双方互惠互利，形成新的产业业态，促进经济发展。

(三)产业融合理论在体育特色小镇建设中的实践应用

《关于加快发展体育产业的指导意见》和《体育产业"十三五"规划》都明确提出把"促进体育产业与相关产业的互动发展"作为我国体育产业当前和未来发展的一项重要任务去实施。2017 年，《关于推动运动休闲特色小镇建设工作的通知》指出，我国体育小镇是"政府引导，场主导"的运作方式，指导思想中提出要促进体育与健康、旅游、文化等产业实现融合协调发展。体育小镇本身就是产业融合体，与旅游产业、文化产业、健康养老产业、教育产业、交通产业、服务产业等方面有着较好的契合度，是新常态下特色小镇创新发展的新平台。体育的产业化本质就是体育与其他产业相融合的产物，体育特色小镇与其他产业融合是实现产业化的必然路径。

---

① 程林林. 体育的产业融合现象探析[J]. 成都体育学院学报，2005(3)：22-25.

② 王艳，刘金生. 体育产业融合与产业发展——我国体育产业发展的新视角[J]. 成都体育学院学报，2009，35(7)：7-10.

体育的产业化本质是体育与其他产业融合的产物，体育扮演的是一种载体或平台的角色，体育的产业融合现象已经对我国的社会、经济产生了一定的影响。首先，产业融合的基础是体育产业的关联性，产业间的关联性是产业融合的前提条件，如果不存在密切的经济联系，产业之间的融合是不可能发生的。在体育产业发达国家，体育产业是一个关联性较强的产业，不仅能带动体育服装鞋帽和体育运动器材等体育实物用品制造部门的发展，还能带动相关生活性服务业的发展。例如，体育赛事能有效带动城市观光旅游业的发展，能带动城市商贸服务业的发展，更能带动文化传媒业等文化产业的发展；体育健身休闲业能有效带动旅游度假业的快速发展，能带动休闲产业的发展，等等。① 其次，产业融合的中心是体育产业本身，体育产业与相关产业融合的过程中，体育产业要素在其中扮演的并不是一种简单载体或平台的角色，而是以体育本体产业的体育健身休闲业与体育竞赛表演业为产业融合的核心，体育健身休闲活动和体育竞赛表演活动所必须依托的体育馆(场)也成为体育产业与相关产业融合发展的核心产业要素资源。产业融合应用于体育产业，并非只有技术上的融合，同时包括业务和市场的融合。

在体育特色小镇建设中，产业融合体现在三个方面：第一，技术融合。技术融合是体育产业和旅游业以及其他产业融合的外在推力。技术融合主要体现在标准与规划上，体育产业与其他产业的融合必须有一定的行业标准，与国家发布的政策规范相符合，通过标准与规范的融合，实现体育特色小镇建设的规划设计融合。第二，产品服务融合。在地理位置、自然风光、民俗传统等产业融合的资源基础上，实现产品服务的融合。譬如：以昆明嘉丽泽为核心的嵩明县杨林镇凭借良好的基础条件获批国家级体育特色小镇。2016 年 12 月 22 日，国家旅游局和国家体育总局联合发布了《关于大力发展体育旅游的指导意见》，计划到 2020

① 杨强. 体育产业与相关产业融合发展的内在机理与外在动力研究[J]. 北京体育大学学报，2013，36(11)：20-24，30.

年，在全国建成100个具有重要影响力的体育旅游目的地，建成100家国家级体育旅游示范基地，推出100项体育旅游精品赛事，打造100条体育旅游精品线路，培育100家具有较高知名度和市场竞争力的体育旅游企业与知名品牌。昆明嘉丽泽高原体育运动小镇将充分依托相关政策利好，做好做强体育旅游产业，加快国家特色小镇的建设，助推体育旅游产业的发展。昆明嘉丽泽高原体育运动小镇按照政府主导、市场运作的原则，由世界500强企业中信集团和中国500强企业云南建投集团、嵩明县政府三方共同建设运作，以小镇生态低碳环境为环境基础，立足于国家队、省市专业队、职业队、青少年队等团体的专业训练康复，重点发展高原足球、游泳、自行车、马拉松等高原体育运动，联合西班牙皇家马德里、英国利物浦、中国内蒙古莱德等国际国内知名足球、马术俱乐部，密切与清华大学等体育产业中心的深度合作，打造一个集国际化、特色化、专业化为一体的高原体育运动小镇。运用“体育+旅游”的模式，通过举办马拉松赛，拉动嵩明旅游产业及相关产业的发展，提升嵩明在全国乃至全球的城市影响力和知名度，以促进当地旅游业的持续、健康和有序发展。体育运动助推休闲旅游，按照“体育市场+旅游景区+产业提升”的模式，昆明嘉丽泽以体育项目、生态湿地、文化产业为基础，整合多方资源构建一条完整的体育旅游产业链。第三，业务融合。业务融合主要体现在人才和组织上。体育产业融合必须由复合型人才参与经营，懂体育产业的人也要懂文化产业、旅游产业，懂体育用品制造的人才也需要懂体育产业经营管理、赛事组织，以人才融合促进知识融合。组织融合主要体现在体育企业、组织与其他企业、组织的合作和兼并重组上，促进商业模式的创新。①

随着人民生活水平的提高，我国体育消费需求发生了巨大变化，体育消费需求由实物性消费向体验性、参与性消费转变，这就要求体育产

① 杨强. 体育与相关产业融合发展的路径机制与重构模式研究[J]. 体育科学，2015，35(7)：3-9，17.

业的产品供给更多样化、多层次，增加体育产品供给，提高体育服务业在体育产业中的比重，满足群众娱乐休闲的体育消费需求。体育特色小镇的建设要求体育产业与文化、旅游、休闲等产业融合发展，建设不同类型的体育特色小镇，提供多样化的体育产品和服务。

二、供给侧改革理论

(一)供给侧结构性改革理念

供给侧结构性改革是党中央在经济新常态背景下提出的宏观经济管理战略举措，旨在提高社会生产力水平，实现中国经济社会健康、快速与可持续发展。党的十八届五中全会通过的《中共中央关于制定国民经济和社会发展第十三个五年规划的建议》提出了“创新、协调、绿色、开放、共享”五大发展新理念，成为推进供给侧结构性改革的行动指南。2016年1月26日，习近平在在中央财经领导小组会议上强调，在适度扩大总需求的同时，进行供给侧结构性改革，要从供给端扩大有效供给和减少无效供给，在生产领域提高全要素生产率，实现供给结构优化和升级，增强经济持续增长动力。①

供给侧结构性改革与五大发展理念一脉相承，是我国在宏观经济管理方面的重大理论与实践创新，对发展体育产业具有重要的理论价值和指导意义。改革开放以来，我国体育产业虽然取得了很大进步，但也出现了供给与需求不平衡、产业结构不合理、创新驱动力不强等问题②，需要以改革创新的思维，从供给端进行结构优化和升级。“十三五”时期，在全面深化改革背景下，以五大发展理念为指引，加强供给侧结构性改革是体育产业发展的内在要求和必然趋势。

---

① 习近平主持召开中央财经领导小组第十二次会议[EB/OL].[2016-01-26] http://news.xinhuanet.com/politics/2016-01/26/c_1117904083.htm.

② 胡鞍钢，周绍杰，任皓. 供给侧结构性改革——适应和引领中国经济新常态[J]. 清华大学学报(哲学社会科学版)，2016，31(2)：2-7.

改革开放以来，我国所奉行的经济政策强调需求管理，主要集中在“需求端”发力，依靠投资、消费、出口“三驾马车”来带动经济发展。“十二五”以来，由于人口红利不断下降、劳动力成本逐年上升、自然资源利用粗放和低效能、制度供给严重滞后、政府职能改革不到位等原因，导致供需关系出现严重的结构性失衡，即出现“供需错位”现象。自2011年以来，中国经济增长率告别了两位数的增长状态而进入新常态，传统的需求侧和供给侧的宏观管理效果不断减弱，倒逼生产关系的改革，这就需要产生新的经济管理思想，要培育一批新型产业来优化经济结构，最大限度解放和发展生产力。马克思主义的“生产关系要适应生产力”这一经典论述，是全面深化改革的哲学基础，成为供给侧改革战略举措和理论思维的逻辑起点。① 供给侧改革是在新常态背景下，以全面改革为核心，从供给端来促进和解放生产力，提升竞争力，实现总供给平衡和结构优化，是我国基本国情与未来经济社会发展的战略选择。② 供给侧结构性改革作为新时期经济管理的重大理论创新，是中国发展经济学的“升级版”，是制度经济学发展在中国的“增强版”。③ 供给侧结构性改革就是要求淘汰落后产能和清理“僵尸企业”，发展新兴领域和创造新的经济增长点。目前，全民健身已上升到国家战略，对于提高社会公众的生活质量、满足居民体育消费需求和加快体育产业发展具有重要作用。发展体育产业是中国经济在新常态发展中的一个新亮点，推进体育产业的供给侧结构性改革，对于我国经济结构转型和优化具有重要的推动作用。

体育产业供给侧结构性改革是从提高体育产业的供给端出发，从制

① 刘元春. 供给侧结构性改革的理论逻辑探析[J]. 国家治理，2016(12)：36-48.

② 贾康，冯俏彬. 新供给：创构新动力——“十三五”时期“供给管理”的思路与建议[J]. 税务研究，2016(1)：3-9.

③ 王小广. 供给侧结构性改革：本质内涵、理论源流和时代使命[J]. 中共贵州省委党校学报，2016(2)：82-87.

度、机制和技术等方面，通过改革的方式来优化和调整体育产业结构，扩大有效供给，减少无效供给，提高体育产业的全要素生产率，实现体育资源配置的最优化，促进体育产业的健康与可持续发展，满足社会公众日益增长的多元化体育需求。其实质是以市场为导向来改革政府现有的政策供给方式，充分发挥市场在配置体育资源中的决定性作用。其目的是增加体育产业的有效供给和减少无效供给，促进体育产业健康与可持续发展。①

（二）供给侧改革中体育特色小镇的作用

1. 建设体育特色小镇能够加快体育产业的转型升级

特色小镇的建设，为产业升级和结构调整提供了可能，政府是宏观政策和资源调配中的“供给者”，让市场在整合体育资源中决定性作用，通过竞争来促进产业升级，推动资源优化配置②。建设体育特色小镇，推进体育产业供给侧改革，并不仅是产业数量上的调整，而是产业结构上的优化和水平的升级。体育特色小镇的核心是体育产业，而体育产业则被世界公认为“绿色产业”和“朝阳产业”，产业链较长且附加值高，最能与第二、三产业实现有机融合。“十二五”时期，我国的体育产业尽管得到了快速发展，增加值占 GDP 的比重也逐年提高，但总体规模仍然较小，结构还不尽完善。步入“十三五”时期，在供给侧结构性改革背景下，国家对体育产业提出了发展目标，促进体育产业进行结构优化，转变质量不高、效率低下的粗放型产业方式，推进体育用品制造业的转型和升级，支持“互联网+体育”的发展和创新，提升体育服务业在整个体育产业中的比重，特别是要大力发展健身休闲产业。目前，伴随着人民群众从实物型消费向观赏型和参与型消费的转变，以健身休闲为

① 沈克印，吕万刚．体育产业供给侧结构性改革：学理逻辑、发展现实与推进思路[J]．武汉体育学院学报，2016，50(11)：30-35.

② 陈宇峰，黄冠．以特色小镇布局供给侧结构性改革的浙江实践[J]．中共浙江省委党校学报，2016(5)：28-32.

主题的体育特色小镇开始在全国各地兴起，在“大众创业、万众创新”理念下，体育产业发展新模式不断涌现，体育产业结构势必会得到进一步优化。比如，浙江德清县莫干山“裸心”体育小镇、海宁市马拉松小镇、辽宁大连市金普新区冠军小镇、广东汝湖镇的体育健康特色小镇，等等。

2. 建设体育特色小镇能够扩大体育产业的有效供给

目前，我国体育产业发展中仍存在诸多矛盾和问题，在供给侧方面表现为体育市场所提供的体育服务和产品还远远不能满足社会公众的体育需求，这可以从近年来不断升温的“马拉松热”得到验证。尽管我国城市马拉松赛现在一片火热，但总体规模较小、数量不多，特别是高质量赛事，报名者只能通过摇号才能成为参赛选手。基于我国体育产业的现状与实践，扩大体育服务产品的有效供给，减少无效和低端供给是体育产业供给侧改革的基本路径，目的是盘活整个体育产业。体育产业供给侧改革在具体实践中调强调供给侧管理，优化体育产业结构，解决体育服务和产品有效供给不足的问题。政府提供的有效供给“产品”就是制度政策，这是非常重要的公共产品，特色小镇建设规划是政府公共政策供给的逻辑必然与创新，是政府推进供给侧结构性改革的一项重大举措①。可以说，体育特色小镇建设规划是政府在体育产业政策方面的一次创新，是实施体育产业供给侧改革的具体实践。体育特色小镇建设中政府不直接去推动某一个具体产业，而是在土地、人才、税收、资本等要素资源方面实施优惠政策，激励地方政府、市场、社会组织等多元主体积极参与，聚集优势产业，形成特色，扩大体育产业的有效供给。

3. 建设体育特色小镇促进体育产业的跨界融合

随着国家政策红利的逐步释放和体育改革的不断深入，大量资本涌入体育产业，体育金融出现了突破和跨越，体育产业投资获得高度重

---

① 卓勇良. 政府公共政策供给的逻辑必然与创新——浙江特色小镇规划建设的理论思考[J]. 决策咨询，2016(2)：26-29，83.

视，特别是健身休闲与赛事产业备受关注。习近平总书记在 2016 年全国卫生与健康大会提出“大卫生，大健康”的理念，强调全民健身在健康中国建设中的战略地位，并推动全民健身和全民健康的深度融合。我国体育产业进入快速发展时期，跨界融合和业态裂变成为一种趋势，互联网与体育产业的跨界融合逐渐加速，特别是“互联网+”为体育产业发展提供了科技支撑，产生了新的业态形式。体育特色小镇就是迎合了时代发展趋势，模糊了产业结构划分，使体育产业与旅游、文化、健康、养老、生态、金融、培训、科技、房地产等进行跨界融合，全面体现了“大体育”的理念。譬如：杭州富阳区依托“中国体育产业基地”和“国家运动休闲示范区”，引入中国智慧体育产业联盟，投资逾 50 亿元，将打造中国首个“产、城、人、文”融合的智慧体育特色小镇。该小镇位于富阳银湖新区，规划面积 3 平方公里，运用“互联网+体育”产业模式，对基地、研发、体验、培训、应用和资本进行资源整合，建成总部经济区、教学培训区、产业集聚区、展示体验区，估计投入运营后年产值 300 亿元。①

三、新型城镇化相关理论

（一）新型城镇化的出现

国外城市化进程对我国城镇化进程产生了深刻影响，西方城市化起源于 18 世纪工业革命，为了加快城市化进程和获得经济利益，资产阶级盲目圈占农民土地，剥削农民，破坏生态环境，造成工业污染等城市化问题。为了规避西方传统城镇化的诟病，新型城镇化建设更加注重城乡统筹，更加注重城镇发展的集约性，更加注重城镇化的社会性，更加注重城镇化的区域性，更加注重城镇化的协调性，更加注重城镇化质量

① 智慧体育小镇等六大项目落户富阳 投资近百亿[EB/OL].[2015-07-07].http://mt.sohu.com/20150707/n416337967.shtml.

内涵的提升。

改革开放创造的中国奇迹，使中国拥有了城镇化转型升级的资本、人才和技术基础。中国作为一个发展中大国，有人口众多、空间广阔、资源短缺、分布不均、发展水平差异大的特征，要求中国城镇化充分利用大国规模经济的优势，力避过度聚集和长距离、高成本流动。我国城镇化发展思想主要分为两个阶段：第一阶段是1978—2002年，改革开放之后的早期城镇化发展思想。第二阶段是2002年至今，21世纪城镇化发展思想。① 在第一阶段，由于缺乏对城镇化发展的科学规划，重形式主义，“先污染后治理”，为了提高我国城镇化率，盲目扩大城镇规模，造成了交通拥堵、住房拥挤等社会问题。在第二阶段，2002年十六大报告明确提出，坚持大中小城市和小城镇协调发展，走中国特色的城镇化道路。

2002年，中共中央十六大报告第一次明确提出要“走中国特色的城镇化道路”，这是我国由传统城镇化迈入新型城镇化建设的重要标志，表明中国的城镇化建设进入了新型城镇化建设阶段。新型城镇化是相对传统城镇化而言的。国际上，一般使用“Urbanization”一词来指涉城市化，由于许多国家镇(Town)的人口规模比较小，有的甚至没有镇的建制，“Urbanization”往往仅指农村人口向城市(City)转移和集中的过程，称之为“城市化”。而中国历史上就有镇的建制，多数镇的人口和规模与国外小城市基本相当，人口不仅从农村向城市(City)转移，还向城镇(Town)转移，这种情形是由中国独特的历史、政治、文化和制度等要素共同形塑的。“新型城镇化”一词由来已有余年，公认最早是伴随党的十六大“新型工业化”战略提出，依托产业融合，2012年中央经济工作会议首次正式提出“把生态文明理念和原则全面融入城镇化全过程，走集约、智能、绿色、低碳的新型城镇化道路”，及至将之确立为未来中国经济发展新的增长动力和扩大内需的重要手段之后，才越来越受到

① 郭美清．中国新型城镇化理论研究[D]．漳州：闽南师范大学，2015.

各行业和学界人士的关注。① 有学者指出，我国城镇化发展水平严重滞后，且区域发展不平衡，为了推动我国的新型城镇化发展进程，2014年3月，国家出台了《国家新型城镇化规划(2014—2020)》，指出要加快发展中小城市，调整产业结构，优化城市布局，促进城乡基本公共服务均等化，注重生态和人文建设，推动城乡一体化。

(二)新型城镇化的涵义

城镇化是由科技进步、社会生产力发展所引发的，散聚居在农村功能区域的农业人口转为集中聚集在非农功能区的非农人口，而传统乡村社会转为现代城市社会的历史过程。城镇化地区不是行政和地理意义上的区域，是承载非农人口和非农产业的功能区。城镇化表现为城镇数目的增多、城市面积的扩大、城市人口增加，包括人口职业的转变、产业结构的转变、空间形态的变化，也包括人类社会的组织方式、生产方式和生活方式的变化，由此导致经济、社会、文化、环境和人的变化。本书认为，新型城镇化的基本模式应该是：以科学发展观为指导方针，坚持“全面、协调、可持续推进”的原则，以人口城镇化为核心内容，信息化、农业产业化和新型工业化为动力，“内涵增长”为发展方式，“政府引导、市场运作”为机制保障，走可持续发展道路，建设城乡一体的城市中国。

有学者认为，新型城镇化本质上就是以农村转移人口为核心，通过政治、经济、文化、社会、生态等多元目标协调推进，实现城乡民众在公共服务获取、社会保障供给以及其他公民权利均衡分配等方面的目标，达致幸福生活的状态。新型城镇化是在城镇化概念的基础上进一步展开的，其在人口集聚、非农产业扩大、城镇空间扩张和城镇观念意识转化各方面与传统的城镇化概念并无显著差异，但在实现这种过程的内

① 单卓然，黄亚平. “新型城镇化”概念内涵、目标内容、规划策略及认知误区解析[J]. 城市规划学刊，2013(2)：16-22.

涵、目标、内容与方式上却有所区别。我国许多学者对新型城镇化进行了研究，盛光耀认为，新型城镇化是一种合理的城镇化发展模式，以全面提升城镇化质量和水平为目标，遵循科学发展规律，坚持以人为本，统筹城乡，促进社会和谐，坚持集约发展和规模结构合理①。吴殿廷认为，新型城镇化要坚持以人为本，是大中小城市、小城镇等共同促进的城镇化②。黄开腾认为传统城镇化与新型城镇化存在本质区别，传统城镇化注重城镇规模的大小，任务是征地拆迁以扩建城镇规模，新型城镇化强调质量的高低，坚持以人为本，重在提高公共服务的均等化水平③。

有学者认为新型城镇化是以民生、可持续发展和质量为内涵，以追求平等、幸福、转型、绿色、健康和集约为核心目标，以实现区域统筹与协调一体、产业升级与低碳转型、生态文明和集约高效、制度改革和体制创新为重点内容的崭新的城镇化过程。新型城镇化不仅是人口迁移、地域变迁等有形的新变化，也包括城乡居民思维方式、意识形态以及世界观、价值观和人生观等无形的新变化，国家所倡导的新型城镇化根本目的在于统筹城乡区域发展，提高城乡居民生活水平，缩小贫富差距，转变城乡居民的思想价值观念，提高人口素质，促进城乡公共服务均等化，必须坚持以人为本，保障人民利益。

（三）体育特色小镇在新型城镇化理论中的应用

新型城镇化就是走以人为本的城镇化道路，推进居民的“迁转俱进”；走倾斜平坦的城镇化道路，顾空间的“公平效率”；走产城互动的城镇化道路，保经济的“持久繁荣”新型城镇化。对传统城镇化道路的

① 盛广耀. 新型城镇化理论初探[J]. 学习与实践，2013(2)：13-18.

② 吴殿廷，赵林，高文姬. 新型城镇化的本质特征及其评价[J]. 北华大学学报(社会科学版)，2013，14(6)：33-37.

③ 黄开腾. 城乡协同：新型城镇化背景下乡村治理的新思路[J]. 云南行政学院学报，2016，18(4)：123-129.

反思，是科学发展观指导下的必然选择，经济社会转型的必然要求，我国实现现代化的必然途径。城镇化是实现国家现代化的重要标志，推动新型城镇化对我国经济社会发展具有重大推动作用。2016 年 2 月，国务院出台《关于深入推进新型城镇化建设的若干意见》明确提出，要求地方政府结合本地区的实际，制定完善的土地、财政、投融资等政策，以人的城镇化为核心，推动特色小城镇快速发展。在我国传统城镇化发展过程中，地理上多样性和城乡二元分割的体制造成了区域的不均衡发展，特别是产业布局和人口分布差别较大，在发展和建设规划方面也缺乏特色。特色小镇是在“创新、协调、绿色、开放、共享”五大发展新理念下新型城镇化建设的呈现方式和重要路径，具有结构调节、要素调节、文化传承等功能，对于破解传统城乡二元结构、转换经济发展模式、推进新农村建设和新型城镇化具有重要意义。

体育特色小镇是当前发展新型城镇化的一种选择，具有产业融合、健身休闲、生态宜居、城乡一体等功能，在一定程度上可以促进城乡公共体育服务均等化发展和推进体育产业供给侧结构性改革。譬如：合肥市包河区大圩镇利用承办国际马拉松赛为抓手，立足于良好基础设施和生态环境，结合景区优势，兴建体育休闲广场、体育公园等，积极打造安徽省乃至全国有名的体育特色小镇。

体育特色小镇建设事实上是新型城镇化与体育产业相互作用的积极成果，在城市周边选址，合理开发自然资源，加强城市与农村的联结。体育特色小镇有“产业+文化+旅游+社区”的特在功能，契合新型城镇化的发展道路。新型城镇化强调以人为本，注重绿色、协调可持续发展，体育特色小镇要求在保护生态环境的基础上进行开发，尽可能保持原有生态环境，创新建设理念，培育生态环境良好、美丽宜居的特色小镇。

体育特色小镇的建设缓解了城市压力，作为城市和农村的结合点，小镇增加公共服务供给，平衡城乡资源分配和经济发展，提供新的就业岗位，辐射带动农村发展。体育特色小镇的建设势必会要求政府完善交通等基础配套服务设施，促进体育产业升级转型，带动农村地区经济发展，打破城乡二元结构，促进城乡一体化，提升农村居民的幸福感。体育特色小镇是经济新常态下新型城镇化建设的新的呈现方式，小镇具有调整产业结构、整合多元要素、传承历史文化的功能，对于我国新农村建设和新型城镇化发展有重要意义。

第二节　体育特色小镇的建设条件及趋势研判

在全民健身、健康中国、体育强国的国家战略大背景下，体育运动逐渐全民化、常态化、休闲化，体育产业上升为健康产业的一股中坚力量，推动着健身休闲产业迅猛发展。体育特色小镇有利于加快体育产业的转型升级、扩大有效供给和促进产业跨界融合。产业关联、制度供给、消费需求和科技发展是体育产业跨界融合的基本要素。建设体育特色小镇要发挥政府作用，特别要做好科学规划和创新制度供给。同时，要坚持以市场为主导，以企业为主体，优化资源配置，树立产业链思维，推动体育产业与相关产业进行融合。建设体育特色小镇要因地制宜，科学规划，不能一哄而上，更不能搞“形象工程”和“政绩工程”。要树立“大体育、大健康、大旅游”理念，经过科学论证和规划，明确体育产业定位，加强跨界融合，通过政府、市场、社会等多方力量共同建设体育特色小镇。

一、产业融合背景下体育特色小镇的驱动因素

(一)产业关联：体育产业跨界融合的前提条件

近年来，在国家政府的大力推进下，我国体育产业得到了快速发展，每年的增加值占GDP比重逐渐提高，产业融合不断推进，产业结构逐渐优化。但是，体育产业发展仍遇到许多问题和挑战，存在产业规模小、主体产业比重过小、市场集中度低、赛事产业开发不够、体育场馆运营绩效不佳等问题。从总供给来看，体育产业的总体规模仍然很

小，对 GDP 贡献较小。在“十二五”期间，体育产业每年的增加值占 GDP 比重仅为 0.63%，而在世界上一些体育产业发达国家，体育产业增加值占 GDP 的 1%～3%。在美国，体育产业是排名靠前的十大支柱产业之一，增加值占 GDP 的 3%，每年的产值约为汽车产业的 2 倍。从产业结构和布局来看，主体产业所占比例不高，产业供给的区域发展极不平衡。体育用品业在体育产业中所占比重最高，超过 70%，健身娱乐业和竞赛表演业等主体体育产业占比不足 30%，而且体育产业主要集中于浙江、广东、江苏、北京、上海等发达省市，中部和广大西部地区的则比较落后，产业分布的城乡差异非常明显。

产业融合背景下，体育产业的跨界融合是未来发展的趋势，而产业关联是体育产业与其他相关产业进行跨界融合的前提条件，如果产业之间没有什么经济联系，产业之间的融合是不可能存在的。体育产业是体育特色小镇的生命力，因此要按照区位优势和资源禀赋来发展主导产业，延伸产业链，优化产业结构，促进跨界融合。近年来，体育产业与信息、健康、文化、旅游等相关产业进行了跨界融合，特别是与旅游产业的融合得到不断深化，逐渐形成体育旅游业这一新兴业态。体育产业和旅游产业同属于生活性服务业，二者都具有高度的产业关联性和渗透性。体育特色小镇汇聚了体育产业和旅游产业的功能，不仅可以延伸体育产业链，还可以提高旅游产业的附加值，满足不同主体的市场需求。体育特色是体育特色小镇的核心竞争力，建设体育特色小镇要体现“体育”特色，防止“千镇一面”，要开发一些具有竞争力和可持续发展的运动项目，按照“生产、生活、生态”融合理念，让体育特色小镇真正成为体育产业跨界融合的新模式。

（二）制度供给：体育产业跨界融合的政策保障

体育产业供给侧改革的核心就是要在新常态下构建适应我国体育产业发展的制度供给体系，解决有效制度供给问题成为体育产业跨界融合的重要任务。我国要大力发展体育产业，推进体育产业与相关产业进行跨界融合，就需要进行制度创新，激发市场和社会组织的活力。体育产业跨界融合过程中，发挥政府作用，就是要明确政府职能和权力边界，通过制度改革和创新，简政放权，为释放市场主体活力创造一个良好的制度环境。2014年，国务院出台《关于加快发展体育产业促进体育消费的若干意见》，对于体育产业具有里程碑意义，也为体育产业跨界融合提供了宏观的政策依据。该文件出台后，体育产业就上升到了国家战略的高度，展现出了强大的内生动力，一直保持着两位数的增速，已经逐渐成为引领未来我国经济发展的新动力。仅2016年，各部门就发布了20余项有关体育产业的政策。2016年年底，国家旅游局、国家体育总局联合发布了《关于大力发展体育旅游的指导意见》提出，到2020年，将在全国建成100个具有重要影响力的体育旅游目的地，建成100家国家级体育旅游示范基地等，体育旅游总消费规模突破1万亿元。在省级层面，2016年7月，浙江省政府出台《关于加快发展体育产业促进体育消费的若干意见》指出，将“培育建设一批体育特征突出、产业基础较好、产业融合潜力较大的特色小镇”，力争培育3~5个以体育产业为主要载体的特色小镇。同年9月，江苏省体育局印发《省体育局关于开展体育健康特色小镇建设工作的通知》《省体育局关于做好体育健康特色小镇共建推荐工作的通知》，并在江苏体育产业大会上宣布，以省地共建模式在全国率先启动8个体育健康特色小镇建设。京津冀地区借力2022年冬季奥运会，打造冰雪特色小镇，以承德市为例，将在未来十年打造冰雪旅游特色小镇集群，构建冬季体育旅游之都。

另外，《“健康中国2030”规划纲要》《关于积极推进“互联网+”行动的指导意见》《国家新型城镇化规划(2014—2020年)》《关于开展特色小镇培育工作的通知》《关于加快发展健身休闲产业的指导意见》《全民健身计划(2016—2020年)》《关于进一步扩大旅游文化体育健康养老教育培训等领域消费的意见》《体育产业发展“十三五”规划》《关于大力发展体育旅游的指导意见》等政策的出台，为体育特色小镇成为体育产业跨界融合新模式提供了必要的政策保障。

(三)消费需求：体育产业跨界融合的内在动力

党的十九大明确提出，中国特色社会主义进入新时代，社会主要矛盾已经转化为“人民日益增长的美好生活需要和不平衡不充分的发展之间的矛盾”。中国特色社会主义新时代的社会主要矛盾转化是全局性的历史变化，体现了由“数量短缺型”的较低层级供需矛盾向“优质不足型”的高层级供需矛盾的转化。“不平衡和不充分”的发展势必会带来诸多社会问题和矛盾，需要党和国家调整工作的着力点，用新思想破解新矛盾，推动经济社会进步。新时代中国社会主要矛盾从本质上来讲，就是围绕供给与需求之间的矛盾而确定的，供给方的转化是引起新时代社会主要矛盾转化的前提条件，而需求方的转化是新时代社会主要矛盾转化的必然要求。党的十九大还指出，我国是世界最大发展中国家的国际地位没有变，仍处于并将长期处于社会主义初级阶段。在实践层面，尽管我国在经济、科技、国防、教育、交通、航天等诸多领域进入世界前列，但仍存在“不平衡”和“不充分”发展的问题，成为各种社会问题和矛盾的根源。

“不平衡”和“不充分”的发展主要是相对“人民日益增长的美好生活需要”而言的，人民的一般性的物质文化需求已经得到满足，转而期待日益增长的美好生活需要，这正是新时代我国人民需求变化的主要逻辑。“以人民为中心”的思想是习近平新时代中国特色社会主义思想的重要内容，是长期以来贯穿党和国家理论与实践的一条主线。党的十八大以来，习近平总书记多次提出，新时代解决社会主要矛盾就是要坚持“以人民为中心”的发展思想，人民对美好生活的向往就是我们的奋斗目标。进入新时代，大力发展体育产业顺应广大人民对美好生活的向往，在具体实践中要树立“以人民为中心”的理念，以丰富产品的有效供给为基础，以发展运动项目产业为核心，以业态融合化、产业集群化、产品服务高端化和运营主体集团化为方向，以促进体育消费为根本，以完善产业体系为关键，提升体育产业能级。推进体育产业供给侧结构性改革是破解新时代体育产业发展中新矛盾的工作主线，围绕“人民日益增长的美好生活需要”，大力发展体育产业，提高人民群众的体育消费水平，提升体育产品的供给质量和效益，最终目的是满足人民的体育需求，从而促进社会全面进步和人的全面发展。

为社会公众提供高质量的体育产品和服务，满足多元化的体育消费需求，是体育产业供给侧结构性改革的重要内容，也是体育产业进行跨界融合的内在驱动力。体育特色小镇建设规划特别强调“体育、产业、旅游、文化”四位一体，同时要体现“生产、生活、生态”三方融合，这就契合了当下体育产业跨界融合的时代要求，满足社会公众的消费需求。体育消费是国家大力支持的新兴消费领域，属于生活性服务消费，社会公众的体育消费观念日益增强，消费水平逐年提高，消费方式正从传统型、物质性向现代型、服务性转变。在全民健身战略背景下，体育消费者自身的观念变化是重要的内部动力因素，全民参与的均衡体育消费观、以人为本的全面体育消费观和生态文明的可持续体育消费观，是发展体育产业与促进体育消费的途径。在经济发展新常态背景下，体育产业发展要以消费需求为引领、供给驱动为动力，优化消费结构，提高消费数量和质量。为此，2016 年 11 月，国务院办公厅印发《关于进一步扩大旅游文化体育健康养老教育培训等领域消费的意见》，提出要大力促进体育消费，推动产业融合发展，增加产品和服务供给。在健康中国战略背景下，体育特色小镇建设规划树立“大体育、大健康、大旅游”理念，以社会公众的消费需求变化为导向，走特色化路径，丰富体育消费供给，体现了体育产业与相关产业的跨界融合。

（四）科技发展：体育产业跨界融合的重要手段

科技是第一生产力，体育产业供给侧改革能否实现创新发展，关键要看科技创新，要依靠创新去融合高端要素，培育体育产业发展的新动力。体育产业供给侧改革要充分发挥科技要素的力量，以创新思维推动体育产业的结构优化和产品升级，提高体育服务和产品的科技含量。树立战略和引领型导向，拓展体育产业的创新链条，积极出台“互联网+体育”行动计划，加大体育产业的跨领域和跨行业协同创新力度，促进“政、产、学、研、用”深度融合，提升体育科技成果转化率。

体育产业与其他相关产业进行跨界融合的本质特征就是创新，而以互联网为代表的科技发展则是创新的重要手段。2015 年，国务院颁布《关于积极推进“互联网+”行动的指导意见》明确指出，拓展互联网与经济社会各领域融合的深度和广度，促进传统行业转型升级。供给侧改革背景下，体育产业的发展离不开科技创新驱动，特别是在“互联网+”时代，形成了以互联网为手段的跨界融合新模式。在体育产业外部看，“互联网+”对体育产业产生了很大影响，已经渗透到赛事 IP 经营、体育场馆预订、运动社交娱乐、体育培训交流、赛事运营管理、体育商贸服务等诸多领域。从体育产业内部看，“互联网+体育”的产业链向纵深延伸，进行更广泛的垂直整合。可见，“互联网+体育”的跨界融合已经开始，以移动互联网为代表的科技因素在体育产业跨界融合中起着重要的纽带作用。体育特色小镇建设规划要强调资源整合，以“互联网+体育”的思维来推进产业融合，线上与线下平台共同运营，提升产业竞争力和优化产业结构。例如：浙江富阳充分利用杭州良好的互联网创业环境，创新体育科技，打造中国首个智慧体育小镇。再如：福建晋江在体育服装制造业基础上，通过转型升级，推进体育产业与旅游、卫生、金融、健康、文化、互联网等跨界融合，打造“体育之城”。

“十三五”时期，我国经济要实现中高速增长，需要通过一系列政策措施进行改革，特别是要通过经济体制改革与放松行业管制相结合，发挥市场机制，引入社会资本进入，释放现代服务业活力，提高现代服务业生产效率，来解决我国经济供给侧所存在的问题。随着经济增长点发生变化，人们消费需求不断升级，体育产业的战略地位日益明显，逐步成为新兴服务业中的支柱性行业，对于中国经济转型升级具有重要的促进作用。“十三五”时期我国体育发展的一项重点工作就是转变体育发展方式、加快发展体育产业和促进体育消费，推动体育事业全面深化改革和经济社会转型升级。供给侧改革背景下，体育产业作为新兴服务业，不再以孤立的产业形态而存在，而是与养老、文化、健康、教育、旅游、培训、传媒、科技、广告等其他经济活动融合在一起，推动经济转型与升级，共同促进国民经济发展。2015 年 7 月 4 日，国务院印发了《关于积极推进“互联网+”行动的指导意见》，推动着互联网向体育产业领域延伸，为体育产业发展提供了新动力，“互联网+体育”成为新的发展趋势，并成为体育产业供给侧改革的导火索。

二、体育特色小镇建设的现实基础

（一）体育特色小镇建设的政治基础

中国特色社会主义政治经济制度的确立是我国体育特色小镇建设的政治基础，中国特色社会主义制度促进了我国生产力的解放。在中国共产党的领导下，中国特色社会主义制度遵循科学社会主义，与中国实际相结合，符合最广大人民的根本利益。体育特色小镇建设的根本目的是以体育产业为引擎带动地区经济社会发展，提高居民收入水平，保障人民的经济利益。同时，推动体育特色小镇建设也是保障人民群众体育权益的手段之一，体育权利也是人民的基本权利。

赋权（empowerment）是指赋予个人或群体权力或权威，被赋予权力的个体、群体必须对赋予者负责。政府保障人民基本权利得以实现，体育权利是公民的基本权利之一。在我国经济落后地区，人民最基本的生存权都难以保障，体育权利更是天方夜谭。贫困地区人民缺乏体育消费意识和体育权利意识，体育特色小镇建设是实现贫困地区人民体育权利的有效途径。Hirsch 认为，赋权可以说是一种医生与患者关系中家长式模式的替代方法。赋权必须坚持以下三个原则：第一，医生与患者双方对治疗负责；第二，保证能够影响患者对治疗做决定的信息的真实完整性；第三，保证患者的知情权，且所有治疗手段和决定都必须经过患者的同意①。阿马蒂亚·森（Amartya Sen）从权利方法（entitlement approach）视角将贫困、饥荒视为“权利失效”的结果。② 当下，国民对体育权利的维权意识淡薄，无法确保实现真正有效的“赋权”，国家和政府就必须承担起保障人民体育权益的责任。我国的社会主义制度要求政府工作的宗旨和目标是为人民服务，建设体育特色小镇，必须把人民权利放在首位，满足人民的体育需求。

从政策角度来看，国家为鼓励体育产业发展、培育体育特色小镇发布了一系列政策、文件，对体育特色小镇建设进行规划指导。从国家层面来看，国家发布的政策法规起引导作用。2016年7月，住房城乡建设部、国家发展改革委、财政部联合下发《关于开展特色小镇培育工作的通知》，提出到2020年培育1000个特色小镇③。2016年10月，国家发改委发布《国家发展改革委关于加快美丽特色小（城）镇建设的指导意见》，指出特色小镇是发展特色产业和新兴产业，融合多种发展要素的创新创业平台，是深入推进新型城镇化的重要抓手，有利于推动经济转型升级和发展动能转换，有利于促进大中小城市和小城镇协调发展，有利于充分发挥城镇化对新农村建设的辐射带动作用④。2017年5月，国家体育总局下发《关于推动运动休闲特色小镇建设工作的通知》提出，建设运动休闲特色小镇是加快贫困落后地区经济社会发展的重要抓手，要到2020年在全国范围内扶持建设一批体育特征鲜明、文化气息浓厚、产业集聚融合、生态环境良好、惠及人民健康的体育特色小镇。从地方来看，各省市政府也加快了体育特色小镇建设步伐，给予体育特色小镇政策倾斜。国家层面持续释放体育特色小镇建设的政策红利，地方政府

---

① Hirsch A. Empowerment：philosophy and misconceptions[J]. Diabetologie Und Stoffwechsel，2010，5(2)：10-20.

② 阿马蒂亚·森. 贫困与饥荒[M]. 王宁，王文玉，译. 北京：商务印书馆，2001.

③ 韦福雷. 特色小镇发展热潮中的冷思考[J]. 开放导报，2016(6)：20-23.

④ 国家发展改革委. 关于加快美丽特色小（城）镇建设的指导意见[EB/OL].[2016-10-08]. http://www.ndrc.gov.cn/zcfb/zcfbtz/201610/t20161031_824855.html.

也加快跟进。各省政府在金融、财政和土地等方面给予特色小镇优惠政策和资金支持。2016 年 9 月，江苏省体育局首次印发《省体育局关于开展体育健康特色小镇建设工作的通知》和《省体育局关于做好体育健康特色小镇共建推荐工作的通知》，正式开启体育特色小镇建设工作，江苏省政府建设体育特色小镇采取省地共建模式，对体育特色小镇产业发展规划、场馆的建设运营、项目投资落地、赛事活动举办等多方面放宽条件、简化程序，多途径、多方式给予支持①。除江苏省外，云南省和福建省对体育特色小镇的扶持力度也较大，浙江省和山东省对体育特色小镇在土地和财政方面的奖励，更加侧重于考核之后，湖北省、河北省和甘肃省则多采取优先支持的方式。国家和地方都陆续发布一系列政策，在顶层设计、程序审批、中期考核、建设后期等给予指导和支持体育特色小镇发展，保证体育特色小镇建设有良好的政策基础。到 2020 年全面建设小康社会和实现全面脱贫的政治目标要求国家必须以经济建设为中心，大力发展生产力，加强“四位一体”建设，坚持走可持续发展道路。Jeremg Hau 认为，改变全球贫困是世界各个国家面临的挑战之一，经济、社会欠发达地区的贫困群体是全球经济发展的“金字塔基础”，不能被排除在经济参与之外。体育产业是“五大幸福产业”之一，也是推动经济社会发展的重要力量。

2017 年 10 月，习近平总书记在十九大报告中指出，我国社会的主要矛盾已经转化为人民日益增长的美好生活需要和不平衡不充分的发展之间的矛盾，实现共同富裕，实现全面小康社会，必须把目光投放到贫困地区的人民群众，通过产业扶贫、专项扶贫等方式，带动地区经济发展，为人民真正谋利益、谋幸福。建设体育特色小镇是精准扶贫的一种形式，依托当地自然人文条件，利用特有的自然资源，发展体育特色项目，发展经济，探索扶贫开发工作新思路，为我国脱贫攻坚助力。精准扶贫是新时期我国扶贫开发战略的重大转型，是我国在今后很长一段时

① 杨毅然，沈克印．供给侧改革背景下我国体育特色小镇建设路径探讨[J]．体育成人教育学刊，2018(1)：36-40.

期内治理贫困的战略重点。① 精准扶贫是扶贫开发政策的重大创新，体育扶贫作为我国脱贫攻坚工作的一项重要内容，要发挥出最大作用，必须改变传统的体育扶贫模式，开发新模式。在精准扶贫背景下，体育特色小镇建设是推动全面建设小康社会的重要抓手，是落实新型城镇化战略和健康中国战略的新的着力点，是加快我国中西部等贫困落后地区的经济和社会发展，实施脱贫攻坚工作的助力项目。

(二)体育特色小镇建设的经济基础

2018 年 2 月 28 日，国家统计局发布《中华人民共和国 2017 年国民经济和社会发展统计公报》，经过核算，2017 年全年国内生产总值达 827122 亿元，比上一年增长 6.9%(见图 2-1)。作为世界第二大经济体，中国经济朝着稳定健康的方向发展。经济基础决定上层建筑，体育产业发展是国家经济发展的重要部分，体育特色小镇是国家深化改革的产物，体育特色小镇是供给侧改革的表现方式。

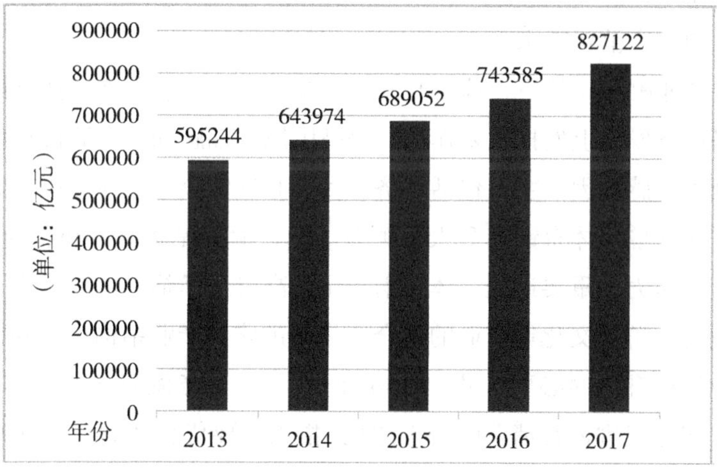

图 2-1 2013—2017 年国内生产总值

① 王介勇，陈玉福，严茂超. 我国精准扶贫政策及其创新路径研究[J]. 中国科学院院刊，2016，31(3)：289-295.

2016年，体育产业增加值6475亿元，比上一年增长17.8%；占国内生产总值的比重为0.9%，比上一年提高0.1个百分点。在供给侧改革背景下，体育产业减少无效供给，增加有效供给，从供给端出发，促进体育资源配置优化，以此促进体育产业科学发展。体育产业供给侧改革是调整体育产业经济结构，优化资源配置，提高体育产业发展质量和水平的必要手段。随着国家经济发展水平的提高，国民体育消费需求逐渐趋向于多样化和多元方向发展，体育消费需求在国民消费需求中占比越来越高。冰雪运动、户外运动、水上运动等新奇运动项目逐渐成为群众的消费热点。供给侧改革背景下，各类体育特色小镇的建成将大大增加体育服务供给，满足群众日益增长的多样化消费需求。体育产业是世界公认的朝阳产业和绿色产业，对经济发展有显著的带头作用，且不是其他产业能够完全代替的。但是，我国体育服务业在体育产业中占比不足1/3，与西方发达国家有明显差距，要通过体育产业供给侧改革，通过体育特色小镇建设增加体育服务供给，提高体育服务业在体育产业发展中的比例，优化体育产业发展结构，大力发展体育休闲产业，满足人民群众的体育消费需求。

在产业融合背景下，体育与旅游、文化、健康、养老产业共同在促进国民经济发展上发挥重要作用，提高国民幸福感和社会和谐程度。影响群众幸福感的因素主要包括经济收入、心理健康与身体健康、家庭环境、工作环境、体育锻炼和人际关系。体育锻炼是提高身体健康素质、缓解生活压力的重要途径，体育消费是提高群众幸福感的重要方式。体育产业与旅游、文化等产业的融合，是促进体育产业结构优化和推动体育产业转型升级的必要模式。2014年10月，国务院发布《关于加快发展体育产业促进体育消费的若干意见》指出，要优化体育产业布局，丰富体育产业内容，增加体育服务供给，促进体育产业与其他相关产业交互融合。① 体育特色小镇建设的根本在于发展体育特色产业和新兴体育

① 国务院. 关于加快发展体育产业促进体育消费的若干意见(国发〔2014〕46号)[Z]. 2014.

产业，创新融合产业，国家对体育特色小镇给予资金和金融支持，同时，鼓励体育产业与其他相关产业融合发展，保证体育特色小镇的建设有雄厚的经济基础。体育产业与旅游产业的融合是体育特色小镇发展的重要经济模块，旅游类特色小镇占37%，文旅类体育特色小镇占比远远高于其他体育特色小镇，因此，激发群众体育休闲娱乐消费活力，大力发展体育旅游产业，是体育特色小镇发展的重中之重。前瞻产业研究院发布《2017—2022年中国体育小镇建设规划与运营管理分析报告》，对体育特色小镇未来建设投资进行预估。预计到2020年，全国体育特色小镇建设数量达到150个，投资总规模达7500亿元以上。① 加大对体育特色小镇的建设投资，在小镇中树立正面典型，发挥体育特色小镇"领头羊"作用，推动体育产业与健康、文化、养生等产业的跨界融合，带动体育产业多方向发展，增加体育服务供给，满足群众的多元化体育消费需求。

在经济新常态下，国家经济发展增速由高速向中高速转变，坚持创新、协调、绿色、开放、共享的新发展理念，促进产业结构优化升级，提高产业消费需求，经济增长动力转向创新驱动。体育特色小镇建设符合新发展理念，创新体育产业项目，促进体育消费，优化体育产业结构。继续保持区域竞争，杜绝搞中部、西部一样发展，在地方特色基础上发挥体育特色产业，有山的地方发展户外山地运动，有水的地方发展水上运动；自然环境优美地区发展体育观光旅游，历史人文气息浓厚地区发展体育文化体验式旅游，因地制宜，杜绝小镇同质化。吸引群众体育消费，以投资带动经济发展转变为以体育消费带动经济发展。经济新常态背景下，体育特色小镇是未来体育产业发展的风向标，是深化体育改革和推动体育发展的重要突破口。

目前，我国体育特色小镇建设处于起步阶段，地方经济发展水平直接影响体育特色小镇建设的进度和成效。在浙江省特色小镇建设规划

① 刘灏，张宏杰. 新型城镇化视域下运动休闲特色小镇建设机制及路径研究[J]. 南京体育学院学报(社会科学版)，2017，31(4)：14-17，27.

中，投资规模逐年扩大，第一年计划投资在10亿元以上，其中文旅类体育特色小镇投资至少6亿元，五年内投资总额达50亿元以上。2017年12月18日，浙江省政府办公厅发布的《关于加快发展健身休闲产业的实施意见》指出，到2020年，健身休闲产业投资规模占体育产业的3/5；到2025年，健身休闲产业总规模达到3000亿元。由此可见，国家和地方政府对体育特色小镇投资规模巨大，旨在通过体育特色小镇发展带动体育产业转型升级，推动体育产业创新和新兴体育休闲产业发展，打好体育特色小镇发展的经济基础。国家和地方政府对体育特色小镇建设投入大量资金的同时，应当吸引企业等市场主体参与体育特色小镇建设。2016年，发改委发布的《关于加快美丽特色小(城)镇建设的指导意见》明确指出，PPP模式是建设特色小镇的重要模式，利用政府投资，引导社会资本参与特色小镇建设，鼓励企业、社会组织等多元市场主体参与特色小镇开发运营，推行小镇一体化开发运营管理机制，探索多途径小镇开发模式。① 政企合作的PPP融资模式是当前我国体育特色小镇建设重要的融资模式，扩大小镇的民营资本，减轻政府财政负担，将风险分散转移给多元市场主体，保证小镇长期融资，降低体育特色小镇资金链断裂的风险，促进体育特色小镇健康可持续发展。例如，莱茵体育上市公司投资多个体育特色小镇，包括四川省彭州葛仙山体育特色小镇、杭州浦阳体育特色小镇等，总投入高达140亿元。目前，莱茵体育拟投资40亿元，与义乌市政府合作建设体育特色小镇。龙湖地产公司参与四川省黄湾武术文化小镇建设，泰普森等龙头企业带动德清莫干山"裸心"体育小镇发展，多元市场主体参与体育特色小镇建设，拓宽小镇融资渠道。

(三)体育特色小镇建设的社会基础

体育特色小镇建设与社会的方方面面有密切联系，社会不断发生变

① 国家发展改革委. 关于加快美丽特色小(城)镇建设的指导意见[EB/OL]. [2016-10-08]. http://www.ndrc.gov.cn/zcfb/zcfbtz/201610/t20161031_824855.html.

化，体育产业发展不可能一成不变，会随着社会的发展变化而变化。体育特色小镇建设处于社会发展变革的关键时期，其社会基础可以从以下几个方面来分析。

1. 群众体育需求的变化

体育消费作为一种社会文化消费，具有高度的消费属性特征，已逐渐成为衡量居民生活质量的重要参考。① 我国体育消费需求正在发生变化，我国人民群众的体育消费需求结构逐渐由实物型消费向体育服务型消费和参与性消费转变。② 2014 年，国务院发布《关于加快发展体育产业促进体育消费的若干意见》，要求完善我国体育产业体系，提高体育服务业在体育产业中的比重。从体育产业供给侧来看，我国体育实物性消费满足程度高，体育用品行业供给过剩，体育服务业供给不足，高质量的体育产品和体育服务满足程度较低。我国体育产业结构与发达国家相比严重失衡，体育用品行业占我国体育产业总产值的 76%，体育休闲健身行业占比不到 10%。体育服务业应当是我国体育产业的主体行业和支柱产业。目前，从整体上看，我国体育服务业发展势头迅猛，体育服务业年增长速度高达 70%，到 2015 年，我国体育服务业在体育产业总产值中占比只有 22%左右，且体育服务水平偏低。居民体育消费需求发生转变，体育消费升级加快，体育消费结构出现差异化趋势，逐渐向多样化、多层次的体育消费格局转变。居民体育消费需求从“常态+主动”消费模式向“享受+必须”消费模式转变③。体育特色小镇建设恰好契合我国体育消费需求的升级变化，能增加体育服务供给，提供多样化、多层次的体育服务产品，满足居民多元体育消费需求。

---

① Wu Lan Ying. Investigation and analysis on sports consumption of urban residents of Henan province[J]. Physics Procedia, 2012, 33.

② 李伟平，权德庆，蔡军，魏华，雷文. 西安市城镇居民体育消费结构及其特征研究——基于数据挖掘的视角[J]. 体育科学，2013，33(9)：22-28.

③ 张振峰. 体育消费需求升级视角下体育产业转型发展路径[J]. 西安体育学院学报，2017，34(4)：453-458.

2. 人民生活方式的转变

习近平总书记指出，要推动形成绿色发展方式和生活方式。随着经济发展和人民生活水平提高，居民渐渐开始崇尚健康休闲的生活方式，越来越意识到健康绿色生活方式的重要性。健康是人类生存、发展的基本要素，现代城市生活节奏快，居民工作、生活压力大，“现代文明病”影响着人民的身体和心理健康。人民的生活方式越来越多样化，体育运动是现代人释放工作和生活压力，缓解焦虑紧张心情和身体疲劳，预防心理疾病，获得轻松愉快感受的有效手段，更是满足现代人精神文化需求、促进社会和谐稳定的重要途径。现代人追求“健康第一”的生活理念，体育运动是居民休闲方式的核心。体育特色小镇的建设，可为现代人提供健康休闲体育运动的场所，融合“产业、旅游、文化、社区”四大功能，注重开发中高端体育休闲产品，在生活、休闲、度假方向上发力。体育特色小镇的建设通过发展特色体育产业，将体育产业与休闲运动结合，吸引城市居民参与体育运动，举办马拉松、山地户外运动、水上运动等体育比赛，开设特色项目体验区，建造体育公园，为现代人提供多样化、多层次的休闲运动方式。

3. 人民收入和消费水平的提高

随着我国经济的快速发展，我国人民的收入和消费水平越来越高，社会消费对社会经济增长的拉动作用越来越明显。国家统计局发布的数据显示，2017 年，全年全国居民人均可支配收入 25974 元，比 2016 年增长 9. 0%，实际增长 7. 3%；全国居民人均消费支出 18322 元，比 2016 年增长 7. 1%，实际增长 5. 4%。恩格尔系数为 29. 3%，比 2016 年下降 0. 8 个百分点，其中城镇恩格尔系数为 28. 6%，农村为 31. 2%①（见图 2-2）。数据表明，我国人民收入和消费水平正在不断提高，收入水平的提高必然会带动居民消费水平的提高和消费方式的转变。2017 年，

① 国家统计局. 中华人民共和国 2017 年国民经济和社会发展统计公报[EB/OL]. [2018-02-28]. http://www.stats.gov.cn/tjsj/zxfb/201802/t20180228_1585631.html.

我国居民服务性消费支出增速较快，体育健身消费活动支出增长 15.5%，随着居民收入水平的提高，我国居民的消费需求由基本生存型、温饱型向更高层次的发展型、享受型转变。“十三五”以来，国家体育产业发展进入黄金时期，体育休闲、体育旅游、体育健身等体育服务业发展迅速，体育服务供给增加。体育特色小镇的建设为人民大众提供更高层次的丰富多样的体育服务，满足居民享受型、发展型的消费需求。体育消费水平的提高必然会刺激体育产业的发展，体育服务需求的扩大促进体育服务供给增加，进一步调整体育产业结构，提高体育服务业在体育产业中的占比。释放居民体育服务消费需求，发展体育服务业，促进体育产业与旅游、文化等相关产业融合式发展，优化体育产业结构。

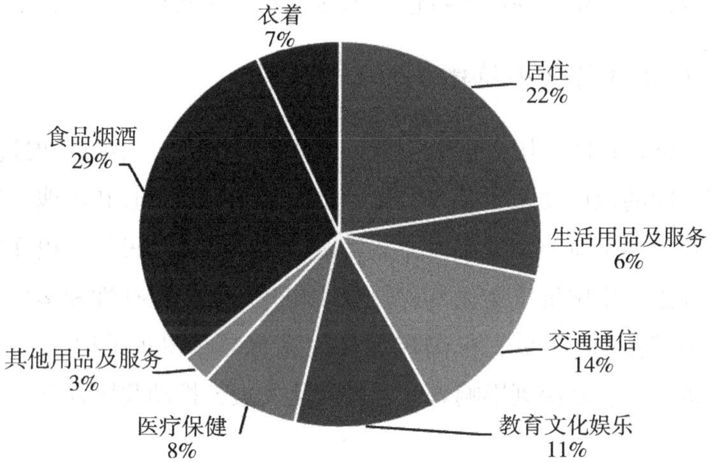

图 2-2　2017 年全国居民人均消费支出及其构成

4. 全民健身和健康中国国家战略的推动

1995 年，国家颁布实施《全民健身计划纲要》，积极发展我国全民健身事业，提高中华民族身体素质和健康水平。2014 年 10 月 24 日，国务院发布《关于加快发展体育产业促进体育消费的若干意见》，至此，全民健身上升为国家战略。2016 年 6 月，国务院印发《全民健身计划

(2016—2020年)》，旨在全面开展群众性体育活动，弘扬体育文化，推行全民健身计划，大力发展群众体育。全民健身战略背景下，国家大力发展体育产业，预计到2020年，国家全民健身事业投入总额为世界第一，鼓励群众参与体育锻炼，提高人均体育消费水平，进一步提高居民生活质量和幸福感，统筹全民健身公共服务体系建设，构建全民健康和全民健身型社会①。2008年，原卫生部提出健康中国战略，2015年10月，十三届五中全会公报将健康中国上升到国家战略。② 体育特色小镇建设践行全民健身和健康中国国家战略，弘扬主动体育和主动健康理念，提高全民身体健康水平，把体育运动锻炼放在患病之前，促进全民健身和全民健康的深度融合。体育特色小镇建设吸引群众参与体育锻炼，刺激体育消费，提高人民身体素质，降低患病概率，将体育与健康、养生深度融合，进一步发挥体育特色小镇的多元化功能和综合性价值。

(四)体育特色小镇建设的文化基础

我国幅员辽阔，历史悠久，民族众多，在约五千年的发展过程中，形成了不同的地域文化和民族文化。文化是民族的核心和灵魂，我国文化具有强大的生命力和凝聚力，文化遗产是一个国家民族历史文化成就的重要标志。中国传统文化具有包容性和开放性，互补性和多样性，民族性和地域性的特征③，中国传统文化具有与时俱进的时代和社会价值，从古至今，都深刻影响着社会的变化发展，推动我国社会主义现代化建设。

中国传统文化的封闭性、多样性、民族性和地域性特征主要源于中国的地理特征，中国地势复杂，地形多样，平原、丘陵、高原和山地在中国均有分布。中国民族众多，分布广泛，由于过去农业社会交通不

① 胡鞍钢，方旭东．全民健身国家战略：内涵与发展思路[J]．体育科学，2016，36(3)：3-9.

② 杨毅然，魏孟祺，沈克印．“健康中国”背景下政府购买公共体育服务研究[J]．湖北体育科技，2016，35(11)：953，973-976.

③ 李海晶．习近平的传统文化观研究[D]．南昌：南昌大学，2016.

便，各个民族和地区形成了自成体系的独特文化。在思想上，以“儒家文化”为主流的传统思想文化对国家的稳定统一有深刻的影响，政治上的“大一统”保障着国家和社会的安定，社会稳定是经济发展的基础。语言和文字是文化的载体，从中国最早的文字甲骨文，到楷书、行书，再到今天的印刷体、电脑字体，从五大语系到七大方言，从方言到普通话，都深深影响着人们的生产生活。唐诗宋词、戏剧曲艺、书法国画、民俗节日无一不体现着中国传统文化的博大精深。

目前，社会主义文化建设已经上升到国家战略的高度，习近平在十九大报告中明确指出，要坚定文化自信，推动社会主义文化繁荣，建设社会主义文化强国。中国优秀传统文化的凝聚力、影响力和感召力是推动我国社会主义文化建设的重要力量，也是提升国家文化软实力，建设世界文化强国，实现中华民族伟大复兴的重要手段。文化为体育的发展提供物质和精神支持，体育与文化的融合发展，又推动着文化的传承和发扬。中国传统民族文化中，不乏体育运动项目，例如，端午节赛龙舟是中国传统水上体育运动项目，从唐朝开始，就有“观竞渡”的习俗，到当代，广东、福建、湖南、江西和浙江等地都有赛龙舟的民间习俗，1984年，龙舟赛被正式列为体育运动项目。舞龙舞狮也是由古代传承到今天的传统体育项目，于1994年被列为体育竞技项目。中国传统武术文化是中国优秀传统文化中最璀璨的明珠，具有鲜明的观赏性，中国武术分为少林、武当、峨眉、南拳四大门派，四大门派中又分出众多支派，中国武术文化博大精深，对于人们强身健体、锻炼意志、塑造人格有重要作用。

体育特色小镇作为居民生活的“第二居所”，居民对其有天然的归属感和认同感。体育特色小镇建设的文化基础在于其所能传承的历史文化和所能彰显的文化特色，国家的发展需要增强民族文化凝聚力，提高文化软实力，同样体育特色小镇的建设也需要特色文化作为支撑。共同体是由赞同建立的①，体育特色小镇相对独立于市区，因此，需要建立

① 奥斯特罗姆. 制度分析与发展的反思[M]. 上海：商务印书馆，1992：287-288.

起与城市和乡村之间相互维系的精神纽带，才能使体育特色小镇更具吸引力，同时得到更大的生存和发展空间。体育特色小镇的文化积淀和文化资源是体育特色小镇宝贵的精神财富。我国历史文化悠久，地缘辽阔，民族传统文化较世界上大多数国家有着巨大优势，不同的民族有不同的民族文化，不同的地方又形成独特的地域文化，中国戏剧、武术、中医文化等举世闻名，民间工艺和民风民俗又各具特色。例如，峨眉山黄湾武术文化小镇依托中国传统武术文化，将体育产业与文化、旅游产业相结合，打造以峨眉武术文化为特色的国际旅游文化小镇。西里尔·E. 布莱克在《比较现代化》中指出，我是一个好公民，凡是与社会的福利和同胞的生活有关的一切对于我都有很大的兴趣①。体育特色小镇科学发展同样与“镇民”息息相关，小镇未来的发展依赖于“镇民”的共同参与和共建共享。体育特色小镇的建设要求多种资源要素整合，要求强化文化凝聚力和创造力，增强“镇民”对体育特色小镇的认同感和归属感，增强“镇民”对体育特色小镇建设的参与意识和责任意识。在提高硬件设施配置的同时，提高文化自觉性，提高小镇文化软实力，深入挖掘小镇的历史人文内涵，发扬小镇文化特色，为体育特色小镇的建设提供有力的精神支撑。

三、新时代体育特色小镇发展的趋势研判

(一)新坐标：中国特色社会主义步入新时代

党的十九大报告做出了“中国特色社会主义进入了新时代”这一重大历史方位的政治判断，不仅明确了社会主义“从传统到现代”实现了跨越，还为党和人民在新的历史时期实现中国梦勾画出一个清晰的历史坐标。“中国特色社会主义进入了新时代”这一历史坐标，对于从时空定位中认清中国特色社会主义的世界性、时代性和飞跃性，明确中国特

① 西里尔·E. 布莱克. 比较现代化[M]. 上海：上海译文出版社，1996：178.

色社会主义与马克思主义的继承和发展关系、走社会主义现代化道路，以及处理好社会主义与资本主义的关系、中国与世界的关系等都具有重要理论和现实意义。① “中国特色社会主义进入了新时代”具有非常深刻的内涵，主要在中华民族、社会主义、世界发展等层面上体现。

第一，在中华民族层面上，意味着中华民族从站起来、富起来到强起来。自鸦片战争以来，中国人民最伟大的梦想是实现中华民族伟大复兴，这个梦想成为几代中华儿女的夙愿。以毛泽东同志为核心的中国共产党人，推翻了帝国主义、封建主义和官僚资本主义，建立了中华人民共和国，让中国人民“站起来”。以邓小平同志为核心的党中央，解放思想，实行改革开放政策，让中国人民“富起来”。以习近平同志为核心的党中央，不忘初心，砥砺前行，坚定走中国特色社会主义道路，让中国人民“强起来”。全体中华儿女同心协力，接续奋斗，在中国共产党的领导下，取得了突出的辉煌成就，尤其是党的十八大以来，中国人民更有能力和信心来实现中华民族的伟大复兴。

第二，在社会主义层面，意味着科学社会主义在21世纪的中国焕发出强大生机活力。中国共产党人的初心和使命最根本的是来自马克思主义，中国特色社会主义是建立在马克思主义揭示的人类社会发展规律和科学社会主义在世界产生的巨大影响基础之上的。发表于170年前的《共产党宣言》实现了人类对世界的本质及其发展变化规律在认识上的飞跃，标志着社会主义由空想成为科学。1917年的俄国十月革命，标志着科学社会主义由理想成为现实，由此诞生了人类历史上第一个社会主义国家。第二次世界大战后，世界社会主义获得了大发展，社会主义国家在世界格局的比重剧增。但发生在20世纪80年代末90年代初的“苏东剧变”，让世界社会主义经受重大挫折。而在这个时代的中国，以邓小平同志为核心的党中央开辟了中国特色社会主义道路。之后，中国共产党创新科学社会主义的理论与实践，特别在党的十八大以来，中

① 秦刚，郭强. 社会主义“从传统到现代”的新发展——从社会主义发展进程看中国特色社会主义进入新时代[J]. 科学社会主义，2018(1)：11-16.

国所取得的辉煌成就堪称社会主义发展史上的奇迹，步入新时代，中国特色社会主义伟大旗帜在世界上高高举起。

第三，在世界发展层面，中国特色社会主义步入新时代，意味着中国特色社会主义道路是当代中国“自己的路”，为发展中国家走向现代化，乃至为解决人类社会发展问题做出贡献。1945 年后，多数发展中国家选择走资本主义道路，而如今却陷入现代化陷阱，但中国选择了走特色社会主义现代化道路。经过改革开放 40 多年的发展，中国取得了举世瞩目的成就，为一些发展中国家提供了中国经验和方案，有力地回击了西方诋毁中国的“专搭便车论”“一国利己论”等言论，打破了长期垄断话语权的西方现代化模式。中国所推进的全球治理体系变革、推动经济全球化和减少全球发展不平衡、构建以合作共赢为核心的新型国际关系、推进“一带一路”建设等措施和方案，不仅为许多发展中国家指明了发展道路，而且对建立公正合理的国际秩序，促进人类文明发展都作出了贡献。①

“以人民为中心”的思想是习近平新时代中国特色社会主义思想的重要内容，是长期以来贯穿党和国家理论与实践的一条主线。党的十八大以来，习近平总书记多次提出，新时代解决社会主要矛盾就是要坚持“以人民为中心”的发展思想，人民对美好生活的向往就是我们的奋斗目标。进入新时代，大力发展体育产业顺应广大人民对美好生活的向往，在具体实践中要树立“以人民为中心”的理念，以丰富产品的有效供给为基础，以发展运动项目产业为核心，以业态融合化、产业集群化、产品服务高端化和运营主体集团化为方向，以促进体育消费为根本，以完善产业体系为关键，提升体育产业能级。② 推进体育产业供给侧结构性改革是破解新时代体育产业发展中新矛盾的工作主线，围绕“人民日益增长的美好生活需要”，大力发展体育产业，提高人民群众的体育消费水平，提升体育产品的供给质量和效益，最终目的是满足人

① 杨军. “三个意味着”诠释中国特色社会主义伟大意义[N]. 人民日报，2017-10-17(7).

② 艾四林，康沛竹. 中国社会主要矛盾转化的理论与实践逻辑[J]. 当代世界与社会主义，2018(1)：13-18.

民的体育需求，从而促进社会全面进步和人的全面发展。

在制度层面上，从国家层面和地方政府层面陆续出台了建设体育特色小镇的规划和土地政策、财政和金融政策、税费和价格政策、创新驱动和无形资产开发保护政策、人才和就业政策、健身消费政策等相关政策，以有效的制度供给来提升推动体育产业转型与升级。在机制方面，发展体育特色小镇，坚持“简政放权、放管结合、优化服务”原则，正确处理政府与市场之间的关系，发挥政府引导作用，引入市场机制，通过激发市场活力，创新产业发展的体制机制。同时，建设体育特色小镇，也构建人人共享的保障机制，强调了体育产业发展要依靠人民，让发展成果惠及人民。在技术层面上，体育特色小镇的建设，以改革创新为主引擎，以“互联网+体育”为契机，强调体育资源整合与产业跨界融合，推进了生产要素市场化，促进形成政府、社会组织、市场等多元参与的治理格局。

今天的特色小镇建设与我国经济发展进入新常态，五大发展理念的提出，以及新一轮城镇化实践都有着密切关系，甚至可以说，今天的特色小镇是经济发展进入新常态的背景下，我们在新一轮城镇化过程中主动以创新驱动发展的结果。由于我国地域辽阔，各地经济背景、自然资源迥异，因此特色小镇在不同省份、地方的界定方式与发展模式也各有不同。2016 年 2 月，国家发改委组织了一场特色小镇的专题发布会，会议上，浙江、贵州两省特色小镇具体负责人就相关经验进行了发言。在我国特色小镇的发展中，浙江、贵州两省依托中央的肯定与推广，使特色小镇建设得到迅速扩展，多地开花，也正因如此，浙江、贵州一直被视为特色小镇发展的典型地区。在新常态下，浙江利用自身的信息经济、块状经济、山水资源、历史人文等独特优势，加快建设一批特色小镇，这不仅符合经济社会发展规律，而且有利于破解经济结构转化与动力转换的现实难题，是浙江适应和引领经济新常态的重大战略选择。①

① 常晓华，屈凌燕，王政. 钱潮云起畅想 小镇独领风骚——特色小镇推进浙江创新创业速写[J]. 杭州科技，2016(2)：16-19.

基于浙江的普遍实践，可以看出，浙江版的特色小镇不是行政区划单元上的“镇”，也不同于产业园区、风景区的“区”，而是按照创新、协调、绿色、开放、共享发展的新理念，结合自身特质，找准产业定位，进行科学规划，挖掘产业特色、人文底蕴和生态禀赋，形成“产、城、人、文”四位一体有机结合的重要功能平台。① 根据浙江特色小镇规划要求，其空间要集中连片，规划面积控制在 3 平方千米左右，建设面积控制在 1 平方千米左右，建设面积不能超出规划面积的 50%。

(二)新时代体育特色小镇发展的时代背景

1. 利好政策吹响冲锋号

一系列促进体育产业及体育旅游产业发展的政策纷纷出台，这不仅为体育产业的持续发展带来政策保障，更绘就了产业发展的美好蓝图。从体育产业总规模来看，46 号文件《关于加快发展体育产业促进体育消费的若干意见》提出，到 2025 年，体育产业总规模将超过 5 万亿元，成为推动经济社会持续发展的重要力量；《体育产业发展“十三五”规划》提出，在“十三五”期间，实现体育产业总规模超过 3 万亿元，产业增加值在国内生产总值中比重达到 1%。2015 年，我国体育产业规模总产值为 1.7 万亿元，未来发展潜力巨大。

从产业落地载体来看，《旅游产业“十三五”规划》提出，建设 50 个国家体育产业示范基地、100 个国家体育产业示范单位、100 个国家体育产业示范项目。②《关于大力发展体育旅游的指导意见》指出，到 2020 年，在全国建成 100 个具有重要影响力的体育旅游目的地，建成 100 家国家级体育旅游示范基地，推出 100 项体育旅游精品赛事，打造 100 条体育旅游精品线路，培育 100 家具有较高知名度和市场竞争力的体育旅游企业与知名品牌。无论是体育产业示范基地、体育产业示范项

---

① 李强. 特色小镇是浙江创新发展的战略选择[J]. 小城镇建设，2016(3)：9-14.

② 易剑东，任慧涛. 体育产业纳入我国战略性新兴产业的可行性及其潜在进路[J]. 武汉体育学院学报，2015，49(3)：5-11.

目，还是体育旅游目的地、体育旅游示范基地，都与体育小镇有着天然的契合：体育小镇作为体育与其他产业融合发展的重要载体，既能够助力供给侧结构性改革，又可以满足消费方式从实物型向参与型和观赏型扩展的需求，既是产业聚集区，又是消费聚集区。在地方有关体育产业的实施意见中，已经开始探索体育小镇这一形态的发展。

2. 体验式消费拉动内需

已出台的各大政策所要解决的首要问题就是挖掘与释放消费潜力。《体育产业“十三五”规划》提出，“十三五”时期，我国体育消费方式将从实物型消费向参与型和观赏型消费扩展。多个政策文件中也提出支持具有消费引领性的休闲项目的发展，且体育竞赛表演、户外运动、冰雪运动、特种运动将成为发展重点。《关于加快发展健身休闲产业的指导意见》提出发展户外运动，重点项目为冰雪运动项目，登山、攀岩、徒步、露营、拓展等山地户外运动项目，帆船、赛艇、皮划艇、摩托艇、潜水、滑水、漂流等水上健身休闲项目，汽车、摩托车运动项目，运动飞机、热气球、滑翔、飞机跳伞、轻小型无人驾驶航空器、航空模型等航空运动项目。此外，《关于加快发展健身休闲产业的指导意见》还从历史人文角度提出了主要特色运动项目，包括电子竞技、击剑、马术、高尔夫等时尚运动项目，以及武术、龙舟、舞龙舞狮等民族民间健身休闲项目。促进消费、拉动内需已经成为我国经济工作的基本立足点。随着居民消费逐渐从基本消费、功能消费过渡至健康消费、体验消费，以健康为本、具有高度参与性及体验性的体育产业，面临着巨大的消费释放机遇，其未来的发展方向也应该是转向供给侧改革的消费。据统计，目前我国人均体育支出大概是美国的 1/50，是日本的 1/40。

在业态上，体育产业的消费不仅仅只是传统专业的竞技赛事，而是与旅游、健康、养生、养老、亲子等协同的“多元化消费”——融合了赛事、户外运动、教育培训、餐饮、购物、休闲、娱乐、健康、养生等多种消费业态。除了赛事之外，以冰雪运动、山地运动、水上运动、航空运动等为引领的户外运动，以慢跑、太极、瑜伽等为引领的健康运动，都将成为未来发展前景良好的消费业态。国外经验表明，山地户外、水上运动、冰雪运动和高尔夫运动等占整个运动休闲市场的 80%。在人群上，体育消费带动的是整个家庭的消费——面向青少年的体育教育培训、面向中青年的体育休闲娱乐、面向中老年的体育健康养生，唯有形成适合不同人群的消费业态，才能达到可持续发展。在消费频率上，体育消费是一种重复性消费，可以不断重复吸引人群。另外，体育消费不同于观赏性消费，体验性、参与性较强，可以将人吸引过来居住，产生夜间消费聚集。因此，体育小镇将形成“白天体育休闲运动+晚上赛事表演及其他休闲娱乐”的消费业态结构。

3. 产城融合带来“外溢效应”

2014 年，国务院 46 号文件的出台就已经确定了“促进体育产业与其他产业相互融合”的政策方向，明确提出“推动体育与养老服务、文化创意和设计服务、教育培训等融合，促进体育旅游、体育传媒、体育会展、体育广告、体育影视等相关业态的发展”；2016 年 10 月，国务院印发的《关于加快发展健身休闲产业的指导意见》提出推动“体医结合”，发展运动医学和康复医学，促进健身休闲与文化、养老、教育、健康、农业、林业、水利、通用航空、交通运输等产业融合发展；2016 年 12 月发布的《关于大力发展体育旅游的指导意见》进一步强调“加强体育旅游与文化、教育、健康、养老、农业、水利、林业、通用航空等产业的融合发展，培育一批复合型、特色化体育旅游产品”。可见，未来体育与文化、教育、旅游、健康、养老、地产、传媒、信息、金融、农业等产业的融合发展将进一步加深，融合后的“外溢效应”也将成为体育产业价值的增长空间。体育产业一直是城市发展、更新与形象传播的一个重要载体。首先，体育产业的发展能形成产业聚集，产业聚集带来就业人口的增加，形成常住居民。同时，以“体育休闲项目”为核心，以旅游为通道，形成大规模外来游客的聚集，游客聚集形成食住行游购娱等多样化的消费结构，由此形成消费产业的聚集，构成城镇发展的产业结构，带来大量的就业人口与服务人口。这些人口与当地居民结合，产生对城镇居住、交通、金融、文化等的需求，由此带动城镇化结构的形成。其次，完善的体育设施和配套服务是体育小镇发展的基础。体育产业的发展将极大地促进城市基础设施与服务设施的更新。北京奥运会与京张冬奥会的举办，对北京和张家口城市建设所起到的推动作用就足以证明这一点。再次，体育是一种高质量的生活方式，是在有钱有闲后的一种消费，其根本是健康。因此体育产业的发展，将极大地提升人们的生活质量，提高人们的幸福指数。最后，体育尤其是体育赛事具有极强的传播能力。体育产业的发展，将对城市形象起到无形的宣传作用。

4. 新型城镇化提升竞争力

城镇化是现代化的必经之路，是我国发展最大的潜力和动能所在，新型城镇化是供给端和需求端的连接线，是供需两侧发力的黄金结合点。虽然当前国家推行的特色小镇建设，赋予了传统产业转型、新兴产业培育等重任，但体育小镇的建设只有回归到现代城镇体系才有竞争力。在如今房地产业两极分化、三四线城市房地产业“去库存”的背景下，以房地产企业主导的“特色小镇”建设非但不可行，而且势必会导致房地产库存增加，只有小镇产业发展的特色化，才能使特色小镇可持续发展。小城镇作为连接城市与农村的纽带，不仅起到统筹城乡发展作用，而且在城镇化过程中对于大量农村富余人口涌入大城市起到“蓄水池”分流作用，也降低了城镇化社会成本。

目前，国家鼓励支持建设的特色小镇有两种类型：一是住房城乡建设部、国家发展和改革委员会、财政部联合发文《关于开展特色小镇培育工作的通知》(建村〔2016〕147号文)所指的特色小镇。这类特色小镇一般为县城关镇除外的建制镇，到2020年全国将培育成1000个左右休闲旅游、商贸物流、现代制造、教育科技、传统文化、美丽宜居等特色小镇，主要特点是有特色鲜明的产业形态、和谐宜居的美丽环境、彰显特色的传统文化、便捷完善的设施服务、充满活力的体制机制。二是2015年1月，浙江省十二届人大三次会议通过的《政府工作报告》，把建设特色小镇作为浙江省新一轮更大范围的战略布局。但浙江省提出的特色小镇，其本质是“非镇非区”。既不是行政区划单元上的一个镇，也不是产业园区的一个区，而是按照创新、协调、绿色、开放、共享的发展理念，聚焦信息经济、环保、健康、旅游、时尚、金融、高端装备七大新兴产业，兼顾茶叶、丝绸、黄酒、中药、青瓷、木雕、根雕、石雕、文房等历史经典产业，融合产业、文化、旅游、社区功能的创新创业发展平台。

浙江省特色小镇建设之所以引人瞩目，是因为其特色小镇培育建设上的体制机制创新，这既来自国外特色小镇经验借鉴，又源于浙江实践基础。2015 年 4 月，浙江省政府公布《关于加快特色小镇规划建设的指导意见》，明确了特色小镇概念，以及规划建设的整体要求、建设程序、政策措施和组织领导。特色小镇按照创新、协调、绿色、开放、共享的发展理念，结合自身特质，找准产业定位，进行科学规划，挖掘产业特色、人文底蕴和生态禀赋，形成“产、城、人、文”四位一体有机结合的重要功能平台：一是特色小镇特色建设，实行“目标先导、政府引导、市场主导”新机制；二是产业定位“特而强”，锁定产业主攻方向，构筑产业创新高地；三是功能叠加“聚而合”，做到产业功能、文化功能、旅游功能和社区功能叠加、融合；四是建设形态“精而美”，多维展示地貌特色、建筑特色和生态特色。

(三)新时代体育特色小镇发展的主要趋势

1. 顶层设计逐步完善，政策提供“便利东风”

在特色小镇“井喷式”发展背景下，政策具有全方位的引领、规范和监管的作用，明确的、积极的政策为特色小镇的发展提供了“便利东风”。随着人们对美好生活向往的愿景日益强烈，国家于 2016 年高度重视特色小镇的建设与发展，陆续颁布了一系列利好政策(见表 2-1)。2016 年 7 月，住建部、发改委、财政部联合颁布《关于开展特色小镇培育工作的通知》，对中国特色小镇的建设与发展具有里程碑意义。随后，又颁布了《关于推进政策性金融支持小城镇建设的通知》，加大对特色小镇建设的信贷支持力度，切实利用政策性金融支持，拓宽特色小镇的资金渠道，全面推动小城镇建设发展。在《关于实施“千企千镇工程”推进美丽特色小(城)镇建设的通知》中，提出“政府引导、企业主体、市场化运作”的建设模式，引导社会资本参与美丽特色小(城)镇建设，促进镇企融合发展、共同成长。在此类激励政策的推动下，我国各地特色小镇如雨后春笋般快速增长，基金小镇、文化小镇、旅游小镇以及体育特色小镇纷纷入驻特色小镇领域。

2017 年 5 月，国家体育总局颁布《关于推动运动休闲特色小镇建设工作的通知》，不仅对“运动健康特色小镇”进行了官方界定，而且对申报和推荐的特色小镇提出了明确的要求。同时，要求各部门对纳入试点培育小镇的经费、体育设施、赛事资源、相关政策提供全方位的支持，助力体育特色小镇健康可持续发展。

表 2-1　部分特色小镇政策相关信息

政策名称	时间	颁发部门
关于开展特色小镇培育工作的通知	2016. 7	住建部、发改委、财政部
关于做好 2016 年特色小镇推荐工作的通知	2016. 8	住建部
关于加快美丽特色小(城)镇建设的指导意见	2016. 10	发改委
关于推进政策性金融支持小城镇建设的通知	2016. 10	住建部、中国农业银行
关于实施“千企千镇工程”推进美丽特色小(城)镇建设的通知	2016. 12	发改委
关于推进开发性金融支持小城镇建设的通知	2017. 1	住建部、国家开发银行
关于开发性金融支持特色小(城)镇建设促进脱贫攻坚的意见	2017. 2	发改委
关于推进商业金融支持小城镇建设的通知	2017. 4	住建部、中国建设银行
关于保持和彰显特色小镇特色若干问题的通知	2017. 7	住建部
关于规范推进特色小镇和特色小城镇建设的若干意见	2017. 12	发改委、国土资源部、环保部、住建部

2. 培育对象基本确立，投资建设“争奇斗艳”

浙江省之所以成为我国特色小镇建设与培育的领导者，主要原因在于其独特的块状经济为特色小镇的发展创立了良好的经济环境，以及“自愿申报、分批、年度考核、验收命名”科学合理的建设程序。2015—2016年先后公布了两批特色小镇，特色小镇的浙江模式成为全国各地的关注焦点。在全社会的高度重视下，各部门将特色小镇建设逐步提上日程。随着国家政策的支持与推动，住房城乡建设部分别于2016年10月和2017年8月公布了第一批、第二批中国特色小镇名单，总计403个。在体育产业发展的“黄金十年”，体育特色小镇的发展经历了“启蒙—研发—实践”的阶段，当下正是体育特色小镇由科学规划逐步向落地实践的关键时期。2017年8月，国家体育总局公布了《关于第一批运动休闲特色小镇试点项目名单的通知》，标志着我国第一批体育特色小镇培育对象得到基本确立，全国31个省、自治区、直辖市的96个运动休闲特色小镇成功入选。从各省市的入选数量来看，北京市、河北省、湖北省入选的数量最多，分别为6个。从申报主题来看，以“运动休闲”为主题的小镇达63个，占总数的65.63%。资金是建设体育特色小镇的基本要素之一，也是获取其他基本要素的重要手段。特色小镇普遍具有建设周期长、投资规模大等特点，短期类的投资并不能快速变现，必须要经过数年的精心运营后方可回收资本，这对小镇所在地的政府部门、管理部门、运营部门提出了更高的要求。然而近年来，我国体育产业总产出稳定增长，2016年体育产业总规模达到1.9万亿元，为我国体育市场的培育和稳定发展提供了强大动力。在此市场环境下，社会资本大量积累，其投资热情有增无减。各地体育特色小镇的建设与发展得到国家的高度重视与政策的大力支持，虽投资规模各具差异(见表2-2)，但为小镇建设目标的实现提供了重要保障。宝鸡市金台区体育特色小镇采取“政府主导、企业运作、合作共赢”的市场化运作方式，运用公私合营的PPP模式，引进具有突出产业、金融资源优势的社会资本与政府合作，总投资达320亿元，以实现“产业高度聚集、城镇功能完善、生态环境优美”的建设目标。而驻马店市确山县老乐山北泉体育特色小镇投资21亿元，以独具特色的“体育+旅游+文化+休闲”功能开发为中心，全方位打造特色文化运动休闲旅游综合体，改变老乐山旅游景区单一观光游的现状，促使“让文化活起来、全民健身动起来”的体育旅游、文化旅游、运动休闲度假游的转型升级，以实现老乐山建成特色文化高地和生态旅游胜地的目标。

表2-2　我国部分运动休闲特色小镇投资规模与建设目标

小镇名称	投资(亿)	建设目标
宝鸡市金台区运动休闲特色小镇	320	融武术竞技赛事、太极拳推广、户外运动项目、休闲娱乐等多项内容为一体，初步实现“产业高度聚集、城镇功能完善、生态环境优美”的运动休闲特色小镇建设目标
渝北区际华园体育温泉小镇	100	采取“1+X”的商业模式，以“体育”为核心，融合了旅游、健康、文化、时尚、娱乐、赛事等多种功能，打造具有独特体育文化内涵的目的地中心
荆门市京山县网球特色小镇	80	规划“一轴两核四区一支撑”，将京山网球特色小镇打造成为网球特色鲜明、生态环境优美、生活形态丰富的世界网球生活小城和国家5A级山水生态运动旅游景区，成为中国网球运动旅游示范地
佛山市高明区东洲鹿鸣体育特色小镇	50	以体育运动、旅游休闲为主导产业，以运动休闲为核心，以特色运动体验为亮点，打造集运动、赛事、健身、休闲为一体的国家体育休闲小镇示范样本

续表

小镇名称	投资(亿)	建设目标
湛江市坡头区南三镇运动休闲特色小镇	50	探索旅游+体育模式，利用环岛公路进行自行车赛事以及长跑运动，利用群岛水域进行龙舟、快艇、游泳等赛事，利用外海水域进行冲浪、帆船赛事，利用沙滩海岸进行沙滩排球、沙滩足球赛事
中山市国际棒球小镇	50	打造以棒球为基础的运动休闲特色小镇，集棒球比赛、训练、旅游、文化、传媒、培训、健身、教育、商贸于一体，还将建成中国乃至全球最大的棒球系列运动用品线上线下的集聚基地和采购中心
营口市鲅鱼圈区红旗镇何家沟体育运动特色小镇	30	将建成一处推动全民健身、增强国防意识的体育旅游集散地，变青山为聚宝盆，将极大地带动周边的土地升值及农业产业升级
漳州市长泰县林墩乐动谷体育特色小镇	30	规划建设林墩溪乐动休闲体育健身带、半月山乐动健康养生度假区、观音山乐动山水生态度假区、林墩乐动文化文化旅游度假区，打造集运动休闲、健康养生、文化旅游于一体的健康体育特色小镇
南宁市马山县古零镇攀岩特色体育小镇	30	马山县借助优质的山地旅游资源，以三甲屯攀岩运动为核心，打造一个集民俗文化体验、观光旅游、农耕娱乐为一体的综合示范屯，实现生态与产业发展的良性互动，实现旅游带动脱贫致富的目标
驻马店市确山县老乐山北泉运动休闲特色小镇	21	以独具特色的“体育+旅游+文化+休闲”功能开发为中心，全方位打造特色文化运动休闲旅游综合体，把老乐山建成特色文化高地和生态旅游胜地

3. 运营模式因地制宜，小镇发展“各显神通”

伴随着体育产业的政策利好频发，浙江省体育产业也迎来一个黄金发展时期，以体育产业为载体的特色小镇也日益受到重视，全省各个地区也顺势而为，依托优质自然资源，结合自身体育发展状况，积极建设体育特色小镇。浙江省于 2015 年 6 月公布了第一批省级特色小镇建设名单，2016 年 1 日公布了培育名单和第二批建设名单，足以证明浙江特色小镇发展已经走在了我国特色小镇的前列，其独特的“浙江模式”成为全国各地学习的典范。虽然良好的运营模式是确保特色小镇持续性长久发展的重要因素，但我国存在较大的地域、经济、文化等方面的差异，“浙江模式”并不是所有特色小镇运营发展的良策。运营模式的选择还需因地制宜、量体裁衣，具体问题具体分析。

4. 平台化运营模式

运动休闲特色小镇是以运动休闲为主题，打造集运动健身、时尚休闲、养生康复、文化宜居等功能于一体的新型空间区域和体育产业发展平台①。所谓平台，就是为合作参与者和客户提供软硬件相结合的场所或环境，它本身不生产产品，而是促进合作、实现交易②。因此，体育特色小镇要充分挖掘当地体育资源，搭建体育平台，促进体育消费，推动小镇体育产业发展。湖北省京山市是全国唯一一个被中国网球协会授予“中国网球特色城市”荣誉称号的城市，于 2017 年 8 月成功进入 96 个运动休闲特色小镇行列，总投资约 80 亿元。小镇将以网球运动为主要特色，建设网球赛事中心、多功能综合馆、户外网球体育场，以及后期的商业、教育、医疗等基础设施，使其成为中国网球运动普及示范基地，承接国内外网球赛事、培训的优秀平台。

体育旅游运营模式：产业融合是指不同产业或同一产业的不同产品

① 打造体育健康特色小镇 助力“强富美高”新江苏[N]. 新华日报，2017-04-25(008).

② 李庆雷，沈琼. 旅游特色小镇平台化运营模式探析[N]. 中国旅游报，2018-07-03.

相互渗透、相互交叉，最终融为一体，逐步形成新的动态发展过程①。体育旅游是以体育为载体，以旅游为形式的休闲游玩活动，是体育产业与旅游产业交叉融合而生的新兴业态。体育特色小镇充分发挥体育旅游产业的优势，实现体育产业与旅游产业“双赢”。河池市南丹县歌娅思谷运动休闲特色小镇，是中国少数民族白裤瑶主要聚居地，居住有白裤瑶人口 1.9 万人。该小镇借助当地特有的少数民族的人文环境，依托“国家 4A 级景区”“广西民族风情旅游示范点”“广西农业旅游示范点”大力发展民族体育项目，开展踩高跷、背篓球、打腰鼓、斗牛、打磨秋等民俗特色活动，将“专业式”体育和“观光式”旅游转变为“平民式”体育和“体验式”旅游。以“全域旅游”为中心，以“多产融合、多规合一”为定位，打造“体育+旅游+农业+文化+扶贫+就业”的综合多产业发展模式，彰显歌娅思谷运动休闲特色小镇的民俗文化体育特色。

体育扶贫运营模式：在党的十九大报告中，习近平总书记明确指出“要动员全党全国社会力量，坚持精准扶贫、精准脱贫”。体育扶贫也是建设体育特色小镇的重要目的之一。体育特色小镇建设发展要与脱贫攻坚任务密切联合，发挥体育特色小镇的扩散效应和涓流效应，以体育产业发展带动地方经济、文化等各项事业全面发展，做到精准扶贫、精准脱贫。南宁市马山县古零镇攀岩特色体育小镇，是中国首个以攀岩为主要特色的体育小镇。马山攀岩小镇率先在全国开启了“体育+旅游+扶贫”的模式，成为促进马山经济发展的动机，也是在精准扶贫背景下体育扶贫的创新试点②。体育扶贫的马山模式给当地农民带来巨大的经济收益，解决了两百多位当地农民的失业问题。并且通过举办各种体育赛事，有效提高了小镇的吸引力和竞争力，打破了马山县长期以来的经济发展桎梏，形成了“体育+旅游+扶贫”的品牌效应，成为马山县打赢脱

① 厉无畏，王慧敏．产业发展的趋势研判与理性思考[J]．中国工业经济，2002(4)：5-11.

② 杨毅然，沈克印．精准扶贫背景下体育特色小镇助力体育扶贫研究——以广西马山攀岩小镇为例[J]．体育研究与教育，2018，33(4)：24-29.

贫攻坚战的强大动力。

5. 体育特色小镇建设更加规范，多元治理模式逐渐形成

经过5年发展，产业立镇的原则成为体育特色小镇领域内的共识，体育产业的可持续性及特色性决定了体育特色小镇发展的未来。体育特色小镇已成为中国经济社会转型和体育产业发展的综合改革试验区，随着我国经济社会发展从规模扩张向质量提升阶段逐步转型，一些不符合市场规律、无利于民生福祉的小镇将渐渐萎缩，而符合发展需求的体育特色小镇将充分发挥动能，成为体育产业高质量发展的强力引擎。体育特色小镇将进一步提升新型城镇化水平。城镇化是现阶段经济增长的强劲动力源泉，城镇化的关键在于打破“城市—乡村”二元替换的界线。作为一项新兴事物，体育特色小镇正是结合城市功能与乡村功能、实践创新融合的场域。步入新时代，体育特色小镇建设将进一步带动农民有序城市化，破解经济结构转化和动能转换的难题，推进我国体育产业供给侧结构性改革。十八届三中全会以“社会治理”替代“社会管理”，使传统的以单维度政府为主的体育管理模式向多维度的体育治理转变。作为体育治理的“微单元”，体育特色小镇治理将由政府、社区、体育社会组织、体育企业、公民等多元主体通过协商、合作、互动进行合作治理。目前，PPP模式在体育特色小镇建设中已被广泛运用，预计未来将继续呈现上升趋势。体育特色小镇是具有明确产业定位、文化内涵、旅游和一定社区功能的发展平台，既是同业企业协同创新、合作共赢的企业社区，也是促进体育产业发展的空间载体。可以预判的是，未来的体育特色小镇将进入“内涵”发展时代，长效机制建立，政策引导体育特色小镇高质量发展，更多实质性的问题将受到关注。特别是2018年8月30日，国家发改委发布了《关于建立特色小镇和特色小城镇高质量发展机制的通知》，对特色小镇的发展提出了若干规范管理措施，要求各地区严格对标对表，认真查摆问题，切实加以整改，特色小镇的基本条件得以明确，同时鼓励各地区挖掘多种类型特色小镇，避免模式雷同、难以推广。2019年之后，规范体育特色小镇建设的长效机制将进

一步建立健全，切实强化对特色小镇的统筹指导，统一行动、协同发力，促进特色小镇高质量发展。在市场对资源配置的主导作用之下，优胜劣汰成为常态，具备长远体育战略规划和体育产业资源优势的体育特色小镇开发商、体育产业运营商等，将占领体育特色小镇发展的前沿阵地，各种资源不断向其聚集，“排头兵”效应开始凸显，而缺乏体育特色和产业资源的体育特色小镇将被淘汰。2020 年之后，体育特色小镇的产品线将更加清晰明朗，体育产业将为小镇的可持续发展提供源源不断的动力，在推动体育产业高质量发展中起到重要作用。

第三章　体育特色小镇建设的国外经验

国内特色小镇的提出源于欧美一些发达国家的发展经验，体育特色小镇的建设尚处于起步阶段，面临产业要素的开发和导入、管理与运营思维的转变等多方面挑战，因此，吸取西方的建设经验与教训是非常必要的。在欧洲发达国家，体育特色小镇的发展已有多年的历史，体育旅游业发展态势如星河般璀璨光辉、长盛不衰，不仅改善了当地人的生活环境和品质，还吸引了众多消费者，推动了区域经济的繁荣。其中，法国霞慕尼体育特色小镇、瑞士达沃斯小镇、英国温布尔登网球小镇、意大利蒙特贝卢纳镇等已成为体育特色小镇的典范。在欧洲等发达国家数以万计的小城镇当中，能够成为世界特色小镇范本的也属极少数，并非所有的小镇都具备成功基因，这为国内一窝蜂的体育特色小镇建设热潮敲响了警钟。我国的体育特色小镇应该如何建设和发展，可以先从发达国家知名体育特色小镇建设案例中寻找经验与启示。目前，我国大部分的体育特色小镇还处在起步阶段，各个地方都在积极申报和建设，特别需要借鉴国外一些体育特色小镇的建设经验。在欧洲，体育特色小镇在建筑肌理、人文风情、商业形态、传统工艺、生活方式等诸多方面都代表着一种精神象征和文化传承。因此，本章在阐述国外体育特色小镇产生背景的基础上，探索国外体育特色小镇建设经验，借以寻求对我国体育特色小镇建设的启示。

第一节　国外体育特色小镇产生的背景

(一)按行政划分，欧美国家是以小镇为基本单位的国度

欧美国家政府是三级划分，包括国家(Federal)、州(State)和城市(City)。国家(Federal)相当于中国的国家(Country)；州(State)相当于中国的省(Province)，州下面的派出机构是县(County)，相当于中国省下面所辖的“地区”；然后是城市(City)，欧洲国家和美国的“市”大可以上千万人口，小可以几千人口，功能及机构设置和中国的城市差不多；Town(小镇子)和中国的乡镇差不多；Village在欧美国家一般用于地名，很少用在行政区划上。所以，在欧美国家行政区划按大小排列的顺序依次是：Country、State、County、City、Town。可见，若按照行政划分，欧美等国家是以小镇为基本单位的，而欧美一些特色小镇是在后工业时代，经济社会发展到一定程度，经过文化的不断积累和传承、沉淀和演变以及其他特定的条件，逐步形成今天在世界上举世瞩目的特色小镇。

(二)在文化方面，欧美国家的运动休闲小镇重视历史传承

小镇是欧美等国家构成的基本单位，相对于纽约、伦敦、洛杉矶等一些大都市来说，特色小镇是这些国家人民的主流生活场地。欧美国家的人从骨子里更喜欢居住在小镇里，特别是后工业时代以来，人们不太喜欢人群攘攘的大都市，而倾向于去更接近自然的特色小镇。而对于初到欧美国家的人来说，也往往被那些坐落在旷野平原之上，掩映于幽林树丛之间的一座座小镇而吸引，而可能不会被高楼林立、灯火繁华的大都市所震撼。很多欧美国家的特色小镇无论是在人文风情、商业形态、建筑肌理，还是在传统工艺、生活习惯等诸多方面都是一种精神象征，

代表着一种文化传承。这些小镇留下了一代又一代人的印迹，经过几百年的历史传承，逐渐形成具有文化传承的特色小镇。这些国家天生就是由一个个小镇构成的，小镇历史和文化传承、自然资源、产业发展、地理地貌、生活习惯、产业资源、人文环境等都成为促进西方特色小镇形成的因素。在体育特色小镇形成因素中，文化传承是非常重要的，不仅是因为欧洲人民对大自然的热爱，还包括长期养成的积极健康的运动休闲生活方式，经过文化沉淀和历史传承，这样一个个体育特色小镇便应运而生。

（三）以小镇为单元的经济增长极，形成人才和产业聚集效应

自20世纪中叶开始，以欧美为代表的发达国家大城市病凸显。随着大城市人口密度的不断增大，一方面大都市交通拥堵、环境污染、老城区犯罪率飙升，另一方面大都市周边的小城镇具有环境宜居、土地便宜、交通便利等优良条件，这两方面的原因促使一部分人开始向城郊迁移。美国进入工业化时代，曾一度出现城市空心化的现象，主要是由于“逆城市化”浪潮让大批人口不断由大都市中心地区向周边小城镇扩散。“逆城市化”成为推动人口外溢和居所郊区化的重要因素，伴随这一过程，许多企业和组织把总部或部分核心功能搬迁至大城市周边的小城镇，为不堪重负的大都市缓解拥堵和污染等问题，同时也通过各种城市功能转移带动周边特色小镇经济和产业的发展。欧美发达国家各地区居民收入相对均衡、城乡差距和贫富差距不大，并没有出现像中国这样的大城市虹吸效应和大量人口向发达地区流动的现象，甚至很多人想逃离大都市，去周边小城镇工作和生活，特别是那些自然地理气候好、人口密度小、税收少、房价低的小城镇。

进入后工业化时代，以欧美为代表的发达国家除了要面对大都市病的严重弊端之外，还要解决产业动力不足的重要问题。由于产业动力不足，很多居民全靠国家的福利和补给，特别是就业水平得不到有效提

高。就在企业往城郊迁移和人口向郊区转移的过程中，政府意识到这对于周边小城镇是一次非常好的升级转型机会。政府为了更好地推动就业，解决产业发展问题，通过城市规划，积极引导有基础的特色产业小镇，打造全新的以小镇为单元的经济增长极，促进特色小镇发挥积极的产业带动作用。这些小城镇相比大都市来说，在生活质量、房价、自然环境等方面具有较大优势，在政府的激励政策出台后，很容易吸引人才和形成产业聚集效应。运动休闲和体育消费是发达国家居民生活方式的重要组成部分，在政府政策扶持下，运动休闲小镇与当地特色产业或转移来的大企业进行有机融合，政府又通过各种激励措施不断吸引人才汇聚到小镇当中，也吸引了更多的消费者，经过多方努力，慢慢形成了一批充满吸引力和竞争力的体育特色小镇。

第二节　法国霞慕尼体育特色小镇

欧洲国家有很多闻名遐迩的体育特色小镇，其中法国霞慕尼体育特色小镇就是较为出名的一个，它不仅拥有历史悠久的小镇文化，还作为现代登山运动发源地和 1924 年第一届冬奥会举办地而享誉世界。本节以法国霞慕尼体育特色小镇为例，分析其发展历程和运营模式，从区位特色、产业特色、治理特色等方面总结了霞慕尼小镇建设特色和发展经验，最后提出对中国体育特色小镇建设的启示——以运营思维进行规划，完善基础设施与配套服务；深度培育产业驱动力，实现产业融合和联动；打造独一无二的文化“IP”，提高产业附加值；利用消费驱动增强旅游辐射力和小镇外向度；营造生活吸引力，打造生活新空间；立足未来对生态进行保护，完善相关政策机制①。参照欧洲体育特色小镇发展经验来看，以“产业”为灵魂的特色小镇作为人口、产业、经济的重

① 董芹芹，沈克印. 法国运动休闲特色小镇建设经验及对中国的启示——以霞慕尼(Chamonix)小镇为例[J]. 武汉体育学院学报，2018，52(6)：20-25.

要载体，是解决大中城市发展差距过大、稳步推进城镇化建设的有利抓手和重要途径，未来的发展机遇无可限量①。

一、霞慕尼体育特色小镇简介

(一)小镇概况

霞慕尼小镇(Chamonix，也译夏蒙尼)因坐落于欧洲屋脊阿尔卑斯山最高峰——勃朗峰脚下而享誉世界，是法国海拔最高的镇之一，位于法国中部东侧，在阿尔卑斯山主峰勃朗峰下，毗邻瑞士和意大利这两个迷人的国度，镇中心海拔 1035 米。小镇正好坐落于阿尔卑斯主峰勃朗峰(海拔 4807 米)脚下的山谷里，在勃朗峰的恩泽下，它成为高山户外运动的旅游目的地，在这里可以体味阿尔卑斯山带给我们的震撼，深深感受富有法国风情的霞慕尼风光。霞慕尼能成为欧洲滑雪运动的天堂，有着得天独厚的自然条件，每年从 9 月开始，霞幕尼地区进入雪季，两场大雪之后，勃朗峰山区就会被雪覆盖，成为一个天然雪场，滑雪季一直能延续到来年 4 月。霞慕尼运动休闲小镇的滑雪场拥有长达 100 千米的滑雪跑道，吸引了很多滑雪爱好者前来游玩。这里的雪道走势险峻，多为黑色雪道和野道，适合探险。

霞慕尼地区的近代滑雪历史，可以追溯到 1924 年，第一届冬季奥林匹克运动会正式在这里举行，也就是从那时开始，霞慕尼逐渐成为欧洲滑雪的天堂之所(见图 3-1)。这里有着得天独厚的自然条件，每年从 9 月开始，霞幕尼地区进入雪季，两场大雪之后，勃朗峰山区被大雪覆盖，成为一个个天然雪场，滑雪季一直能延续到来年 4 月。每年 1 月初到 2 月底是欧洲滑雪最旺的季节，也是霞慕尼滑雪最旺的季节，全世界的滑雪爱好者都会聚集这里。霞慕尼镇附近有大型滑雪场 13 家，上百

---

① 前瞻产业研究院. 100 个国外特色小镇经验[EB/OL]. [2017-08-07]. https://f.qianzhan.com/tesexiaozhen/detail/170807-935397b3_2.html.

条雪道，雪道总长100多千米。从初级的绿道、中级的红道到超难度的黑道，各种水平的爱好者都能在这里找到适合自己的雪道。法国ESF滑雪学校配备了世界上水平最高的滑雪教练，可为不同水平的滑雪爱好者提供最专业的指导和支持。

图3-1 法国霞慕尼体育特色小镇的滑雪项目

(二)发展历程

1. 事件引爆，拉开帷幕

1786年8月，霞慕尼的猎人Jack Barma和医生Michel Pacar首次登上海拔4810米的欧洲最高峰——勃朗峰，拉开了霞慕尼的户外发展序幕，引爆了阿尔卑斯登山运动。

2. 提升服务，专业发展

在1821年，霞慕尼小镇的34名本地向导组成了一家向导公司，开始发展登山服务业，为各地游客提供各项登山服务。经过近百余年发展，高山运动项目及专业服务方面已逐步成熟，成为欧洲乃至全世界最吸引人的高山运动圣地。

3. 赛事推动，全面发展

1924 年，国际上第一届冬季奥运会在霞慕尼举办，世界性的滑雪教练训练中心也纷纷在这里落户。此次赛事，让霞慕尼小镇成为著名的山地度假目的地，这在很大程度上得益于高山冰雪项目的开展和接待服务设施的完善，专门增加的供滑冰和冰球比赛用的冰场不仅推动了运动休闲行业的发展，还带动了商业住宿、教育培训等服务业的快速发展。

(三)运营模式

法国霞慕尼体育特色小镇借助国际知名体育赛事，打造特色体育旅游品牌(见图 3-2)。随着 1924 年第一届世界冬季奥运会在这里举办，国际性的滑雪教练训练中心也在这里安家落户。霞慕尼小镇是现代登山运动的发源地，体育旅游设施与服务完善，主要运营内容包括高山滑雪、登山向导、登山缆车、山地救援等。霞慕尼拥有世界上第一所登山向导学校——法国国家滑雪登山学校(ENSA)，目前有几百名高山向导，每年服务超过数以万计的各地游客。霞慕尼还有高山救援队，专人

图 3-2 法国霞慕尼体育特色小镇掠影

全天候值班巡逻，负责该区域的山地救援。此外，小镇还设有国家滑雪和高山警察培训中心、高山军校、高山医学研究所等相关的高山机构。

霞慕尼小镇的登山运动经过100多年的发展，已经逐步完善和成熟，为现代山地运动奠定了坚实的基础。随着霞慕尼旅游业影响的不断扩大，小镇为吸引更多的消费者，特别重视古典与现代融合，吸收了不同时期建筑风格的精华(见图3-2)。漫步于安静的山谷中，霞慕尼运动休闲小镇有着数百年历史的建筑，这些建筑是珍贵的文化宝藏，其多样性展现了独特的城镇魅力，使国内外众多游客流连忘返，享受其中。比如：黄金时代的宫殿、“Art Deco”外观、巴洛克教堂、奢华别墅、传统农舍和古朴木屋等体现出小镇的建筑风格。阿尔卑斯山音乐节将旋律带到壮丽的勃朗峰之上，热情的电子音乐浪潮在山谷中蔓延开来，使来霞慕尼运动休闲小镇度假的音乐爱好者们尽情沉醉和释放。另外，霞慕尼运动休闲小镇还因地制宜，依靠其知名度承担其他多种功能，除打造娱乐享受平台以外，还建立了论坛会议举办地、养生度假基地等。

(四)发展体系架构

1. 多元化的国际赛事和体育项目

霞慕尼体育特色小镇有着丰富的体育运动项目，攀登资源异常丰富，勃朗峰、大乔拉斯峰拥有超过5000多条攀岩路线和众多的登山、攀冰路线，另外，滑雪、高山滑翔伞、溪降运动也开展得非常广泛。例如：霞慕尼的登山项目。霞慕尼拥有欧洲最高、最好的缆车，能从山脚直达高度3842米的南针峰。1955年，霞慕尼的缆车道正式启用，它将海拔1035米的霞慕尼和海拔3842米的南针峰(Aiguille du Midi)连接起来。再如：霞慕尼的滑雪项目。每年从9月开始，霞幕尼地区进入雪季，两场大雪之后，勃朗峰山区被大雪覆盖，成为一个个天然滑雪场，滑雪季能一直延续到来年4月。从初级的绿道、中级的红道到超高难度的黑道，各种水平的爱好者都能在这里找到适合自己的雪道。登山、滑雪国际特色赛事之下，还发展了高等级越野比赛，如霞慕尼承包了世界上最著名的越野赛事之一的环勃朗峰超级越野赛(UTMB)。总之，这里有世界性的滑雪教练训练中心，它不仅是登山家的极致挑战，更是滑雪客的最爱，一年一度的攀岩比赛，也成为霞慕尼吸引游客的一道运动风景线。

2. 专业化的教育培训机构

霞慕尼体育特色小镇形成了专业的高山运动教育培训产业，包括世界上第一所登山向导学校——法国国家滑雪登山学校(ENSA)、高山军校、高山医学培训、高山警察培训中心等相关的高山机构。霞慕尼小镇有丰富的四季运动项目：春(4~6月)：高山攀岩、高山滑雪等日间高山运动项目；夏(6~9月)：登山、溪降、高山滑翔伞等；秋(9~11月)：登山、高山自行车、高山滑翔伞等夜间酒吧休闲，享受美食与红酒；冬(11~次年4月)：高山滑雪、攀冰、滑冰、冰球等。

3. 完善的休闲配套服务

霞慕尼体育特色小镇常住居民仅有1.3万人，但每年要接待超过200万的登山滑雪者和普通的游客。服务配套设施齐全，有众多的酒店、旅馆、度假屋、餐馆，还有超级市场和娱乐场所，接待服务设施完善，交通也比较方便。

冰雪赛事和专业培训共同推动了霞慕尼高山冰雪项目的开展，也大大促进了当地接待服务设施的完善，带动了餐饮、食宿、装备销售等商业服务业的发展，使之成为著名的高山旅游度假胜地。

①向导服务：霞慕尼体育特色小镇每年服务超过数以万计的各地游客，有专门的向导公司，公司拥有超过150名注册职业登山向导。其中ENSA学员需经过至少五年的训练和考核，方能成为合格的登山向导，为游客提供全方位的霞慕尼地区滑雪、攀登服务。

②商业服务：霞慕尼体育特色小镇有滑雪、登山及纪念品出售等多家体育用品商店，有传统美食和西式休闲美食餐饮服务，还有酒吧等休闲娱乐服务。

③观光交通：1955 年霞慕尼体育特色小镇正式启用缆车道，将海拔 1035 米的霞慕尼主峰和海拔 3842 米的南针峰连接起来，不但为滑雪者和登山者带来了极大的便捷，而且可以让普通游客从高处领略到冰雪世界的奇异风景。

④住宿服务：霞慕尼体育特色小镇住宿包含星级酒店、家庭旅馆、公寓、青年旅舍、露营营地等，并配有度假中心、房屋租赁等物业接待服务。

⑤医疗救援服务：霞慕尼体育特色小镇形成“急救+医院+研究中心”的综合医疗服务体系，如：霞慕尼医院、高原生态系统研究中心、山地医学培训与研究所。此外，霞慕尼设有高山救援队，7×24 小时全天候值班，负责山区救援。

目前，霞慕尼服务配套设施齐全，交通便利。众多的酒店、旅馆、度假别墅使接纳四季游客成为可能，餐馆和娱乐场所更是在满足小镇本地居民和度假者的需要的同时，大大丰富了其日常活动，从而进一步提升生活品质。

二、霞慕尼体育特色小镇的建设特色和发展经验

从霞慕尼体育特色小镇发展来看，其建设特色表现在三个方面：第一，国际赛事推动，专业服务保障。国际冬奥会的举办综合提升了小镇体育运动的“前—中—后”产业化服务和本地的国际知名度。第二，核心运动引爆，多元体验扩展。从最初的登山运动拓展到滑雪、攀冰、高山滑翔伞、溪降等四季高山运动。第三，休闲旅游配套，带动全面发展。医疗、教育、休闲商业及多元化休闲设施，带动高山休闲旅游人群，促进小镇从山地运动到山地度假生活方式的转变。体育项目的广泛开展为体育小镇发展提供了赛事的土壤，其发展基础在于城乡发展均衡，打造的特色赛事和精品赛事让特色小镇声名远播，从而取得了良好的传播效果和经济效益。从霞慕尼体育特色小镇发展案例看，无论是国内还是国外，打造体育特色小镇都需具备一定的地理、文化、气候等基

础条件。

（一）区位特色

交通便利、环境宜人、基础设施完善是霞慕尼运动休闲小镇的基本特征。从区位条件来看，以户外体育特色为主的小镇一般都背靠著名风景区，需要充分利用当地特殊的自然资源禀赋，摸索出符合当地特色的体育运动项目，从而借助体育产业来发展地区经济和旅游业。① 体育配套产业有的集聚在客源地，还有的集中在相关人才传统聚集地，历史、地理、人才、相关产业等多种因素对这些体育特色小镇的形成产生了重要影响。

霞慕尼的成功离不开交通区位、资源禀赋、生态休闲旅游这三大区位条件优势。①交通区位。霞慕尼体育特色小镇不但是霞慕尼地区重要的交通枢纽，还是该区域的网络节点，小镇的产业规划能够连接周边城市资源，实现资源整合和合理有效的利用。②资源禀赋。首先，霞慕尼小镇拥有得天独厚的自然资源，使得小镇优势突出；其次，霞慕尼小镇借助周边资源，围绕体育运动，开发市场，其前景广阔，发展潜力巨大；最后，当地政府对霞慕尼小镇的优势资源如高山、滑雪、旅游业等进行深入挖掘，充分展现小镇资源特色。③生态旅游。一是霞慕尼体育特色小镇的生态环境好，宜居宜游；二是霞慕尼以小镇刺激探险、生态观光、康体休闲为主；三是产业特点以绿色低碳为主，可持续性很强。

（二）产业特色

群众性体育运动是一种较高的需求，当国民经济达到一定程度，人们自然而然会产生群众性体育运动需求，需要市场来提供相应体育服务与产品。欧美发达国家的人们为了让身体更健美、更健康，在休闲运动

① 范斌. 基于根植性理论视角下的我国体育特色小镇建设机制研究［J］. 体育与科学，2018，39（1）：84-89.

中体验体育所带来的快乐，在有钱又有闲的基础上，会选择更多的休闲运动。由此可见，在发达国家，体育特色小镇的形成和发展是一定时期经济发展的结果，在贫穷落后的国家很少有知名的体育特色小镇。

体育产业在发达国家已是一个庞大的产业，譬如美国，其体育产业的经济贡献甚至已经超过汽车产业。还有一些以体育相关产业为核心的小城、小镇利用当地独有优势，通过便捷的交通网络和产业链间的联系形成“大分散、小集中”的布局，在某些体育细分产业形成产业集群效应，推动小镇特色化发展，同时对整个区域经济会起到很大的带动作用。① 参与户外运动、体育度假等人群的消费需求较高，打造体育特色小镇需要格调较高的项目和完善的配套服务设施。例如：一些水上运动、冰雪运动、山地户外、高尔夫运动、航空运动等体育服务行业会占较高比例。这些小镇对相关教练和维护服务人才的要求很高，运动设施相比一般旅游配套设施来说投入更大，也更加专业，这就需要提供一站式服务，需要整个产业生态链的形成和产业群的聚集②，这些都对整体项目的规划、打造和运营提出了更高的要求。打造体育特色小镇是一个相当复杂的系统工程，有些国外小镇的形成需要经过几十年甚至上百年的时间，若没有体育文化积淀重新打造一个运动休闲小镇的话，难度很大。从赛事特色方面看，体育特色小镇往往可以借助赛事提高影响力，特别是通过一项或几项重量级赛事，甚至是世界级赛事，来打造特色体育旅游品牌。也可以利用优势项目，拓展体育旅游产业链，一年四季提供有特色的体育产品，吸引体育旅游爱好者参与。

（三）治理特色

体育特色小镇的治理主要包括各级政府、政府各部门，企业等运营

① 张月蕾，张宝雷，杜辉，徐成立．“健康中国”背景下体育特色小镇创建路径研究[J]．哈尔滨体育学院学报，2018，36(1)：41-45.

② 张雷．运动休闲特色小镇：概念、类型与发展路径[J]．体育科学，2018，38(1)：18-26，41.

主体，规划建设主体，管理主体，以及社区主体及就业人员等。特色小镇的治理需要围绕特色小镇的治理结构、发展规划、发展战略、运营管理等重点内容进行，特别是在治理观念、治理主体、治理结构和运行机制上进行创新，提升各方参与的积极性，充分挖掘“利益相关者”的资源和潜力。

明确多元治理主体责任，政府与市场各司其职，政府要弱化行政权力，强化企业、社会组织等多元主体共同参与。① 在小镇建设过程中，政府与市场扮演不同的角色，但二者都不能缺位和越位。对于政府而言，主要职责之一就是完善基础设施，特别是地方政府需要在交通、排污、通信、卫生等公共设施方面进行完善，为投资者和消费者提供一个良好的投资与居住环境。对于市场而言，像欧美这样以市场为主导的城镇发展模式，其治理经验是出台相关协调措施，维持公平的市场秩序，授予小镇充分的地方自治权，实现信息互通和利益共享，包括公共设施配给制度、总规划师制度、独立的财政权力、社会市场协作等方面。

发挥多元治理主体作用，建立相应的治理机制和治理体系，形成开放共治、联动融合的小镇治理局面。由国内外的专家学者和专业技术人才组成决策咨询顾问团，为小镇的规划建设提供专业化的决策智囊和技术咨询。建设体育特色小镇是一个复杂的系统工程，需要发挥体现出政治、经济、文化、社会、生态等多方面的功能，所以在规划、建设、管理、运营等每一个环节都要慎重考虑。建设体育特色小镇，不仅需要产业、资金、土地等硬件要素，人才、管理等因素也同样重要。由政府部门、相关企业、社会组织、社区居民等代表共同组成，建立治理委员会，负责决策、参与讨论和沟通小镇的各项公共事务，确保倾听多方声音、协同多元利益，共同发挥作用。

体育特色小镇在运行机制上，应形成协调、协作、共享、联动机

---

① 李庆峰. 特色小镇：一种新型社会治理模型及其发展[J]. 中国经贸导刊，2017(2)：76-78.

制。联动机制中的"协调"主要指的是参与主体之间的上下等级性关系，应成立特色小镇规划建设领导工作小组，制定落实配套政策，定期召开工作联席会议，推进土地供给、投融资体制改革，协调解决特色小镇建设中出现的重大问题。"协作"强调参与主体间的分工、合作关系。"共享"能提高信息处理的及时性、准确性和效率，有利于形成技术联盟和创新网络。

三、对中国体育特色小镇建设的启示

(一)以运营思维进行规划，完善基础设施与配套服务

一份真正有用可落地实施的旅游度假小镇规划需要规划者从运营的角度去思考规划的问题，从项目开始就构筑清晰的蓝图，知道怎么遴选产业，如何挖掘文化，如何构建配套产业，以及怎样构建真正宜居宜游宜业的主客共享生活空间。同时对参与旅游度假小镇招商的企业类型和对项目有兴趣的企业都要做到心里有数，毕竟旅游度假小镇真正打造起来依靠的就是企业入驻，只有设计规划合理长远才能保证后期的项目招商切实落地。另外，体育特色小镇有明显的季节性和节假日属性，那么在小镇的规划上更应以当地原住民和在小镇里面长期居住、生活的新住民为优先考虑对象，而不是过于重视外来的游客和短期的看客。无论是基础设施，还是公共服务设施，以及整体人居环境的打造，都应该为长期在小镇居住、生活、就业的这些人优先配置。

(二)深度培育产业驱动力，实现产业融合和联动

建设体育特色小镇离不开大力发展体育产业，离不开深度培育产业的驱动力，更离不开体育与旅游、健康、文化等领域的融合和联动。这个产业一定是根植于当地现有基础而发展出来的潜力产业，通过规划进一步擦亮、提升、丰富其上下游产业链，培育出能支撑当地实体经济的核心支柱性产业。产业是特色小镇发展的生命之源，是需要引导和培育

的，一个没有产业维系的小镇是不可持续的。霞慕尼集休闲旅游度假、户外登山滑雪运动、赛事体验与观赏于一体，实现了多种产业充分的融合与互动。以旅游度假为核心，以“第二居所(生活)+生态+旅游”构建的模型成为该片区的主要经济形态。对于特色小镇的产业，一定要大胆创新，深度挖掘潜力，横向和纵向打通，形成产业集群，同时还需与时俱进大力培育新业态。要发挥体育龙头企业的带头作用，在政府的政策推动力下，构筑产业生态圈，为体育特色小镇提供产业驱动能力。

(三)打造独一无二的文化IP，提高产业附加值

确定产业之后，接下来就是做文化。一般来说做文化有两种方向，一是依托当地独具特色的文化积淀打造地域性文化，二是依托核心产业衍生出产业文化。不论是哪种方向，作为旅游度假小镇都必须明确自己独特的文化定位，只有特色鲜明的文化主线，才能保证项目建设和产品构建一直在强化“IP”的道路上，因为只有能够体现特色的“IP”才能在产业后期实现长年盈利。建设体育特色小镇需要重视文化因素，让文化成为小镇的灵魂，从文化战略高度上，使体育文化对产业发展产生更大的综合附加值。霞慕尼小镇是产城一体的具体体现，是展示法国风土人情的最佳之地，其滑雪产业已成为“休闲法国”和“浪漫法国”最重要的一方面，引人入胜，让人流连忘返。我国在体育特色小镇规划时，需要在文化、产业、生活的高度上寻找更高的战略制胜点，打造独一无二的文化“IP”，提高产业附加值，通过虚实结合的方式，让小镇更具影响力。

(四)利用消费驱动，增强旅游辐射力和小镇外向度

无论是法国霞慕尼体育特色小镇，还是瑞士达沃斯小镇、新西兰皇后镇，以及美国的尤金、布鲁明顿和莱克星顿小镇，这些体育特色小镇的共性就是利用消费驱动来增强旅游辐射能力，通过体育与旅游的结合，让体育文化传承和体育旅游深度结合，产生更多的驱动力。体育旅游和体育文化是特色小镇的基质，也是打通体育产业跨界融合的重要渠

道。体育旅游是特色小镇的外来驱动力，通过调动游客市场的积极性，带动更大的体育消费力，与体育产业联动，提高小镇的外向度。因此，体育特色小镇不仅要有产业驱动力，还要使体育与相关产业相融合，让体育文化旅游更加具有吸引力。

（五）营造生活吸引力，打造生活新空间

打造体育特色小镇的最终目的是打造新空间，营造生活吸引力，满足人民对美好生活的需要。体育特色小镇的主体都是人，建设的出发点和落脚点也是为了人，要为人民提供一个优质的生活平台。所以，体育特色小镇的宜居宜业氛围也非常重要。通过现代科技手段及丰富的生活配套服务设施打造宜业、宜游、宜居的休闲氛围，这样的特色小镇才有归属感和吸引力。例如：法国霞慕尼体育旅游小镇、瑞士达沃斯小镇、新西兰皇后镇以及美国的尤金、布鲁明顿和莱克星顿小镇都是最适合人居住的小镇，无论企业总部人才还是其他领域的高级人才都愿意在这里工作、生活和度假。

（六）立足未来对生态进行保护，完善相关政策机制

让度假小镇能持续发展下去的关键是对生态的保护，优质的生态游览环境是游客选择旅游地的重要因素。度假小镇想要发展、产生更大的经济收益、制造更具影响力的“IP”，在跟随市场需求热点时，大家会越来越追求在极致的生态环境中开发特色度假产品。想让此类“IP”拥有经久不衰的影响力，那么在对生态的改造和利用上就需要当地政府和规划部门对生态有清晰的认识和严格的控制，只有与自然生态共生的极致野奢度假产品才能为度假小镇带来持续性的经济收益。

总之，体育特色小镇已成为体育产业供给侧结构性改革的具体实践，是我国推进经济转型与升级的重要抓手。随着我国经济社会发展和人们的体育消费水平提高，发展体育产业开始从规模扩张向质量提升阶段逐步转型。建设体育特色小镇符合人民对美好生活的需要，也是发展

体育产业和促进经济发展的内在需要。建设体育特色小镇，要紧密地围绕地域“软价值”展开，避免“千镇一面”，更重要的是要重视文化因素，立足人文基因，深挖人文资源，从运动项目选择、体育产品供给到体育场地设施布局，都要“立足产业、突出特色”。进入新时代，我国的体育特色小镇进入快速发展时代，可以吸取法国的霞慕尼运动休闲小镇在运营思维、产业驱动、消费引导、旅游辐射、生态保护、生活吸引等方面的经验与启示。

第三节　英国温布尔登网球小镇

英国的小城镇建设在整个英国城镇化进程中发挥了举足轻重的作用，特别是英国的温布尔登网球小镇的建设和运营可以为我国建设体育特色小镇提供一定的经验借鉴。随着我国乡村振兴战略的深入推进，城乡一体化和中国小城镇发展为新时代建设体育特色小镇和促进体育产业发展，提供了难得的发展契机。英国政府构建了立法规划与民众参与的双重管理和制约机制，为城镇化的科学发展提供了政策保障，不仅加大对小城镇基础设施建设和农村公共服务的投资力度，小城镇也充分利用自身优势资源和政府的优惠政策，对驻镇投资企业提供贷款倾斜和土地优惠政策，积极吸引外来企业和社会资本进行投资。同时，在小城镇建设过程中注重本土资源的挖掘，发展当地优势产业，为小城镇发展提供持续的产业支撑，促进农业人口充分就业，提升城镇化的发展质量。小城镇处于城市与农村的过渡地带，推进小城镇建设对整个国家的城镇化与现代化极为重要。英国城镇化的发展模式可以为我国乡村振兴战略的实施提供宝贵的经验借鉴。温布尔登是位于伦敦西南部的一个小镇，自1877 年开始在该小镇举办网球赛事，也就是今天所称的“温网”。由全英俱乐部和英国草地网球协会创办的温布尔登网球锦标赛是现代网球史上最早的比赛，就在温布尔登网球小镇举办，是网球精英们积极参加的全球级别最高的赛事，该比赛于每年 6 月最后一周至 7 月初定期举行，已经形成了传统。温布尔登小镇因网球特色而闻名于世，不仅拥有一定的产业基础和较好的自然环境，还吸引了大量的游客前来消费，在各种新兴产业的支持下，一度繁荣发展。

一、温布尔登网球小镇简介

温布尔登是英格兰伦敦西南部的一个地区，位于旺兹华斯以南，大伦敦郊区泰晤士河畔的金斯敦以东。它是伦敦富人区的“第二居所”，是一个代表着尊贵和神圣的小镇，也是英国权贵的后花园、社会名流和文体明星的聚集地。它位于伦敦市中心往西南方向 12 千米，有跨过泰晤士河著名的普提尼桥。温布尔登分为温布尔登村和温布尔登小镇两部分。温布尔登村是一个中世纪便形成的小村庄，一条主街贯穿于整个村子，是温布尔登的重要组成部分。而温布尔登小镇则靠近建设于 1838 年的火车站，因为出入便捷，许多在伦敦市内上班的白领居住于此。这里是温布尔登网球锦标赛和新温布尔登剧院的所在地，还有温布尔登公馆，也是伦敦最适合家庭居住的区域之一（见图 3-3）。

图 3-3 英国的温布尔登网球小镇

自1877年以来，这个仅1万多人口的小镇，拥有数百年来不变的安详，但每年夏季有两周却非常热闹非凡，温布尔登会成为全球的热点和聚焦中心，作为世界最古老和最具声望的网球赛事四大满贯之一的温布尔登网球锦标赛在这里举行，每年为温布尔登这个小镇吸引来数以万计的观众和游客。温布尔登网球锦标赛是全球四大网球公开赛中历史最为悠久的赛事。温布尔登没有特别的支柱性工业，温布尔登网球锦标赛自举办起，就以巨大的吸引力带动着小镇的基建、旅游、餐饮活动相关产业的发展。在基建方面，球场持续翻新刺激小镇经济增长。特别是14号、15号球场将扩展地基，新的餐馆、照相室、训练馆将开始修建。此外，还有64个大大小小的建设项目开展，总投资会达到千万英镑级别。在赛事用品方面，温网每年要消耗50000余个网球、超过350000杯茶和咖啡、超过28000千克草莓。在旅游方面，温布尔登网球博物馆、球场是游客参观的重要景点，著名的温布尔登手巾在赛事期间可以卖出约28600包。另外，迷你型小球场可供球迷们在排队间歇打球娱乐，还有大牌球星候场对弈；帐篷露营也是旅行的重要活动。据英国媒体报道，温布尔登住户如果选择在温网赛事期间出租房屋，收入约为其一年工资。总之，温布尔登小镇因网球锦标赛而出名，通过依附于温网赛事之上，当地居民的生活水平普遍较高。

二、温布尔登网球小镇的建设与运营特色

（一）以网球赛事为核心，带动周边发展

温布尔登小镇以网球赛事为发展核心，温网作为全球四大网球公开赛中历史最为悠久的赛事，在网球史上占据着举足轻重的位置，是网球爱好者们向往的天堂（见图3-4）。温布尔登具有幽静美丽的天然环境，修葺平整的绿草地，木质的记分牌和看台，场内身着紫绿色服装的捡球小童，等等，吸引着球员们怀着朝圣的心情去参加。球迷们吃着鲜草莓冰淇淋，沐浴在初夏的细雨中，享受着比赛带来的快乐。

图 3-4 温布尔登网球锦标赛的场馆

温布尔登网球锦标赛是由全英俱乐部和英国草地网球协会联合举办的，但实际上全英俱乐部控制着比赛，包括每届大赛的数百万美元的门票收入。温网的观众可达 30 万人以上，而观看电视实况转播的人次则在 5 亿以上。温布尔登现在有 18 个草地、9 个硬地和 2 个室内球场，每年只有在 5 月中旬俱乐部举行聚餐会时才会全部开放，让会员比赛时使用，当然每年的温布尔登大赛是在草地球场上进行的。

(二)特别的赛事，独树一帜的文化

温网的比赛看台是木质的，也是四大满贯中唯一的草地比赛。可容纳一万多人的看台，却无看球盲区；参赛选手须穿着白色球衣，球童穿着绿色制服；女球手姓之前被冠以“小姐”或“夫人”，男选手则直呼其姓；温网不按照世界排名来定种子排位，而是通过选手的草地比赛表现给出排位；温网的场地里没有一块广告牌，而几大主要赞助商如劳力士、汇丰、依云等却深入人心。让球手们远离了商业气息浓烈的现代赛场，让人感受到一份愉悦心灵的竞技。2004年，一部叫《温布尔登》的电影问世，这是温布尔登为了宣传自己而请了英美两位明星而拍摄的电影。虽然电影未引起多大轰动，但是温布尔登却因为举办温网而享誉世界，温布尔登运动品牌也开始在全球销售，并得到人们的喜爱。

(三)丰厚的奖金吸引力

温网作为世界历史最为悠久的网球赛事发源地，其知名度不言而喻，而每年不断增加的奖金也是吸引选手参赛的一大重要因素。1984年，温网男子单打冠军奖金为10万英镑，女子单打冠军奖金为9万英镑；1985年男单冠军奖金为13万英镑；1987年男单冠军奖金为15.5万英镑；1991年男单冠军获奖金24万英镑，女单冠军获奖金21.6万英镑，甚至第1轮遭淘汰选手也可获得一笔奖金，男子奖金3600英镑，女子奖金2790英镑。如今，相对于美网2600万英磅奖金、澳网2300万英磅奖金、法网2200万英磅奖金，每年共有2700万英磅奖金的温网理所当然地成为了奖金最多的公开赛，并且温网是男女运动员奖金平等的赛事。

(四)独特的建筑比赛场地

温布尔登新中央球场的可伸缩屋顶出自设计公司Populous之手，面积为5574平方米。有了这个独特的屋顶，球场将不再受到降雨的影响。在这个屋顶的帮助下，球场能始终保持干燥，同时射入的自然光能够制造出户外比赛的感觉。屋顶采用的是一种名为Tenara的材料，透明度为40%，可收缩几千次。温布尔登现在有18个草地、9个硬地和2个室内球场。其中，中心球场是决赛举办地，可容纳观众15800人，1号球场则可容纳观众11400人，2号球场能容纳观众4000人，3号球场可以容纳2000人。比赛举办时，现场观众累计可达30万人以上，而观看电视实况转播人次则在5亿以上。

(五)赛事用品销售

据温网官方统计，2014 年观众们在温布尔登吃掉的奶油草莓杯超过 142000 份，消耗草莓超过 28 吨，奶油超过 7000 升。伦敦本来就是世界闻名的创意之都，而温布尔登的赛事组织者也实在高明，“两个交叉的球拍”这一图标被他们开发得非常充分，当杯子、毛巾、钥匙链、U 盘这些普通东西被烙上这个印记，价值就不同了。2016 年，温网的赛事总收入达到 2.03 亿英镑，其中门票、食物和周边商品贡献约 5000 万英镑，赞助商和供应商贡献约 4000 万英镑，剩余的 1 亿英镑则来自转播分成。最终，赛事净利润为 4200 万英镑。

(六)网球+旅游

温布尔登网球博物馆、球场是游客参观的重要景点，著名的温布尔登手巾在赛事期间可以卖出约 28600 包；另外，迷你型小球场可供球迷们在排队间歇打球娱乐，还有大牌球星候场对弈；帐篷露营也是旅行的重要活动。另外，温布尔登草地网球博物馆还是世界上最大的草地网球博物馆，曾获得 2007 年伦敦旅游最佳体验金奖和 2007 年伦敦无障碍旅游铜奖，2008 年又获得欧洲博物馆年度奖的特别推荐奖。丰富的馆藏，独特的人性化设计，令博物馆成为温网游客的必去之地。最后，温布尔登公地还是伦敦地区最大的公共绿地，面积达 460 公顷，毗邻里士满公园，距离主街五分钟路程，可以说是逃离伦敦喧闹城市生活的一个绝妙去处。这里池塘、湖泊星罗棋布，无论是散步还是野餐都很适合，也可以进行骑马、自行车、高尔夫、足球等运动。

(七)媒体宣传效应

温网的主要收入来源于电视转播，而这些电视转播无疑也为温布尔登小镇的宣传提供了一个绝佳的平台。在英国本土，BBC 是温网的指定转播商，双方已经合作了 80 年，而双方的新合同至少持续到 2024

年。据《每日邮报》透露，BBC 每年向温网支付的转播费高达 6000 万英镑。另外，ESPN 也在 2011 年与温网签订了为期 12 年的转播合同，每年的转播费用在 2500 万英镑左右。再加上其他地区贡献的 2500 万英镑转播费，光电视转播这一项，温网每年就能够进账 1. 1 亿英镑。在实现赛事良性运营的同时，温布尔登小镇也通过这些媒体的转播镜头提升了自己在世界范围内的影响力。一个小镇因为一项运动火了，成为温布尔登这个地方的主要标志。

第四节　瑞士达沃斯体育特色小镇

本节以瑞士达沃斯小镇为例，分析其发展背景及运营模式，从地理特色、运营模式以及产业发展来总结达沃斯小镇发展的经验。提出对中国建设运动休闲小镇发展的启示：建设完整的产业链以及不断强化的文化资源；创造体育空间并且营造文化氛围。

一、达沃斯小镇简介

达沃斯(Davos)小镇(见图 3-5)隶属于瑞士格劳宾登州，位于瑞士东南部格里松斯地区，坐落于一条近 20 千米长的兰德瓦瑟河的达伏斯谷地，海拔约 1530 米。它靠近奥地利边境，是阿尔卑斯山系最高的小镇，也是阿尔卑斯山区空气最为纯净的地方。正因为这样的特殊地理环境，造就了达沃斯小镇冰雪运动的发展。

瑞士达沃斯小镇在欧洲人心中是任何城市都无法取代的神圣地方，主要是因为达沃斯的美景，高耸的雪山、静谧的湖泊和温馨的小木屋，在这里可以使人们忘记一切不愉快。而达沃斯干爽清新的空气，被人们视为各种肺病患者最佳的疗养地，也经常被称作保健圣地，因而也被称为“健康度假村”。达沃斯是瑞士境内阿尔卑斯山脉观光的经典路线——“冰河列车”必经的一站。达沃斯拥有欧洲最大的天然冰场，它拥有“欧洲最大的高山滑雪场”的头衔，是世界级和欧洲级高山冰雪运动赛事的重要赛址之一。同时它也是全球最负盛名的世界经济论坛“达沃斯论坛”的举办地。①

图 3-5　瑞士的达沃斯小镇

二、达沃斯小镇的发展历程

（一）空气极佳医疗圣地

达沃斯小镇在很久以前因为空气而为人知。在 19 世纪一个偶然的机会让德国医生亚历山大发现了这个空气质量极高的地方。当时肺病还是不可治愈的，而达沃斯因为海拔高，四面环山，空气干爽清新，因此对保健有极大的帮助，也是各种肺病患者最佳的疗养地，健康度假村因此而得名。此后达沃斯的医学氛围日益鼎盛，虽然现在有许多医院改成

① 顾显芝．达沃斯：靠空气出名的小镇[J]．中国地名，2015(11)：34-35.

酒店，但是并未动摇达沃斯医疗在医学界的地位。

(二)旅游与体育协调发展

1877 年，欧洲最大的天然冰场在达沃斯建成，吸引了许多世界级的选手前来训练，这里的冰雪项目发展迅速，在这几十年里，达沃斯根据体育消费者的需求，不停地完善体育与旅游的环境。1900 年后，达沃斯更加重视发展休闲旅游，完善休闲、体育运动设施建设。达沃斯也因此建设了许多相关设施，如世界第一条雪橇道、第一条滑雪索道、第一个高尔夫球场等，达沃斯很快成为一个全年旅游胜地。20 世纪起，达沃斯成为国际冬季运动中心之一。达沃斯拥有欧洲最大的天然冰场，世界级的选手都在这里训练。此外，达沃斯还有一座冰雪体育馆，每年达沃斯的国际赛事不断，如世界锦标赛(花样滑冰、速度滑冰、冰球、滑雪、阿尔卑斯滑雪、跨国滑雪等)等各项体育比赛。

(三)会议聚集世界闻名

1969 年，达沃斯会议中心建筑部分建成，这也是达沃斯迈向新领域的一个开端。从那以后的 40 年中，达沃斯不仅承办了许多会议，更使一些世界知名会议在这里安家。其中最著名的是世界经济论坛(WEF)年会，自 1970 年以来都在达沃斯举办。世界经济论坛也称“达沃斯论坛”，在时间的积淀当中催生了市场需求，成为一个以研讨世界经济领域存在的问题、促进国际经济合作与交流为宗旨的非官方国际性机构，达沃斯小镇也因此闻名。1987 年，世界经济论坛让达沃斯走入了全世界的视野中，每年的年末岁初，全球政要在此举行会议，纵论经济动向。达沃斯在瑞士注册了非营利基金会，在无政府支持的前提下坚持着商业化的运作，为自身创造收益，同时一直坚持为全球的经济发展服务，目标明确，具有运作高效的会员制结构。

三、达沃斯小镇的体育项目运营模式

瑞士达沃斯小镇借助当地的气候条件，发展体育休闲运动和旅游业。从20世纪开始，达沃斯一跃成为国际冬季运动中心之一，一年四季都有着不间断的各项体育赛事，如世界锦标赛(花样滑冰、速度滑冰、冰球、滑雪、阿尔卑斯滑雪、跨国滑雪等)，是世界十大滑雪胜地之一。它是“欧洲最大的高山滑雪场”，电缆车可达海拔1530～2610米的滑冰运动场。这里拥有欧洲最大的天然溜冰场，冬天可以在此滑雪、滑冰，进行丰富多彩的活动(见图3-6)。现在体育运动和旅游业是瑞士达沃斯小镇的主要经营项目。

图3-6 达沃斯小镇的高山滑雪场

随着达沃斯小镇的不断发展，其在环境上的独特性，使得它在医疗和旅游方面都有不可替代和复制的特点。达沃斯在原有的旅游资源中，以滑雪、滑冰等活动不断发展壮大其旅游业，增加旅游业的趣味性和知名度，吸引各界名流，逐渐形成完整的产业链条，带动小镇进一步发展。达沃斯最先成名得益于它独特的医疗资源，而后的世界经济论坛更是确立其独特地位的开始，该论坛传递出来的自由、平等的学术精神，也在小镇发展过程中起到了重要的作用，在发展小镇时注重文化资源的保持与利用。达沃斯小镇在发展过程中可以说是及时地把握了市场需求，适时地推出特殊事件来发展经济。

四、达沃斯小镇的发展体系架构

（一）多元化的体育赛事和运动项目

达沃斯是阿尔卑斯海拔最高的小镇，也是瑞士最寒冷的小镇之一，依靠独特的地理位置条件，其体育赛事项目发展迅速。达沃斯在这得天独厚的条件下，拥有了欧洲最大的高山滑雪场，滑地高度达2840米，在310千米的滑雪坡道上有50多个登山吊车，从滑雪处乘20千米火车即可到达哥斯达斯。达沃斯有帕森、詹姆斯霍恩等6个主要滑雪场，共有325千米的滑雪坡道和75千米的山地滑雪线路，还有穿城雪橇道和冰道、达沃斯冰球场等。另外，达沃斯也有网球、攀岩、壁球、羽毛球、射箭、室内高尔夫球场和雪地高尔夫等运动休闲设施。自20世纪起，达沃斯就成为国际冬季运动中心之一，各种体育赛事不间断。

（二）独具特色的达沃斯论坛

达沃斯论坛是世界经济的风向标。达沃斯论坛已经成为世界政要、企业界人士以及民间和社会团体领导人研讨世界经济问题最重要的非官方聚会和进行私人会晤、商务谈判的场所之一。① 每年论坛开始的时候，都会吸引各界的商业头脑前来参会。并且在参会期间，达沃斯论坛

① 达沃斯论坛回顾：达沃斯论坛年会进入第46个年头[J]. 中国林业产业，2016(Z1)：36-41.

不设固定席位，任何人都可以参加，营造出一种公平公正的氛围，使大家都有机会可以参与到这个会当中来。

(三) 完善的基础设施和配套服务

达沃斯小镇居民人口约有 1.3 万人，小镇每年接待大约 230 万人，单单是每年滑雪旺季，前来旅游度假的人就有 70 万之多，所以达沃斯小镇的基础设施和配套服务都发展得比较完全。

便民服务：达沃斯小镇虽然占地面积较小，但是酒店却有很多。另外，配备有冰雪运动项目的专营店满足游客的购物狂欢体验，同时也有一些娱乐休闲设施，使游客得到放松和休息。

观光交通：在达沃斯可以乘坐马车观光整个小镇，也可以乘坐冰川快车。冰川快车连接着瑞士的代表性高山疗养胜地，也可抵达达沃斯，是瑞士最受欢迎的全景观火车游览路线。

培训服务：达沃斯有许多滑雪学校，提供 3 岁以上人士的滑雪小组课程，每组 4~8 人，费用约为每小时 20 瑞士法郎。同时，学校也提供私人课程，可自行决定授课地点，费用为半天 200~250 瑞士法郎。指导员大多持有瑞士的滑雪指导员资质 SSA(Swiss Snowsports Association)，且拥有丰富的滑雪经验。

目前，瑞士达沃斯小镇的服务配套设施齐全，交通住宿条件便利。每年承接赛事和会议的次数不断增加，使小镇经济发展迅速，丰富人民生活的同时也进一步提高了当地人民生活的质量。

五、对中国体育特色小镇建设的启示

(一) 立足现有优势资源，多元化开发小镇功能

我国强调体育产业转型升级，在微观创新上，国家主张培育体育特色小镇，从小处着手，以小带大，以体育特色小镇带动整个体育产业的创新和发展，为体育产业的资源整合和转型升级注入新的活力。随着我

国经济的发展和人民生活水平的提高，人民对体育的消费占比逐渐攀升。要根据当地的自然资源和文化氛围，进行体育休闲小镇建设。建设的过程中要避免雷同现象的出现，尽量突出当地的特色。一方面，小镇内山地与湖泊众多，四季分明，这有利于小镇在非雪季开展登山、漂流、垂钓、高尔夫等户外运动。而在雪季，小镇又可以凭借丰富的降雪量等优势开展冰雪等运动。另一方面，小镇人口相对稀少，多数地区自然原貌保存完好，这有利于开展滑雪、高尔夫、跳伞等占地面积大或者需要避开人群密集区的活动。同时，建设运动休闲小镇要体现出小镇功能的多元化①。

(二)完善基础设施与配套服务，为形成产业链创造条件

特色小镇建设的核心在于产业的发展。农业部原常务副部长、中国农业经济学会会长尹成杰表示，发展特色小镇应从产业抓起，以产立镇、以产带镇、以产兴镇。评价一个小镇发展的成功与否，主要还是看小镇的经济。而估量一个小镇发展是否可以持续发展，则要看小镇是否形成了一个完整的产业链。我国的小镇发展目前存在的主要问题是缺乏一定的产业基础。在发展小镇经济的时候，如果没有自己的特色产业、产品，没有产业的支撑，特色小镇在发展过程中难以抵挡经济的波动。同时，体育特色小镇管理人员应该以比赛场地和场馆建设为中心，建设打造体育类公园、极限运动场地、滑雪场地、健身路径、骑行道等体育活动空间。所以我国在发展小镇经济的同时，要注重完善基础设施的建设与产业链的形成。

(三)营造体育空间，创造文化氛围

随着国家从政策层面推动体育特色小镇的发展，目前全国各地兴起

① 陈磊，陈元欣，张强. 国内外体育特色小镇建设启示——以湖北省为例[J]. 体育成人教育学刊，2017，33(3)：41-45.

了体育特色小镇的建设热潮。课题组调研中，鲍明晓研究员指出："体育特色小镇的评价指标应该是能与小镇的风貌特性相匹配，包括乡村饭店、整体景观风貌、其他服务业支撑、民宿等都应该具有鲜明的体育特色。"①从中我们可以看出，我国建设运动休闲小镇要立足于小镇的自然资源、传承小镇地域体育文化、营造小镇体育空间形态、塑造体育特色文化品牌，发展具有历史记忆、地域特色、民族特色的体育特色小镇是我国体育特色小镇建设需要关注的重点。

在建设小镇的过程中，我们要注重将运动元素整体融入。要在保护原生态自然环境和小镇本土特色的基础上，确立小镇整体建筑风格，营造具有体育特色的小镇空间形态，从小镇的整体建筑风貌、乡村饭店、民宿、纪念商品到运动场所、标牌、交通道路标识、引导系统等都应具有鲜明的体育特色和体育氛围。同时，加强小镇体育文化建设。设计规划具有小镇原生文化的体育赛事，以赛事激发群众的体育热情，持续推动小镇体育文化培育，使小镇具备浓郁的体育氛围，发挥体育文化的引领作用，强化体育文化的凝聚力与辐射力，使体育小镇可以持续发展。

达沃斯小镇的发展得益于当地天然的地理条件，更得益于达沃斯经济论坛。在发展过程中，达沃斯传达给世人一种公正平等的态度。正因为有达沃斯论坛这样的享有世界级美誉的会议存在，促使更多世界级会议在该地召开，进而促进了当地的酒店服务业的快速发展。同时也促进了滑雪业的不断发展，使前来旅游体验的人剧增，这无疑使达沃斯旅游业快速发展。达沃斯小镇的案例告诉我们，发展特色小镇经济的时候，一定要与当地的文化结合起来，既要形成一种文化产业来支撑小镇发展，又要做到一种文化的融合和发展。

---

① 叶小瑜，谢建华，董敏．国外运动休闲特色小镇的建设经验及其对我国的启示[J]．南京体育学院学报(社会科学版)，2017，31(5)：54-58.

第五节　意大利蒙特贝卢纳体育特色小镇

意大利的体育产业相对于英国、法国和德国等欧洲强国起步较晚。直到20世纪中叶，意大利还处于由农业化、乡村化向工业化、城市化的发展进程当中，客观上制约了意大利体育产业的发展。“二战”后，意大利政府大力发展工业，逐步跃进经济发达国家之列。在这一过程中，意大利的体育产业也开始迅猛发展。据欧盟委员会公布的体育产业数据，1990年意大利体育及相关产业对国民经济的贡献值达167.75亿美元，占到当年GDP的1.04%，在国民经济各行业中跻身前10。而在20世纪90年代，有着“小世界杯”之称的意甲领跑全球之时，相关文献表明，1993年，意大利体育市场约占全球体育市场的5.1%，排名世界第四位（当时美国排名第一，约占34.8%；日本排名第二，约占10.1%；德国排名第三，约占8.5%）。进入21世纪以来，2000年的数据显示，意大利体育产业占GDP的比重为4.64%，达到500亿美元。值得一提的是，虽然意大利在欧盟中的科技创新能力不及瑞典、荷兰、丹麦和爱尔兰等国家，但在体育科技创新领域却在欧洲处于第四位。①意大利的蒙特贝卢纳（Montebelluna）小镇位于意大利北部特雷维索省，属于体育产业型特色小镇。20世纪70年代，蒙特贝卢纳镇成为世界著名的冰雪运动小镇和运动鞋生产基地，其盈利方式突破了体育小镇“体育+旅游”模式的传统观念，打造了新的盈利模式，对当下我国建设体育产业型体育特色小镇具有重要启示。因此，本节以意大利蒙特贝卢纳小镇为例，研究总结其发展经验，从小镇概况、发展历程、发展模式等方面总结小镇建设的成功经验：形成鲜明的体育产业特色；构建科学合理的发展模式；结合区位优势及业态资源。由此，总结出我国相关体育

① 风之子. 意大利体育产业：小世界杯神风不再，仍有大量知名品牌[EB/OL]．[2016-06-15]．http://www.lanxiongsports.com/?c=posts&a=view&id=2144.

特色小镇的经验启示：选择符合小镇区位特征的体育产业；发掘和运用科学合理的产业发展模式；增强自身培育的同时积极参与合作；发展主导产业的同时注重城市服务和配套设施建设。

一、蒙特贝卢纳体育特色小镇简介

意大利蒙特贝卢纳小镇(见图 3-7)位于意大利北部，紧邻意大利的制革中心，小镇拥有数百年的手工制鞋历史，小镇结合自身的区位资源以及业态资源，不断发展制造业，从 20 世纪 70 年代开始这里被人们称为“冰雪产业之都”，是意大利典型的体育产业型特色小镇。凭借着顶级的滑雪基础设施、优美的大自然景色和雄伟的阿尔卑斯山脉，意大利成为滑雪、单板滑雪、雪上自由车手和越野滑雪爱好者的天堂。在意大利，至少有 5 个不同区域是冬季运动和滑雪的首选之地，每到冬天，慕名而来的滑雪者络绎不绝。2010—2011 年，意大利在欧洲专利局的体育专利申

图 3-7　意大利蒙特贝卢纳小镇

请中主要领域依次为：①运动鞋、运动服、头盔；②体育器械、冰鞋等及运动场地；③赛车(汽车)的轮胎、自行车结构设计；④人工草皮、红土运动场地的研发与维护；⑤诱饵挂钩装置、草坪的种植等研究。①

蒙特贝卢纳小镇的主要盈利方式和传统的体育特色小镇有所不同，小镇打造了新的"体育制造业+城市服务业"的盈利模式。例如：蒙特贝卢纳小镇以运动鞋生产为中心，形成了一个庞大的运动鞋生产集群，拥有集设计、研发、生产、配送为一体的产业链。随着小镇影响力的不断提升，许多国际知名运动品牌进驻于此，此外小镇还培养了自己的顶级户外运动品牌。目前，小镇所生产的赛车靴占全球约80%、滑雪靴占75%、冰刀鞋占65%、登山鞋占55%、直排轮滑鞋占25%。除了生产运动鞋，小镇的运营内容还包括生产后的服务内容以及城市休闲服务产品等，形成了多元化的运营模式。②

二、蒙特贝卢纳体育特色小镇的发展历程

(一)区位特征，引发制造

13世纪以前，因为蒙特贝卢纳小镇周围有很多山，所以出现了伐木业，并且以伐木业为主要产业。因为伐木工人的需求，登山鞋制造也开始萌发，随后，这种工艺技术开始在小镇不断流传。

(二)文艺复兴，促进制造

14—17世纪，蒙特贝卢纳小镇受到文艺复兴的影响，随着农业自给自足以及制造业的不断传播，小镇开始出现小规模的制造业，并开始生产鞋子。自此，蒙特贝卢纳小镇的制鞋业开始萌芽。17世纪以后，

① Lucy. 体育小镇经典案例研究系列——意大利蒙特贝卢纳镇[EB/OL]. [2017-09-12]. http://www.lureshow.com/ktshow.asp? id=1381&from=groupmessage.

② 侯猛，董芹芹. 国外体育产业型特色小镇建设经验及启示——以意大利蒙特贝卢纳镇为例[J]. 辽宁体育科技，2019，41(5)：1-4.

蒙特贝卢纳小镇紧邻意大利的制革中心佛罗伦萨，为小镇提供了大量的制鞋原材料，所以小镇的制鞋业得以不断发展。

(三)登山兴起，形成产业

19 世纪开始，登山运动在欧洲开始逐渐流行起来，人们开始不断地向高耸的山峰发起挑战，蒙特贝卢纳小镇开始加强登山鞋的制造工艺，为欧洲各地提供登山鞋。20 世纪 70 年代，蒙特贝卢纳小镇因为其超高的制鞋技术和优质的运动鞋产品，成为世界著名的冰雪运动鞋生产基地。此后，小镇的名气不断壮大，开始不断地完善制鞋产业链，形成集研发、设计、生产、配送等于一体的完善的产业链。

(四)大牌加入，享誉国际

20 世纪 90 年代，有许多世界知名的运动品牌开始逐渐重视起登山鞋等户外运动产品市场，并通过各种方式加入到蒙特贝卢纳小镇运动鞋产业集群中来，如 Nike、Rossignol、Lange 等国际知名运动品牌，还有小镇自己培育的国际顶级户外品牌 SCARPA、LA SPORTIVA、CRISPI、AKU、GARMONT。到 21 世纪前，法国、奥地利、美国等体育品牌也都加入到蒙特贝卢纳镇，开始跻身冰鞋、登山鞋市场。蒙特贝卢纳小镇逐渐成为享誉国际的冰雪产业之都。

三、蒙特贝卢纳体育特色小镇的发展模式

(一)产业集群发展模式

蒙特贝卢纳小镇的体育产业发展是以运动鞋业集群的模式来进行的(见图 3-8)。蒙特贝卢纳镇各类鞋生产企业以镇区为中心，在半径约 5 千米范围内沿路发展，形成多个产业集聚区。大型运动鞋生产企业、配套企业及城市配套服务功能交错分布，通过产业链间的联系和便捷的交通网络构成一个“大分散、小集中”的布局，核心体育用品的生产推动

上下游企业的完善，促进服务业集聚，推动小镇特色化发展。整个小镇以运动鞋生产为中心，在制鞋前期聚集有产品研发、产品设计、市场分析、配件生产、模具制造、制鞋机器制造等与制鞋相关的企业和产品，为运动鞋制造提供充足的配套服务。设计、研发和配件生产等相关企业围绕核心生产企业发展，商业、居住等城市配套功能则主要集中在镇区。同时，在产品制造的后期，还聚集有相关的运动鞋商业协会，包括与销售中介、媒体、营销以及物流配送等相关的企业，为运动鞋生产提供服务。整个产业集群的模式，把运动鞋生产从前期、中期到后期的全过程都包括在内，形成了包括登山鞋、跑步鞋、滑雪靴、赛车鞋、足球鞋、网球鞋、冰刀鞋、直排轮滑鞋、溜冰鞋等在内的一个庞大的运动鞋生产集群。此外，因为产业集群模式的影响，使得小镇的影响力不断提升，不仅小镇自身培育出许多国际顶级户外品牌，同时还吸引了大量的其他国际知名运动品牌，加入其中进行合作，制造出更多优质的运动鞋产品。围绕着运动鞋生产企业，聚集了大量研发、设计、款式分析、配件生产、模具制作、制鞋机器及塑胶等产前配套生产企业，以及商业协会、中介、媒体、营销和配送等产后相关服务产业。

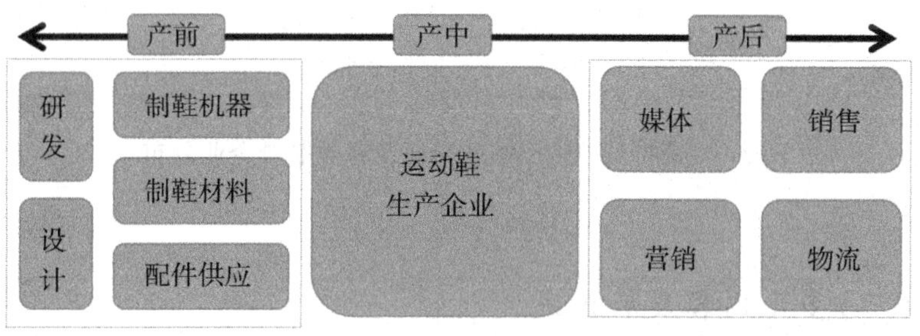

图 3-8 蒙特贝卢纳小镇的体育产业集群发展模式

(二)产城结构发展模式

蒙特贝卢纳小镇的各类制鞋企业在位置上并不是绝对集中的，而是运用“大分散、小集中”的方式进行分布(见图 3-9)。小镇有着发达的交通网络，各类企业都沿着马路进行建设，整体上是以镇区为中心。由于形成了许多小型的产业聚集区，每个聚集区都包含有设计、生产、配送等以制鞋为中心，相关配套产业完善的企业。而城镇中的商业区以及居民住宅区主要集中在镇区，镇区配备有完善的城市服务体系，供城镇的居民使用和生活。这样的模式使得各个功能交错分布，互不影响，又通过交通网络相互联系，为小镇的特色化发展提供良好的发展模式。同时又形成良好的竞争关系，为小镇的创新发展提供良好的环境。

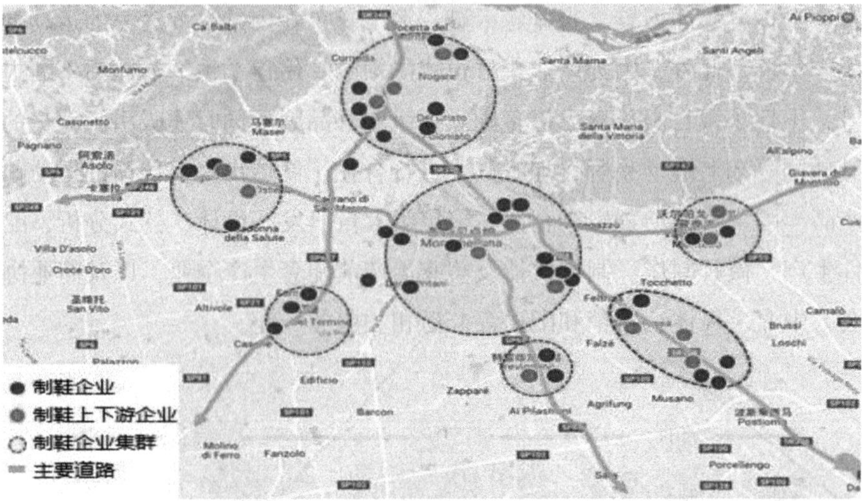

图 3-9 蒙特贝卢纳小镇的交通及各类制鞋企业分布

(三) 多元内容发展模式

蒙特贝卢纳小镇的产业发展并不是单一的，它是以运动鞋制造业为主导，多种产业共同发展的模式。小镇除了顶尖的运动鞋制造产业，还有丰富的城市服务休闲类产业。

酒店服务：小镇建设有类型多样的酒店，包括按摩浴缸酒店、乡村别墅酒店、牧场酒店、农庄酒店。因为小镇位于意大利畜牧业的中心，畜牧业发达，农场众多，有许多酒店都是建设在农场内的，风景十分优美。小镇的酒店服务不仅有完善的配套设施，还充满意大利风情，给游客提供舒适的服务和感受。

旅游观光：小镇建设有丰富的旅游观光景点，有著名的酒庄和葡萄园，可以品尝到当地原汁原味的葡萄酒，以及体验葡萄酒的制作过程。蒙特贝卢纳小镇位于意大利畜牧业的中心地区，所以有许多的农场供游客参观体验。此外，还有自然历史博物馆、特色博物馆、蒙特贝卢纳教堂、蒙特贝卢纳广场内的纪念碑和雕像以及各式各样的古迹，都是旅游观光的好地方，吸引了大量的游客前来参观和体验。

休闲服务：小镇有丰富的休闲娱乐资源，较为著名的有水疗与养身，Bamboo Spa 是小镇最著名的水疗馆，一直深受旅行者的喜爱。小镇主要的休闲运动项目滑雪体验，也深受游客的喜爱。除此之外，还有自然公园、电影院和体育综合体都非常适合游客进行休闲放松。

美食服务：小镇的美食包括有意大利特色的当地美食，有被评为最棒的意大利餐厅的 Antica Osteria La Pigna，还有适合素食主义者的餐厅，以及形形色色的咖啡店、酒吧、面包店，为游客提供丰富的美食选择①。

四、蒙特贝卢纳体育特色小镇的建设经验

（一）形成鲜明的体育产业特色

体育特色小镇的发展，应该以体育产业为主导，要有完整的体育产业链，以体育为核心才能带动整个体育服务产业链。国外的体育特色小镇一部分是以单个运动项目作为主导形成品牌，提升知名度。另一部分

① 搜狐网. 体育小镇发展思路和成功模式[EB/OL]. https://www.sohu.com/a/158924339_99943107.

是以独特的体育产业作为主导，包括体育制造类和体育服务类。而作为体育产业型的特色小镇，并不是以运动休闲为主要项目来发展运营的，而是以体育产业为主要的发展内容，以体育产业为主导，打造符合自身发展优势的特色体育产业。蒙特贝卢纳体育特色小镇的发展，是以体育用品制造业为主，通过打造世界知名的运动鞋生产品牌，以自己独特的历史积淀和区位优势，围绕核心优势建立发展模式，以运动鞋制造提升小镇的知名度，并且将运动鞋制造这个品牌不断优化、创新。由此形成了围绕运动鞋制造的一个巨大的体育产业集群，使运动鞋产业从研发、设计到制作、生产再到销售、配送的整个过程都形成一个整体，最大限度地突出产业特色①。

（二）构建科学合理的发展模式

成功的体育特色小镇应该有科学合理的发展运营模式，这是其具有持续生机和活力的重要内容之一。蒙特贝卢纳小镇的发展模式分为四类：第一类，产业聚集。这样的形式具有高度发达的劳动分工，前期企业、中间企业和最终企业形成了明确、有效的分工，使得生产效率和生产质量大幅提升。集群给产业提供了更多的创新能力，集群的模式将产品的研发和生产分开，有更多的注意力进行产品的研发，使得运动鞋的外观和质量以及所运用的技术手段不断地提高，产业长久不衰②。第二类，产城结构。小镇运用了产城的机构，使各企业形成“大分散、小集中”的模式，产生了很多不同的小型聚集区，并且每个区域都有全套的产业链。这样的模式可以形成良好的竞争关系，不断刺激各企业在产品、市场等领域不断地创新，不断精细化，促进各企业的逐渐成长，提高产业集群的技术水平和多样性。第三类，多元发展。体育特色小镇的

① 鲜一，程林林. 体育特色小镇业态选择——基于产业集聚与区位理论视角[J]. 体育与科学，2018，39(3)：60-68.

② 石秀廷. 体育特色小镇建设的国际经验及其启示[J]. 广州体育学院报，2018，38(2)：39-42，67.

发展不能仅仅只依靠单一的项目，应该力求多元化。蒙特贝卢纳小镇的发展除了占主导产业的运动鞋制造业，还开发有生产观光、购物、休闲娱乐、美食服务、酒店服务等多元产业，在打造制造业品牌的同时，发展休闲旅游度假产业。形成了集运动鞋研发生产、创意设计、休闲度假为一体的生产基地。第四类，对外合作。在对外合作上，蒙特贝卢纳镇当地公司注重与国际知名运动品牌合作，逐渐培育出 Geox、Tecnica、Nordica 等大型企业，形成了核心体育用品的生产。推动上下游企业的完善，促进服务业集聚的特色化发展格局。不仅提升了自身知名度，同时增强产业的发展能力，形成良好的发展环境。

(三)结合区位优势及业态资源

体育特色小镇的建设和打造，应该注重利用小镇现有的资源以及小镇周边的资源，结合地理人文等特色资源来发展体育特色小镇①。蒙特贝卢纳小镇的体育产业发展，第一是以意大利的制革中心佛罗伦萨为依托，可以为制鞋业提供丰富的原材料，同时意大利的冰雪项目以及登山运动都非常盛行，所以登山鞋以及滑雪靴的需求量非常大，当然除了意大利，蒙特贝卢纳小镇的运动鞋还销往世界各地。此外，意大利传统的精益求精的制作工艺也为小镇的制造业奠定了基础。第二，蒙特贝卢纳小镇从最早的为伐木工人制作登山鞋，再到形成小型的制鞋产业，为小镇提供了很好的产业资源基础。小镇从自身的传统工艺出发，不断创新、研发、提升工艺水平，加强国际合作，从而打造成为世界知名的体育产业特色小镇。第三，蒙特贝卢纳小镇处于畜牧业的中心地区，大量的农场资源给旅游业提供了很好的发展空间，同时结合旅游观光、休闲度假，以及当地的意大利风情和文化背景，形成了休闲旅游度假区。

---

① 方春妮. 国外运动鞋业集群的成功机制与启示——以意大利蒙特贝卢纳运动鞋生产基地为例[J]. 武汉体育学院学报，2009，43(2)：48-51.

五、对中国体育特色小镇建设的启示

(一)选择符合小镇区位特征的体育产业

蒙特贝卢纳体育产业型特色小镇的发展，是结合自身优势，运用科学合理的运营发展模式，以运动鞋制造为主导，同时发展冰雪运动休闲度假产业，而形成的世界知名的冰雪运动产业基地，这对于我国体育特色小镇建设有很大的启示。要结合小镇的区位优势以及小镇历史发展中的产业优势，灵活运用现有资源建立产业链。在我国建设体育产业型特色小镇，也应该考虑到各种交通、资源、发展空间、区位、产业基础、文化底蕴、体育发展现状等因素。我国目前体育产业型特色小镇建设正处于起步阶段，小镇在选择主要产业的过程中，过多地参考流行和收益的影响，而忽略了小镇自身的优势和产业基础。所以，在体育产业型特色小镇建设中，要注重合理利用现有资源，包括自然资源、产业资源、人文资源、历史资源等。要因地制宜地进行特色小镇建设，不仅能够凸显自身特色，还可以为小镇建设节约成本。①

(二)发掘和运用科学合理的产业发展模式

通过国外体育小镇的发展经验，运用产业聚集、产城结构等具有优势的模式，并结合小镇自身的交通特点、空间分布，合理安排企业布局，是我国体育特色小镇建设的绝佳路径。目前，我国体育特色小镇建设大多是以体育运动项目为核心，再加以配套的旅游产业、娱乐产业等，以产业园区的形式发展，形成了“体育+旅游”的产业模式。而以运动装备生产为核心的体育特色小镇，对于城市配套服务的建设较为缺乏，所以在体育产业型特色小镇的建设中要注重城市配套服务，形成以

① 董芹芹，沈克印. 法国运动休闲特色小镇建设经验及对中国的启示——以霞慕尼(Chamonix)小镇为例[J]. 武汉体育学院学报，2018，52(6)：20-25.

产带镇、以镇促产的模式。另外应积极运用产城结构、产业聚集等发展模式，努力地扩大产业集群的开放度，形成小镇可持续发展的产业链。

(三)增强自身培育的同时积极参与合作

通过蒙特贝卢纳小镇的建设经验可以看出，在体育产业发展过程中，不仅要注重培育自己的品牌，同时应积极地和国际大品牌合作，一方面提升自身影响力，同时吸收不同的生产经验，为产业注入新鲜血液。另外，通过对外交流能更好地吸引优秀企业加入产业集群，通过吸引外资、鼓励出口和加强本土企业与外资企业间的联系和战略联盟，以及将本土集群与国外集群之间进行比较与借鉴、实地参观调研和人员交流等方式，促进集群之间的合作①。

(四)发展主导产业的同时注重城市服务和配套设施建设

体育产业型特色小镇属于区域经济，和普通的工业园不同，应该具备产业功能、居住功能、休闲功能、配套功能。体育特色小镇建设要注重城市配套服务，不仅可以提供给当地居民进行休闲娱乐，同时可以为游客提供多元化的休闲服务，所以我国的体育特色小镇建设也可以汲取相关经验。另外，体育特色小镇建设本来就会给小镇的体育公共服务以及体育场地设施带来较大的改善，所以在建设小镇过程中可以和新城区建设融合发展，在发展体育产业的同时，结合生态、养生、环保等元素，不仅能提升小镇的整体效果，还可以为小镇提供更多的产业内容，形成丰富完整的产业链。

意大利蒙特贝卢纳小镇作为典型的体育产业型特色小镇，有着成熟的产业发展模式，形成了优质的产业集群。同时，注重城市配套服务建设，将休闲娱乐、旅游度假等很好地融入小镇发展当中，形成了制造业

① 方春妮. 国外运动鞋业集群的成功机制与启示——以意大利蒙特贝卢纳运动鞋生产基地为例[J]. 武汉体育学院学报，2009，43(2)：48-51.

和运动休闲共同发展的世界著名体育特色小镇。目前我国的体育特色小镇正在大量建设中，借鉴国外优秀经验是非常有必要的。在小镇建设中要因地制宜，合理地开发和培养适合我国小镇产业发展的模式，同时注重合作以及配套设施建设，形成优质的体育特色小镇，为实现体育强国目标奠定基础。

第四章　体育特色小镇建设的国内实践

特色小镇的兴起，是国民消费需求提升的具体表现，也是我国经济新常态下发展产业的新动力。建设体育特色小镇不仅可以作为各个省市实现区域产业转型升级的突破口，也是市场这只“看不见的手”的自我选择。在供给侧改革、新型城镇化和全民健身的背景下，在国家政策扶持和体育产业发展的推动作用下，全国范围内出现了“体育特色小镇热”。体育特色小镇作为体育产业跨界融合的新载体，体现了“大体育、大健康、大旅游”的理念。建设体育特色小镇是经济新常态背景下发展体育产业的一个新亮点，对于推进体育产业供给侧改革、促进体育产业转型升级、脱贫攻坚等都具有重要作用。2017 年 5 月，体育总局印发《关于推动体育特色小镇建设工作的通知》，标志着我国体育特色小镇建设正式启动，同年 8 月，国家体育总局公布了第一批 96 个体育特色小镇试点名单。在“改革+融合+创新”的背景下，体育特色小镇建设与文化、旅游、养生等产业融合，形成各具特色的体育特色小镇。本章选取浙江省柯桥酷玩小镇、江苏省南京汤山温泉小镇、河南省嵩皇体育小镇、四川省峨眉山黄湾武术文化小镇、安徽省大圩马拉松小镇、北京市丰台足球小镇、河北省崇礼冰雪小镇、广西马山县攀岩小镇、湖北省京山网球小镇等体育特色小镇案例，研究体育与旅游、文化、休闲、养生、扶贫等元素的融合，探究体育特色小镇的发展现状及成效，分析体育特色小镇在建设中存在的问题，总结经验，为以后研究提供理论与实践参考。

第一节 体育特色小镇的主要特征与形成机理

一、体育特色小镇的主要特征

体育特色小镇是经济新常态背景下做出的主动选择，是孕育创新创业的平台空间，是体育产业有效供给与多样需求的高效对接，契合了现今整体经济发展的模式与规律，有力地推动了体育产业高端要素凝聚、产业转型与升级。特色小镇与传统的行政镇域以及产业园区有显著的区别，具备四大关键特征：深产业、多功能、精布局、新机制。

(一)深产业

体育特色小镇是在特色小镇“一镇一业”的产业定位方针下以体育为特色产生的，因此体育产业作为特色产业是小镇建设的支柱。但是体育特色小镇对体育产业的运用也并非单一的、独立的，是以体育为资源，以观光与体验旅游为手段，同时以满足健身休闲为目的而形成的体育特色小镇。体育特色小镇的深度产业融合是以中高端产业为目标，构筑以体育和旅游为多元要素的新产业链、投资链、人才链等，成为体育产业与旅游产业创新发展的新阵地。根据产业融合理论，体育产业与旅游产业的渗透与融合，改变了传统的生产要素、市场需求及企业策略等要素，打破了产业的独立地位，产生了新的产业业态，改变了原先的市场行为，从而提高了产品供给与需求的效率，以至于极大地提高了产业竞争力。

(二)多功能

特色小镇汇聚产业、文化、旅游和社区四大功能，是特色小镇区别于行政镇域和产业园区的显著特征①。体育特色小镇中这四大功能都围

① 王润涛. 浙江特色小镇建设实践及启示[J]. 政策，2016(10)：71-74.

绕体育核心产业融合发展，从体育产业中延伸出旅游、文化资源，并具备配套社区服务。作为体育产业与旅游产业融合形成的体育特色小镇，其所提供的体育旅游类服务与产品也包罗万象，既包括体育休闲类小镇、体育观光类小镇、体育度假类小镇，又涵盖诸如体育探险类小镇、体育养生类小镇等。体育特色小镇所提供的体育旅游产品种类繁多，体育休闲类小镇包括登山、垂钓、自行车、滑板、风筝、冲浪、帆船、马术等；体育观光类小镇主要依托高水平体育赛事或独特风景形成观光类服务；体育度假类小镇包括高尔夫、冰雪、房车宿营等；体育养生类小镇包括太极拳、武术、瑜伽等传统体育项目。

（三）精布局

基于特色小镇要避免传统城镇的“千镇一面”，需形成“一镇一景”的独特风格，体育特色小镇虽以体育产业为主体，但也追求布局上的精致。首先，体育特色小镇的规划与布局应集中连片，又因体育场地的特殊性，体育特色小镇的面积规划应因地、因项目制宜，不能单纯地借鉴特色小镇小面积的布局。因此，体育特色小镇的“精”应体现在其设计与布局方面，小镇的布局要紧凑，多功能合一，避免土地浪费。又因体育特色小镇所具备的旅游属性，体育特色小镇也要从各自功能定位出发，独特的建筑风格与个性化的设计也凸显了特色小镇高品质的水准。

（四）新机制

特色小镇所蕴含的市场化机制是其持续发展的保障。“新”指的是制度供给具有创新性。体育特色小镇建设之初就拥有了灵活的市场竞争规则，特色小镇的审批不再经由各级部门的多次审批，而是以“建设制”取代。在体育特色小镇的运行中，引进公私合营（PPP）模式，以政府引导，加强顶层设计与制度建设，以企业为运行主体，发挥市场配置资源的决定性作用，并引入社会各界的监督，最终形成“企业主体，政府服务”的创新运行模式。

二、基于产业融合的体育特色小镇形成动力

(一)产业关联性是根本动力

体育产业和旅游产业从本质上看，都属于满足消费者需求并提供服务的服务业，在我国的历史发展阶段有一定的相似性，具备相互渗透和融合的高度关联性，正是基于两个产业所共同拥有的关联性，才形成了体育特色小镇。根据美国产业经济学家里昂列夫的产业分析矩阵模型，体育产业和旅游产业的关联性达 0.21①，说明具备很强的关联程度。体育产业和旅游产业的关联性越高，二者的资源利用率也随之增高。在两个产业融合的过程之中，体育产业为旅游产业提供了新颖、高效的体育资源，旅游产业反作用于体育产业，向体育产业延伸相关服务，这种体育与旅游的资源共享模式是体育特色小镇形成的基础条件，也从根本上推动了体育特色小镇的形成。

(二)消费需求是内在动力

市场需求的多样化增长是产业转型升级的基本支撑。随着经济社会改革的深入推进，我国城镇化由规模城镇化向人口城镇化转型，消费结构从物质型消费向服务型消费为主转型，大众对于健康生活的追求使得体育需求的层次不断提高且呈现多元化趋势，体育市场的消费类型开始由中低端向以体育融合产品为主的中高端转变，并且更加注重个性化与高品质的享受型消费。市场需求的变化带动了体育、文化、旅游等融合型产品的供给，这个动力促进了体育产业中企业的搜寻行为与整合行为②。而体育特色小镇正是为了满足市场中不断提高的消费水平，因此

① 何祖星，夏贵霞. 运动休闲产业与旅游产业融合发展研究[J]. 西安体育学院学报，2015(6)：685-689.

② 金媛媛，李骁天，李凯娜. 基于企业成长视角的体育产业、文化产业与旅游产业融合机制的研究[J]. 首都体育学院学报，2016(6)：488-492.

体育与旅游市场的需求成为体育特色小镇建设的出发点。

(三)技术创新是外在动力

技术是产业之源，技术创新则是产业创新的前提，现代科学技术的运用程度直接影响体育产业与旅游产业融合的宽度与深度，即体育特色小镇的可持续发展能力。技术创新在不同产业之间的传播形成了技术融合①，技术融合使不同产业之间产生了共同基础，并使得不同产业之间的界限模糊化，从而为产业融合创造了条件②。"互联网+"作为现今世界技术进步的代表之作，为产业融合创造了技术条件。"互联网+"既是一种效率工具，又是一种创新引擎，所带来的新型业态的演变已经使之成为体育产业发展的助推器，并且还会形成重新构造、重新组合体育产业的新力量。

三、体育特色小镇蕴含的产业融合过程

在体育产业和旅游产业互动融合的过程中，二者各自独立的产业价值链不断交汇，产业的边界趋于模糊，意味着体育产业和旅游产业价值链的解构与重构，直至产生了新的业态——体育特色小镇。根据产业融合理论，体育特色小镇所蕴含的产业融合过程基本可归纳为技术融合、产品服务融合、组织机构融合、市场融合四个主要阶段。

在技术融合阶段，技术成为体育产业和旅游产业融合的前提条件。通过技术融合改变了体育产业和旅游产业传统的生产技术、生产基础、营销手段、产品种类以及供销流程，又因两个产业具有很高的产业关联性，使得体育特色小镇在产业融合过程中成为共享技术平台。在产品服务融合阶段，体育特色小镇所依托的地理区位、自然风光、民俗文

① 宋婕. 产业融合对产业结构升级的影响研究[D]. 昆明：西南政法大学，2011.

② 李燕燕，高雪峰，兰自力. 我国体育产业融合的动力因素及模式分析[J]. 成都体育学院学报，2014，40(9)：7-11.

化、活动场地等资源既属于体育资源又属于旅游资源，是体育产业和旅游产业互动融合的资源基础。通过整合兼顾了体育功能与旅游功能，共同构成了体育产业和旅游产业的融合。在组织机构融合阶段，会涉及政府机构、企业主体和社会组织的关系问题。在体育特色小镇中，政府是负责顶层设计的引导者，既包括体育行政部门，也包括旅游行政执法部门，而企业是小镇的运行主体，是市场配置资源的主导者，社会组织则承担一些监督、咨询等方面的服务，政府、企业、社会组织的协同合作形成了组织机构的融合。在市场融合阶段，市场需求的不断变化是推动体育特色小镇形成的内在动力，体育特色小镇在市场运作、品牌管理、营销渠道、资本运营等方面进行融合，最后形成市场知名度高、服务水准高、社会效益好的优质体育小镇“IP”。

第二节　体育特色小镇建设的浙江实践：以柯桥酷玩小镇为例

在新型城镇化、健康中国、全民健身等国家战略背景下，建设体育特色小镇成为未来发展趋势，对于在经济发展新常态下发展体育产业、促进产业跨界融合、脱贫攻坚、经济转型升级及城乡一体化发展具有重要的意义。经济新常态背景下浙江省的特色小镇建设是全国的典范，这种引领经济社会创新发展的新模式正在形成一个新的标杆，成为推进新型城镇化和供给侧改革的有益探索。时任浙江省省长李强指出，特色小镇是浙江省为破解空间资源瓶颈、推进新型城镇化和供给侧结构性改革所做出的战略选择。与其他省市地区相比，浙江省的特色小镇建设更为规模化和系统化，成效也相对较好。目前，浙江省已经相继开始了体育特色小镇的实践探索，引发了社会各界的广泛关注。因此，本节以浙江省柯桥酷玩小镇为例，研究体育特色小镇的缘起和内涵、意义及培育路径。

一、浙江省特色小镇建设概况

早在2015年4月，浙江省政府就出台了《关于加快特色小镇规划建设的指导意见》，提出“产、城、人、文”融合理念，在全省重点培育和规划建设100个左右特色小镇，总投资可达2400亿元左右。浙江省要求特色小镇规划面积在3平方千米左右，3年内要完成固定资产投资50亿元左右，而且要建设成为3A级以上景区。2015年6月，10个设区市的37个小镇列入第一批省级特色小镇建设名单，标志着浙江省特色小镇建设进入全面实施阶段。在首批省级特色小镇计划中，政府三年投资了2400亿元，预计在2017年可实现税收收入190亿元左右。2016年1月，公布了第二批建设名单，共有42个特色小镇入围，并同时发布了培育名单。2016年10月，住房和城乡建设部公布了首批特色小镇名单，全国共有127个特色小镇入选，其中浙江省有8个特色小镇，数量最多。伴随着体育产业的政策利好频发，浙江省体育产业也迎来一个黄金发展时期，以体育产业为载体的特色小镇日益受到重视，全省各个地区顺势而为，依托优质自然资源，结合自身体育发展状况，积极建设体育特色小镇。目前，浙江省已公布了两批共51个省级特色小镇培育对象和79个建设对象名单，其中就有包括绍兴柯岩酷玩小镇在内的5个体育特色小镇。

二、体育特色小镇的典型例子：柯桥酷玩小镇

柯桥酷玩小镇于2016年1月入选浙江省级第二批特色小镇建设名单，是全国体育特色小镇建设的典型例子。酷玩小镇位于素有“东方威尼斯”之称的绍兴市柯桥区，全区户籍人口65.0万，暂住人口62.5万，面积1066平方千米，下辖12个镇、4个街道，1个国家级经济技术开发区、2个省级开发区。① 柯桥区经济发达，纺织、装备制造、休闲旅

① 柯桥简介［EB/OL］.［2016-03-18］. http://www.kq.gov.cn/sxxmhw/01/0101/010101/201603/t20160318_391310.shtml.

游、黄酒业等产业优势突出，曾连续多次荣获“中国全面小康十大示范县”称号，多年进入中国县域经济基本竞争力前 10 名。2015 年，全区实现生产总值 1200.1 亿元，财政总收入 160.5 亿元，农村和城镇常住居民人均可支配收入分别达到 29300 元和 50800 元。①

柯桥酷玩小镇处在国家 5A 级柯岩风景区内，交通便利，具有丰富的山水景观资源和厚重的城镇文化底蕴。柯岩区结合当地经济发展现状和特有的山水景观资源，引入“酷玩”理念，通过建设体育项目、完善设施、美化环境等措施，逐步形成以体育健身和旅游休闲为主体的体育特色小镇(如图 4-1 所示)。酷玩小镇规划总面积 3.7 平方千米，预计总投资 120 亿元，利用 3 年时间，力争打造成一个引领“酷玩”运动新时尚的运动小镇，一个能够体验传统小镇地方风情的旅游小镇，一个具有体育旅游产业生态链的产业小镇。柯桥酷玩小镇的建设，有利于激活柯桥居民的运动热情，打造健康的休闲生活方式，对于产业转型升级也具有重要的推动力量，将为柯桥乃至整个绍兴带来经济效益、社会效益和生态效益。

图 4-1　浙江绍兴的柯桥酷玩小镇概貌

① 宋文杰. 项目包带动式的特色小镇规划创新——以柯桥酷玩小镇为例[J]. 小城镇建设，2016(3)：92-94.

三、柯桥酷玩小镇建设特色与成效

第一，在政策支持和制度保障方面。绍兴市高度重视省委、省政府关于特色小镇规划建设的战略部署，于2015年出台了《绍兴市人民政府关于加快特色小镇培育建设的指导意见》，提出土地要素保障、财政返还支持、建立专项基金等政策措施，打造30个左右具有绍兴本土特色的特色小镇。同时，绍兴市成立了以市长为组长的特色小镇培育建设领导小组，建立协同工作推进机制，明确建设责任主体，加强市、县、镇三级联动，确保工作有序进行。柯桥区也积极贯彻落实上级关于特色小镇建设的相关精神，出台了《关于加快培育建设特色小镇的实施意见》《柯桥区加快推进特色小镇培育建设2016年工作方案》《柯桥区特色小镇创建工作考核办法》等文件，为柯桥酷玩小镇建设提供了制度保障和政策引导。柯岩酷玩小镇建设是典型的浙江建设模式，即根据“宽进严定”方式，按照自愿申报、分批审核、年度考核、验收命名等程序，经过3年左右创建，验收达标后认定为省级特色小镇。柯桥区围绕建设酷玩小镇，大力推动城市化，促进柯桥经济社会更好更快发展。

第二，在体育特色小镇的规划设计方面。柯桥酷玩小镇的规划设计突出创新和融合理念，设计规划比较合理科学。柯桥酷玩小镇是浙江省“多规合一”和“融合式规划”的特色小镇典型代表，通过运用一套规划方案，把项目布点、空间布局、建筑设计等多个方面统筹在一起，使各个规划系统之间相互衔接和融合。柯桥酷玩小镇建设是一个耗力、耗财、耗时的系统工程，政府扮演了引导者和监督者角色，特别是在制度供给中突出了创新和融合的理念，合理布局，重视科学规划，体现了“产、城、人、文”相融合的建设要求。柯桥酷玩小镇建设的逻辑起点在于区域经济发展和体育产业选择，通过要素驱动向创新驱动转变，实现体育产业不仅与相关产业进行跨界融合，还与城镇空间布局进行融合发展，在功能上体现出多元与聚合的特征。① 柯桥酷玩小镇建设规划是

① 赵佩佩，丁元. 浙江省特色小镇创建及其规划设计特点剖析[J]. 规划师，2016(12)：57-62

依托产业和自然资源，按照“以水为轴、划分片区、分期开发、串联发展”原则，规划为鉴湖景观水轴、时尚极限运动区、水文化区、高端休闲区、山水游乐区，即“一轴四区”，规划游艇、赛车、自行车、马拉松、直升机等水陆空游线，把各个区域串联在一起。① 除了这些新型体育项目之外，酷玩小镇建设中还重视发展全民健身项目，为群众增添环鉴湖自行车慢行道、游步道等，这些举措大大提高了柯桥人的运动热情，有利于养成健康的休闲生活方式(见图4-2)。

图 4-2　浙江绍兴的柯桥酷玩小镇一角

第三，在配套设施和产业发展方面，成效显著。柯岩街道加大资金投入，重视配套设施建设，为酷玩小镇项目提供空间和创造优良投资环境。目前，柯岩街道已投入15亿元开展了城中村改造工作，投入1.5亿元治理鉴湖沿岸的环境污染问题，投入1.26亿元开展了香林大道二期建设，完成柯南大道等4条小镇区间道路的综合整治。柯桥酷玩小镇

① 侯洁如，周慧敏. 以“酷”的名义玩转休闲时尚——记浙江省绍兴市柯桥酷玩小镇[N]. 中国改革报，2016-11-15.

是政府运用项目包形式，发挥上海华昌企业(集团)有限公司等龙头企业作用，以东方山水乐园和浙江国际赛车场项目为主，再加上乔波滑雪馆、鉴湖高尔夫场、天马赛车场等项目结合而形成的，主要分为体育运动、休闲旅游和公共设施三大类。目前，投资 80 余亿元的东方山水一期正式投入运营，其中风情园拥有世界上最大的室内沙滩综合体、功能最全的室内恒温儿童游乐中心、最大的室内人工溶洞和最先进的室内游乐项目，单日接待游客量最高达 2.2 万人次。在时尚极限运动区，已建成的乔波滑雪馆是长三角地区仅有的一个以室内滑雪为主的大型综合性体育休闲公园。另外，天马赛车场、毅腾足球训练基地、若航直升机场等体育休闲项目为酷玩小镇奠定了坚实的产业基础。总投资约 100 亿元的柯岩东方山水二期酷玩小镇已经于 2016 年 8 月正式动工，预计 5 年完成，将会融入当地社会生活和经济发展之中，带来更大的旅游效应。

第四，以运动项目为载体，凸显“体育”特色。柯桥酷玩小镇拥有乔波滑雪馆、鉴湖高尔夫球场、天马赛车场、毅腾足球训练基地、若航直升机场等体育休闲资源，体现了“体育”的魅力和特质。其中，乔波滑雪馆作为浙江省第一家可提供全年滑雪的运动场所，设有滑雪练习区、儿童戏雪乐园、滑雪专用道等设施，可满足不同年龄滑雪爱好者的运动需求。自 2010 年来，乔波滑雪馆已经举办了 7 届乔波冰雪节，其品牌效应已经形成，吸引了大量滑雪爱好者来馆体验冰雪运动。鉴湖高尔夫球场作为中国最美高尔夫球场之一，是十八洞国际锦标级景观型球场，球道全长 7435 码，标准杆 72 杆，为高尔夫爱好者带来江南水乡别具风情的时尚生活。天马赛车场全长 3.2 千米，拥有 16 个弯角，是我国唯一一个以赛车运动为主题的综合体，是赛车文化的新坐标，在 2017 年承接了梅赛德斯奔驰 AMG 挑战赛和举办了天马耐力赛—玩车嘉年华等活动。2016 年 1 月，中甲毅腾足球俱乐部把主场迁移到浙江省绍兴市柯桥区，并在柯桥酷玩小镇建立了毅腾足球训练基地，为绍兴这座城市增添了一张体育名片。柯桥酷玩小镇不仅为人民群众提供羽毛球、篮球、健身步道、自行车骑行道等大众体育设施，还拓展了滑雪、跑酷、极限摩托、极限轮滑、拓展训练、花样滑板等项目，未来还将建立虚拟极限体验馆、青少年航模基地，增设皮划艇、水上滑翔伞、水上攀岩、潜泳等休闲体育项目，这些体育项目融合了旅游、文化、教育、健康等元素，将形成良性循环的产业体系。

四、柯桥酷玩小镇的建设启示

(一)坚持统筹规划，加强体育特色小镇的制度创新

柯桥酷玩小镇是“多规合一”和“融合式规划”的特色小镇典型代表，在新型城镇化国家战略背景下，培育体育特色小镇建设离不开科学的统筹规划，需要坚持规划先行，通过规划创新，统筹考虑体育产业定位、土地布局、设施配置、空间设计以及生态环境保护等诸多方面。

1. 统筹思维，系统规划

我国其他地区可以借鉴浙江省“多规合一”与“融合式规划”的思路，综合国土、财政、发改、规划、环保等多部门，按照“宽进严定、分类分批”原则统筹培育。各地区要充分利用传统体育项目、人文资源和自然资源，出台相关支持政策，发展特色体育休闲旅游项目。①

2. 因地制宜，突出特色

体育特色小镇的魅力和特质都在于“体育”，生命力也在于“体育”，建设体育特色小镇要凸显“体育”特色。随着人们消费从生存型向发展型转变，体育消费需求水平开始由低端化迈进高级化，由体育用品消费向体育服务消费转变，一些如骑行、攀岩、潜水、滑雪、攀岩等体验性强的体育项目正成为我国产业发展的重点。当前，我国地区差异性较大，各地区要因地制宜，在结合各地发展实践的基础上，突出规划的协调性和前瞻性，不仅要考虑小镇的产业特色、功能定位、数量规模，还

① 周爱光，杜高山. 新常态视野下我国体育产业发展研究[J]. 体育学刊，2016，23(6)：7-13.

要考虑到配套设施、文化挖掘、招商引资、服务管理等问题。培育体育特色小镇，要尊重市场经济规律和城镇化发展规律，运用整套系统方案来规划，政府通过出台政策来引导地方建设的积极性，既要重视产城融合，又要节约土地资源，摒弃“一哄而上”和“乱拆大建”的做法。例如：东北和华北地区依托冰雪资源，打造冰雪小镇；云贵川等自然资源比较丰富的地区，可以发展体育旅游休闲小镇等。

3. 发挥政府职能，提供制度保障

通过政府提供的有效制度供给，简政放权，创新项目审批方式，特色特办，引导市场主体积极参与体育特色小镇建设。建设体育特色小镇需要体育、旅游、财政、国土资源、发改委、宣传部等多个部门参与，这就需要成立专门领导小组，建立工作联席会议制度，以体育部门牵头，加强协调沟通。另外，地方政府要积极落实上级关于特色小镇建设的战略部署，创新制度供给，在体育特色小镇的项目审批、财政资金、土地征用、基础设施、人才引进等方面给予制度保障，特别要在体育场馆建设、体育赛事活动、体育人才引进、健身休闲等项目上给予政策支持。

（二）围绕体育产业，形成产业集聚和促进产业融合

体育特色小镇是融体育、旅游、健康、文化等于一体的大型综合性项目，核心形式就是产业集聚和跨界融合，在培育过程中要因地制宜，围绕体育产业，以互联网为手段，促进技术创新和多元跨界融合。

1. 结合实际，走差异化的体育产业发展路径

体育特色小镇在体育产业项目选择上要充分考虑小镇的资源条件、区域优势、产业基础和人口结构，因地制宜，确立主导产业，并依此整合要素资源，为体育产业长期可持续发展提供配套的政策支持①。培育体育特色小镇的核心要素就是发展体育产业，以富有产业潜力的运动项

① 曾江，慈锋. 新型城镇化背景下特色小镇建设[J]. 宏观经济管理，2016(12)：51-56.

目为载体，走差异化的体育产业发展路径。体育特色小镇不但要以“体育”为本，还要凸显“特色”，这就要细分体育市场，通过提供差异化的体育特色产品和体育特色服务，来提高产业竞争力。

2. 围绕体育产业，以新理念、新载体和新机制来形成产业集聚

体育特色小镇应契合《体育产业发展“十三五”规划》中关于打造“各具特色的体育产业集聚区和产业带”这一要求，通过树立“绿色、创新、开放”等理念，以冰雪、滑翔伞、花样滑板、潜泳、极限摩托、山地户外、武术运动、汽摩运动、航空等运动为重点发展项目，形成体育服务产业生态链，集聚高端要素来提升体育产业。

3. 以互联网为主要手段，推动体育产业跨界融合

我国体育产业迈入黄金发展时期，跨界融合的力量为当下体育产业的发展注入新的动力，未来的体育产业发展将以投资的跨界和运营的融合方式来进行，产业之间的边界不再那么清晰。产业融合加强了体育产业与旅游等其他产业之间的合作关系，避免了部门管理的条块分割，减少了产业之间的进入壁垒和利益之争，从而有效降低了市场交易成本①。培育体育特色小镇，要树立融合理念，以“互联网+体育”思维来促进体育产业与旅游、房地产、文化、健康、教育、金融、养老等产业进行融合，形成新的业态。在“互联网+体育”背景下，未来的休闲体育产业领域将充分利用互联网的技术优势来实现结构优化、技术创新、多元跨界融合。②

(三)以市场为主导，运用市场化方式配置资源要素

十八届三中全会通过的《中共中央关于全面深化改革若干重大问题的决定》提出了“市场在资源配置中起决定性作用”这一重大理论观点，

① 杨强. 体育旅游产业融合发展的动力与路径机制[J]. 体育学刊，2016，23(4)：55-62

② 李东鹏，梁徐静，邓翠莲. “互联网+”背景下休闲体育产业发展趋势、动力和创新路径研究[J]. 广州体育学院学报，2017，37(4)：33-36.

为培育体育特色小镇指明了方向。培育和建设体育特色小镇，在更好地发挥政府检查监督、规范秩序、公共服务等职能的同时，要让市场在资源配置中起决定性作用。

1. 正确处理好政府与市场的关系，避免政府“大包大揽”

体育特色小镇建设要调节好政府与市场的关系，厘清政府与市场的边界，避免政府直接干预内部管理，其不仅要担任“有限”和“有效”的政府角色，还要体现民本、共建、服务的精髓①。政府在体育特色小镇培育中要突出“引导”作用，特别是在编制规划、政策制定、基础设施、民族体育文化保护与传承、生态环境等方面发挥作用。

2. 凸显企业主体地位，让企业成为体育特色小镇建设的主力军

各级政府要从“全能政府”向“有限政府”转变，简政放权，充分释放市场活力，让企业真正成为体育特色小镇的主体角色②。在体育特色小镇建设中，可以探索政府和社会资本合作、专业导向、多元参与等新模式，特别要重视对龙头企业的招商和培育，通过建立科学的收益分配机制、诚信机制和绩效评价机制，让更多的企业参与小镇建设。

3. 加大综合改革力度，优化资源要素配置

土地、资本、人才、科技、信息等是体育特色小镇建设不可缺少的资源要素，特别是土地要素资源，迫切需要消除要素配置中的体制性壁垒，以规范严格、公正透明的竞争手段，不断激发市场活力，提高资源要素的配置效率。可以通过科学布局用地规划、差异化配置新增用地、适度放宽用途管制、全力盘活低效土地、统筹建设资金等措施来破解特色小镇建设中的土地要素配置难题。③

---

① 苏斯彬，张旭亮. 浙江特色小镇在新型城镇化中的实践模式探析[J]. 宏观经济管理，2016(10)：73-75.

② 刘锡宾. 我省特色小镇建设原则和对策研究[J]. 政策瞭望，2015(9)：49-51.

③ 王洪光，杨凯量，党晓荣，等. 优化土地要素配置推进特色小镇建设[J]. 浙江国土资源，2016(7)：29-31.

（四）树立绿色理念，改善生态环境和打造宜居环境

十八届五中全会提出的“绿色发展”理念，既是一种发展理念，也是一个行动纲领，为培育体育特色小镇指明了方向。培育体育特色小镇应树立绿色发展理念，贯彻可持续发展思想，改善生态环境，提供便捷完善的设施服务，创造和谐宜居的美丽环境。

1. 培育体育特色小镇要注入“生态”元素

良好的生态环境是建设体育特色小镇的前提条件和内在要求，也是最普惠的民生福祉。体育特色小镇不仅是产业小镇，也是生态小镇，建设过程中要坚持以生态为引领，做好规划指导和政策支持，在可再生能源利用、土地开发、园林绿化、节能改造、三废处理等方面要遵循生产、生活、生态“三态融合”的发展原则。

2. 加大环境整治力度，保护生态环境

无论是在国家政策层面，还是在地方建设过程中，培育体育特色小镇都强调绿色理念，生态环境保护是一条基本原则。在体育特色小镇申报评定中，发现有严重破坏生态和污染环境的，要行使一票否决。同时，也要发挥新闻媒体的舆论监督作用，宣传先进典型事例，提高社会公众的环保意识，形成良好的生态建设氛围。培育体育特色小镇把改善民生和提高居民的生活质量作为重要目标，要处理好人与人、人与社会、人与自然之间的关系，不仅追求经济效益，还要关注社会效益和环境效益。

3. 以人为本，打造宜居的社区生活环境

特色小镇建设应有的行动逻辑是要产生“小镇如家”的心理归宿感，创造良好的工作、生活、休闲、学习和日常消费的完全型社区生活体系。① 首先，加快完善小镇的配套设施，重点提升信息网络、停车场

---

① 张鸿雁. 论特色小镇建设的理论与实践创新[J]. 中国名城，2017(1)：4-10.

所、水电管网等设施，并加快完善医疗、文化、教育、公共卫生等配套建设。其次，制定优惠政策，吸引创业企业、服务机构等落户小镇，通过开辟绿色通道、引才奖励等措施吸引高层次的创新创业人才。最后，加大宣传力度，营造一个人人参与建设的良好氛围，增强社区归属感，引导小镇居民自觉参与体育特色小镇建设。

总之，体育特色小镇是经济新常态背景下我国发展体育产业的一个新亮点，不仅体现了“生产、生活、生态”三方融合，而且体现了“大体育、大健康、大旅游”等理念。新时期，建设体育特色小镇对于发展体育产业、促进产业跨界融合、经济转型升级及城乡一体化发展具有重要推动作用。浙江省的体育特色小镇建设走在了全国前列，具有较强的引领和示范作用。但是，体育特色小镇的形成和发展受到体育产业发展基础、区域地位、生活环境、政策导向、体育文化、生活方式等多种因素影响。因此，培育和建设体育特色小镇不能一哄而上，盲目开展，而要因地制宜，坚持规划先行，统筹考虑体育产业定位、土地布局、设施配置、空间设计以及生态环境保护等诸多方面。培育和建设体育特色小镇，在更好地发挥政府检查监督、规范秩序、公共服务等职能的同时，要让市场在资源配置中起决定性作用，通过政府、市场、社会等多方力量，优化资源配置，促进产业融合，改善生态环境，走差异化的发展路径，满足人民群众对美好生活的追求。

第三节　体育特色小镇建设的江苏实践：以南京汤山小镇为例

南京市汤山温泉旅游度假区是江苏省首批确定的 8 个体育特色小镇之一，与所在当地政府缔结合作方案。协议提出，政府将以奖补方式援助合作建设，对首年内按时实现建设工作且与建设要求相符的，直接发放 40%奖补资金；完成评估后资助剩余 60%，同时在建设运营体育基础设施、开展体育赛事活动、培育体育人才等建设要素上给予政策扶持。① 2016 年 4 月，江苏省确定了建设太仓电竞小镇、张家港凤凰足球小镇、南京老山有氧运动小镇②。2017 年 5 月，江苏省趁热打铁加紧颁布了《关于加快发展健身休闲产业的实施意见》，文件表明注重创新，简政放权，市场主导，突出产业，融合聚集，以构建体育特色小镇促进体育休闲产品供给和消费快速提升，为推动经济增长增加新动能，为江苏完成“强富美高”的新目标③，即“经济强、百姓富、环境美、社会文明程度高”，推进“两聚一高”新实践作出新贡献④，即“聚力创新、聚焦富民、高水平全面建成小康社会”。南京汤山新城通过温泉小镇获取了国家和政府投资和扶持，完善了当地交通及生活配套公共设施建设，提高居民收入水平，形成富民产业链，促进产村融合，探索出一条以体育特色小镇助力乡村复兴的江苏路径，为我国其他省市建设体育特色小镇提供了很好的经验借鉴。

一、江苏省体育产业发展概况

（一）江苏省概况

江苏省位于我国东部沿海地区，处于长江、淮河下游，东临黄海，北连山东，西接安徽，东南紧靠经济发达的浙江省和上海，有着强大的

① 江苏省体育局. 关于开展体育健康特色小镇建设工作（苏体经〔2016〕92 号）[EB/OL]. [2018-04-02]. http://jsstyj.jiangsu.gov.cn/art/2016/9/12/art_40721_3104475.html.

② 江苏省体育局. 关于做好体育健康特色小镇共建推荐工作（苏体经〔2016〕93 号）[EB/OL]. [2018-04-02]. http://jsstyj.jiangsu.gov.cn/2016/9/12/art_40721_3104476.html.

③ 郑晋鸣. 为“强富美高”标上最好的注解——江苏围绕新目标实现新发展新跨越[EB/OL]. [2018-04-02]. http://cpc.people.com.cn/n1/2017/0917/c412690-29540262.html.

④ 李程骅，丁和平，苏胜利. “两聚一高”：建设“强富美高”新江苏的伟大实践[EB/OL]. [2018-04-03]. http://www.qunzh.com/qkzx/gwqk/qz/2017/201713/201707/t20170707_32285.html.

区位优势。江苏省面积较小，只有10.72万平方千米，地势较平坦，大部分属于平原，多湖泊等水域。江苏省降水充足，四季分明，湿地资源和水资源丰富，特产众多，是我国的“鱼米之乡”。江苏省的自然风光有着独特的江南风情，因其水域广布，形成了众多湖泊，如太湖、阳澄湖、瘦西湖等，丰富的水资源为江苏省特色小镇建设提供了基本条件。江苏省有22个国家5A级风景区，有栖霞山、常州溧阳天目湖、扬州瘦西湖风景区等自然风光，也有苏州园林、周庄古镇、灵山大佛等历史文化风景区。

江苏省经济发达，处于中国经济发展的前沿，是我国的经济大省和经济强省。南京、无锡和苏州经济基础好，是江苏省三大经济强市。江苏省港口众多，是我国的港口大省，对江苏省经济和社会发展有重要作用。2017年，江苏省GDP高达85900.9亿元，比2016年增长7.2%，人均GDP居全国第一，全省经济发展稳定。江苏省围绕“强富美高”的建设目标，基础设置投资高达941.7亿元，交通铁路建设成绩显著，连徐高铁、连盐铁路、沪通铁路等正在建设中。江苏省公共文化服务体系较为完善，民生建设和养老服务水平高，教育水平和规模等位于全国前列。江苏省整体经济、文化实力强，综合实力在全国位居前列，特别是与上海、浙江构成“长三角”城市群，促进了江苏省经济和社会的快速发展。

江苏省是我国吴越文化的发祥地，历史悠久，经济和社会发展都处在全国前列。江苏省有7座历史文化古城，人杰地灵，深厚的历史文化孕育了无数历史文化名人，从古时刘邦、刘备、曹雪芹、孙武、范仲淹到近代钱锺书、朱自清，再到周恩来、瞿秋白等国家领导人，江苏省人才辈出。江苏省省会南京位于江苏省西南部，是中国八大古都之一，古称建康、金陵，具有吴、金陵、中原和淮扬多元文化特征。在古时，南京市长期作为南方经济、政治、文化和教育中心，是“六朝古都”“十朝都会”。在今天，南京也仍然是我国东部重要的交通枢纽和中心城市，是我国重要的航运和物流中心。南京市是我国著名的旅游城市之一，夫子庙、中山陵、明孝陵、栖霞山、鸡鸣寺和雨花台风景区等吸引了大量游客。南京地下水资源丰富，水质优良，丰富的温泉资源是南京汤山温泉小镇建设的基础。

作为经济比较发达的江苏省，以创新体育和城镇化建设发展理念、发展方式率先响应国家建设体育特色小镇的号召。2016 年 9 月，江苏省体育局下达《关于开展体育健康特色小镇建设工作》和《关于做好体育健康特色小镇共建推荐工作》通知，启动主题为“体育健康”的江苏省体育特色小镇培育工作，该政策提出通过省地共建方式，融合体育休闲、康养、文旅、宜居等各种功能，形成全国性的体育特色小镇建设标杆，帮助新型城镇化落实，加速构建体育强省进程。

在构建体育特色小镇的浪潮中，走在前列的江苏省在自然生态、基础设施公共服务、体育工作、运动休闲业态、体制机制等体育产业发展所需的重要方面都有得天独厚的优势。在自然生态方面，江苏省位于中国东部沿海地区中部，处于长江三角洲地区，临近河海，湿地资源丰富，交通便利发达；地形上以平原为主，山势平缓低洼，适于开展体育运动，诸如山地户外运动等；水文上河湖众多，水网稠密，水质优良，如中国五大淡水湖中的太湖和洪泽湖都在江苏，适于开展水上运动；气候温和宜人，雨量适中，以暖温湿润季风气候为主；动植物资源丰富，适于旅游产业发展，自然与人文景观交融，有水乡古刹，有亭台楼阁，有古典园林，有湖光山色，有帝王陵寝，有都城遗址，赋有“吴韵汉风，各擅所长”。在经济方面，2017 年实现地区生产总值 85900.9 亿元，高新技术产业和战略新兴产业同比上年增长 14.4%和 13.6%，创新环境优良，城镇化率达 68.8%，交通、水利等重大基础设施项目完成投资 4100 亿元，如启动南京禄口国际机场 T1 航站楼改造工程，建设连徐高铁，全国最大的内河水运工程长江南京以下 12.5 米深水航道二期基建疏浚工程开工，宁和城际轨道交通一期、宁高城际轨道交通二期工程开通运营，连盐铁路全线铺架及新建站房工程完成。近几年，江苏省第一、二、三产业发展势头迅猛，经济基础稳固，科教文卫发展良好，公共设施完备，这为江苏省的体育产业发展提供了良好的环境，江苏省2015年体育服务业占体育产业总产值的10.5%。根据《“十三五”体育产业发展规划》可知，江苏省体育产业总量已逐渐增加。“十二五”时期，2015年江苏体育产业值为848.96亿元，比2011年增长47.08%，体育产业值占地区生产总值比重比2011年的0.92%提高了0.25%。虽然体育产业发展成效显著，但规模总量不大，结构失调，尤其是体育服务业比重不大；体育产品品牌竞争力不足，社会资本参与度不高，体育统计等基础工作相对匮乏，体育经营管理人才短缺。“十三五”发展目标表示，到2020年，体育产业将解决结构不平衡、种类单一、功能缺失、竞争力薄弱等问题，发展成效和工作水准在国内具有示范性。体育产业规模超过5000亿元，参与体育产业工作数量达110万人；人均体育活动面积达2.5平方米；民众参与健身和体育消费支出意识明显加强，拥有频繁锻炼身体习惯的人数比例超过39%，国民体质合格率超过93%。江苏体育局局长陈刚表示，2017年起已积极响应全民健身号召，促进公共体育服务在不同区域、群体之间平衡发展，大力发展体育产业。一方面，增加公共体育服务设施供给，形成标准化建设，服务水平稳步提升，建成城市社区“十分钟体育健身圈”，其中包括新建的6500千米健身步道、50个笼式足球场、15个拼装式游泳池、1300多个体育公园，同时免费对外开放100个以上公共体育服务设施。另一方面，广泛开展全民健身活动，成功建成科学健身指导综合服务体，群众体育组织建设良好，群众体育赛事品牌影响力稳步上升，使群众健身活动普遍化、常态化。① 所以在自然生态、基础设施公共服务、体育工作等体育产业发展要素充沛条件下，江苏省体育产业发展势头正旺。一方面，体育产业发展政策持续保障，江苏省相继颁布《关于加快发展健身休闲产业》《关于进一步扩大旅游文化体育健康养老教育培训

① 中国体育报. 江苏省体育局局长陈刚解读《江苏省全民健身实施计划》[EB/OL]. [2018-04-04]. http://www.jssports.gov.cn/art/2017/1/19/art_34_112789.html.

等领域消费》的实施意见等政策，并编制完成水上、山地户外、航空、冰雪运动等发展规划。同时将体育产业发展形成科学化制度化运营管理，搭建体育产业发展载体平台，扶植建成省体育产业研究院，将建设体育产业示范基地设为省级体育战略，缔结《长三角地区体育产业协作》协议，鼓励体育产业区域化合营，构建产业集团同盟。另一方面，增加体育产业发展新路径，目前第二批体育特色小镇已投入建设，投资超过350亿元，规范建设体育服务综合平台，持续刺激群众健身消费。同时，扩大体育彩票发行数量并加强监管力度，2017年，体育彩票同比提升12.63%，201.30亿元的销售量位居全国体彩销量榜首。另外，拓宽体育竞赛市场，在国际性重大体育赛事资源上给予扶持，要求显示地方独特自然景象与文化底蕴。2018年，江苏省与国家体育总局合作兴办体育强省，国家将以江苏省为试点，率先开展工作，其中包括贯彻落实体育改革目标，完竣公共体育服务体系，突出竞技体育重要优势，促进体育产业领域扩大版图等，更好地满足人民日益增长的美好生活需要，以优异的成绩向改革开放40周年献礼。①

（二）构建体育特色小镇对促进江苏省体育产业发展的作用

第一，改善体育产业供需错位，推进体育产业供给侧改革落实。随着浙江省首先响应建设特色小镇的号召，江苏省首次在体育领域内构建体育特色小镇文件的出台，在体育产业供给侧改革的号角下，全国各地掀起兴办体育特色小镇的浪潮。自1955年起，我国体育事业从发展初期的“普及与提高相结合”，群众体育与竞技体育共同发展，到改革开放后，为振奋民族精神、实现大国崛起而实施金牌战略，重点发展竞技体育，国际奥委会合法席位恢复。1993年通过《奥运争光计划纲要》，国家承担竞技体育任务，实现高度统一管理，即“举国体制”。2008年

① 陈刚. 广泛开展全民健身运动，加快推进体育强国建设——以十九大精神为指引开创江苏体育发展新局面[J]. 体育与科学，2018，39(1)：1-6.

举办北京奥运会，首次成为金牌榜第一，“金牌战略”目标实现后，国家开始重视体育事业产业化，鼓励竞技与群众体育融合开展。2011 年，体育事业“十二五”规划出台，提出从体育大国转向体育强国，推动群众体育、社会体育发展从“奥运争光计划”转为推动职业化、多元化的运动员培养模式。2014 年，国家下发《关于加快发展体育消费的若干意见》，表明我国体育消费需求已发生转变，体育产业发展势头正猛。

2016 年，国内体育健身市场规模约为 1.5 万亿元，而体育产品相关消费为主要支出渠道。① 该结果和中国体育总局以及统计局对外公布的结果类似，官方数据显示，2015 年中国体育产业总值 1.7 万亿元，占当期 GDP 的比重不到 1%。同年虽然美国体育产业增加值为 5000 亿美元，但却是汽车行业、影视业产值的数倍，占 GDP 的比重超过 3%。然而我国体育实物消费占体育产业的 67%，同比美国高 25%。这些数据说明国内体育发展仍在满足基础需求的初期徘徊，体育赛事、品牌、旅游服务等市场空白区巨大，未来发展潜力十分可观。

然而面对巨大的市场需求空白，江苏省的体育产业供给却不配套。目前，江苏省体育基础产业如体育制造业仍旧出现不规范不完善的现象，体育产品品牌竞争力低下、“山寨”问题严重，体育设施服务无效供给过多，如大量体育场馆运营绩效不佳，甚至省内部分地方政府为冲绩效而出现“多荒多建”现象，体育服务质量不高缺乏行业标准，体育人才稀缺，体育赛事缺乏有效高端供给，城乡区域间发展不平衡，体育产业与其他产业跨界融合程度不高等问题阻碍体育产业成为新一轮经济增长点。体育特色小镇的建设，恰好解决了一系列体育产业发展不平衡甚至滞后等问题。首先，为保障体育特色小镇的建立，政府必须先给予政策扶持，自上而下地引导地方政府、民间企业。社会力量行动起来，以市场主导优化资源配置，在供给侧的制度要素上率先做到改革。其

① 经济学人. 中国开赛：崛起中的中国体育健身产业[EB/OL]. [2018-04-04]. http://www.199it.com/archives/596694.html.

次，小镇的建立也需要大量体育产品的加入，如相关体育基础设施建设，优质体育赛事的引进，确保小镇发展的基础牢固。最后，小镇的建立同样需要与其他产业间的深入融合来打造属于自己的特色，诸如结合地方旅游产业、文化历史传统，吸引大量社会资本涌入，引进与培育人才等，在资本和创新要素上改革，确保体育产业可持续发展，让体育产业在江苏经济转型升级中发挥更大效用。

第二，促进体育产业跨界融合，拉动区域经济又好又快发展。一方面，为保证体育特色小镇能够长远发展，必须形成“小镇特色”，这势必会结合其他产业的优势资源，而任何一个经济形态的发展都离不开投资的大力支持。在人民生活水平提高后，消费需求结构也随之改变，原先传统物质追求转为精神层面追求，消费者对体育文化精神的追求愈发突出，需要不断生产高质量体育产品来满足体育消费需求。促进体育产业供给侧结构性改革，需要金融、投资支持，从“体育金融”角度提升产投融结合，才能真正服务体育经济，甚至推动江苏体育产业走向国际化。另一方面，江苏以往城镇化发展建设中片面强调市场主导，导致区域发展、产业布局不平衡，人口分布不合理；建设方式缺乏系统性、延续性、科学性规划，同质化现象严重；过度依赖土地城镇化，社会问题突出；过分追逐 GDP，严重破坏生态环境，加大城镇发展成本等问题层出不穷。体育特色小镇的建立融合了新型城镇化建设理念，运用经济、政治、文化、社会、生态五位一体的多维构建模式，技术进步、科技创新、实时管控、要素资源集合有助于城镇化小镇的长远发展。① 再者，体育特色小镇的建立也是国家脱贫攻坚工作的内容之一，可以拉动江苏省内经济较为落后地区发展，发扬体育产业在脱贫攻坚工作中的潜在优势。2015 年，我国体育旅游投资 791 亿元，同比增长 71.9%，山地户外、冰雪、水上运动呈现井喷式发展，2016 年起，国内已有 100

---

① 刘海洋，郭丽娜，魏京波. 新型城镇化背景下特色小镇建设[J]. 城市建设理论研究(电子版)，2017(22)：72.

个以上体育特色小镇投入建设，而这些热门户外项目主题所依托的自然环境大多是经济发展中地区，山川绮丽、怪石嶙峋、气候寒冷等对发展传统经济来说恶劣的自然环境，正是户外项目所需的自然条件，成为体育特色小镇建设的首要选择地点。根据江苏省地势地貌来看，经济较为落后的苏北地区山脉较多，这就在一定程度上给当地经济发展带来希望，提高就业率，增加当地创收途径，有助于国家脱贫攻坚工作尽早完成。首先，体育特色小镇的建设离不开规划布局、无形资产开发保护等微观政策，建立健全上下联系、左右统筹的工作机制，协同推进，畅通社会资本进入体育产业市场。江苏省体育产业较苏南地区欠发达的苏北地区应该如何建立，远离一、二、三线大城市的偏远农村地区应给如何解决发展不平衡的问题，这就要借体育特色小镇之手发挥地区优势，延伸产业链条，充分调动地方积极性，合理规划布局，允许多元化差别化建设，激发市场活力，满足消费需求。其次，目前国家大力推动的PPP模式①也同样适用于体育特色小镇的建立。例如，运用投融资回报机制形式规划建设的浙江省体育小镇，吸引社会资本参与体育产业各领域发展，激发社会资本的主观能动性。除此之外，体育特色小镇的建立在一定程度上促进了体育与健康、文旅等产业实现融合发展，推动产业集聚并形成辐射效应，为促进区域经济社会各项事业全面发展增添新动能。②

第三，推动体育产业创新创优，提升体育产业经济结构。首先，任何经济形态保持活力都离不开创新，而创新就在于人才的引进与培育。长期以来，江苏省体育产业专业人才不足在一定程度上制约着体育产业发展，解决好体育产业人才不足的问题，是从根本上促进体育特色小镇

---

① PPP(Public-Private Partnership)，又称PPP模式，即政府和社会资本合作，是公共基础设施中的一种项目运作模式。在该模式下，鼓励私营企业、民营资本与政府进行合作，参与公共基础设施的建设。

② 李明. PPP模式介入公共体育服务项目的投融资回报机制及范式研究——对若干体育小镇的考察与思考[J]. 体育与科学，2017，38(4)：86-93.

发展的关键。体育特色小镇的建立应该以人为本，不仅能引进，而且也能培育高水平人才，这就要求高等学府、社会职业培训机构等院校及社会力量，根据经济发展实情，进行专业改革，培育体育与经济结合的实用型、技能型经营管理人才、专业营销人才等，加速体育产业创新。例如，安宁温泉国际网球小镇的全产业链结构中，体育人才培养成为重点发展项目，海门足球小镇也将培养青少年足球人规划，嘉丽泽高原运动小镇甚至将专业人才培养纳入省级特色骨干院校建设项目、省级运动训练省级特色专业建设项目。其次，体育特色小镇的建立需要解决体育产业近年来体制机制陈冗问题，要对以往的政府主导模式进行改革，在体育产业供给侧改革下，在经济运行中政府和市场应该同时发挥自己的作用。一方面，政府通过财政政策、货币政策等宏观调控手段进行引导，同时完善相关法律法规加强监督管理，减少政策模仿缺乏特色；另一方面，市场通过本身资源优化配置机制主导运行，加强区域整合，协作发展。最后，品牌意识有助于增加体育产业有效供给，使体育特色小镇有自身竞争力，推动体育产业创新创优。江苏省传统体育产品同质化严重，体育赛事等服务业缺乏影响力，建设体育品牌不仅能够有效提高供给质量，而且有利于推动体育赛事拥有成熟运营经历。另外，建设体育品牌也可结合自身特色发扬体育文化，甚至打造享誉国际的体育特色小镇。

第四，深化体育基础产业发展，稳固体育产业发展改革基石。在做好顶层设计、扩大产业融合、创新创优的同时，体育特色小镇要继续前进，必须为体育基础产业稳步发展奠定基石。我国体育产业一直以来都存在着传统体育供给质量低下，且设计低端、基础服务设施不完备、公共体育服务设施不完善等问题。做好体育特色小镇建设工作，势必离不开区域体育基础。在体育产业组成结构中，在国家颁布 46 号文件之前，我国体育用品制造销售占体育产业总量相比 2004 年的 78. 36%下降了 30. 83%，而体育服务业相比 2004 年的 10. 07%上升了 27. 11%，截至 2015 年，我国有超过 3. 8 亿人参与体育活动。这表明，我国体育消费需求已从单一的物质追求上升到更注重健康锻炼精神愉悦的科学化、多元化、个性化和高品质化，体育特色小镇的建立正是满足民众对高水平体育消费的需求。建立体育特色小镇需要完善体育基础服务设施，让小镇游客和居民得到多元化体育活动场所、高品质体育培训服务、个性化体育赛事、完备的体育安全保障机制等体育基础服务，这些服务也是满足小镇运行的日常需要，吸引更多消费群体以及社会资本投入助力小镇可持续发展的必要条件。

（三）江苏省特色小镇建设概况

特色小镇是经济新常态下江苏省推动经济转型和产业升级的一项重要举措，江苏省在中央政策的引导下积极建设具有江苏特点的特色小镇，逐步形成了清晰的特色小镇建设规划和建设模式，一批传承历史经典文化的特色小镇正构筑着全新的“小镇经济”，为江苏省经济的全面发展提供了重要的保障，是全国各地建设特色小镇的典范。江苏省率先成立了江苏省特色小镇官方网站，进入界面便可查阅最近的特色小镇动态以及相关政策。在2016江苏体育产业大会上，江苏省体育局以省地共建模式开展体育健康特色小镇建设，其中南京市汤山温泉小镇、溧阳市上兴镇和昆山市锦溪镇等作为首批8个体育健康特色小镇共建对象，开启了体育健康特色小镇建设之一。其中南京市汤山温泉小镇作为江苏省会的体育健康特色小镇，它的建设成效引起了社会各界广泛关注。2017年7月27日，住建部公示了全国第二批276个特色小镇名单，其中江苏省15个小镇入选。第二批公布的特色小镇名单中，江苏、浙江、山东三省最多，均达到了15个，其次是广东省有14个，四川省13个，湖南、湖北、河南三省分别拥有11个，贵州省、安徽省、云南省、广西壮族自治区各10个，福建省、山西省、辽宁省、陕西省、重庆市、内蒙古自治区各有9个，江西、黑龙江、河北三省各有8个，新疆维吾尔自治区7个，吉林省以及上海市各6个，甘肃省、海南省、西藏自治区、宁夏回族自治区各5个，青海省、北京市各4个，天津市以及新疆建设兵团各 3 个。江苏省入选的 15 个特色小镇分别是无锡市江阴市新桥镇、徐州市邳州市铁镇、扬州市广陵区杭集镇、苏州市昆山市陆家镇、镇江市扬中市新坝镇、盐城市盐都区大纵湖镇、苏州市常熟市海虞镇、无锡市惠山区阳山镇、南通市如东县栟茶镇、泰州市兴化市戴南镇、泰州市泰兴市黄桥镇、常州市新北区孟河镇、南通市如皋市搬经镇、无锡市锡山区东港镇、苏州市吴江区七都镇。

江苏省体育特色小镇在发展理念上，坚持以人为本，把保障人民群众的体育健康需求作为体育特色小镇发展的出发点和落脚点；在发展方式上，坚持由政府主导、社会多方主体参与、市场推动的发展格局；在发展成果上，使体育休闲成为江苏省人民的健康生活方式之一，通过举办国家化的体育赛事活动，提高江苏省在国际上的知名度，增强江苏省人民的地域自豪感，提高对体育文化的认知度。2014 年，南京承办青奥会；2017 年，世界青年沙滩排球锦标赛在南京汤山落幕；2018 年，南京承办世界羽毛球锦标赛。目前，江苏省体育特色小镇建设呈现出发展迅速、特色鲜明、规模宏大、效益良好的发展态势。

二、体育特色小镇的典型例子：南京汤山温泉小镇

南京市汤山温泉小镇位于江苏省会南京市的郊区，是全国四大温泉疗养区之一，不久前，国家旅游局正式批准南京市汤山温泉小镇为“国家级旅游度假区”(见图 4-3)。汤山温泉小镇日出水量高达 5000 吨，常年水温在 60~65 摄氏度，汤山温泉水中包含 30 种以上矿物质和微量元素，对多种慢性疾病疗效显著，因此，汤山温泉小镇最适合发展温泉度假、疗养等养生项目。2016 年 4 月，南京市政府发布《关于优化全市区域功能定位和产业布局的意见》，坚持多规融合、突出改革、错位发展的原则，在南京市郊区规划建设一批具有文化、社区和旅游功能的特色小镇。据南京市政府调查，77%的人知道南京特色小镇规划，汤山温泉养生小镇是知名度最高的体育特色小镇，在这 77%的人中，有近 85%的人知道并了解汤山温泉小镇。汤山温泉小镇将与江苏省体育局展开

合作，计划在两年时间内，共建产业特色鲜明、体育服务便捷、生态健康宜居的体育健康特色小镇。南京市汤山温泉小镇坚持“以重大项目建设引领旅游产业发展”的发展理念，引进重点产业项目20多个，累计投资总额高达230亿元，其中，重点实施体育产业项目，大力发展康复、养生等特色体育产业。同时，将体育与健康、休闲、文化、养老等进行有机融合，组织开展多样化的全民健身活动和多形式的大众体育赛事，加强公共体育基础设施和配套设施建设，完善公共体育服务体系。

图4-3　南京汤山温泉小镇

2017年8月22日，政府发布《关于加快推进国家级汤山温泉旅游度假区发展建设的实施意见》，要求以世界著名温泉小镇和国家级旅游度假区双重定位，推动温泉与休闲体育、旅游度假嫁接互融，完善交通等公共服务基础设施，加强市场监管，推动小镇业态创新，提高小镇影响力。南京汤山温泉小镇是江苏省首批建设的 8 个体育特色小镇之一，与淮安市淮安区施河镇、宿迁市小店镇等 7 个体育特色小镇采取省地共建的模式进行开发，规划面积 865 公顷，城市建设用地 11234.4 亩，占城乡总用地 38.56%，居住用地 2324.85 亩。其中，服务业设施用地占城市建设用地的 31.6%左右，主要用于旅游发展配套娱乐设施、酒店等建设，公共服务与管理设施用地 887.25 亩，主要包含教育、医疗、文化和居住社区用地。

2018 年 1 月，南京市规划局发布汤山《新城温泉片区控制性详细规划修编及汤山温泉养生小镇城市设计》，征求相关部门和专家评审意见，进行汇报论证。汤山温泉小镇整体规划采用“一核两心”“一带四片”的发展布局，以旅游服务为核心，打造健康养老和特色老街服务中心，利用旅游功能联系带，将环山旅游、老镇生活、温泉公园和养老生活四大片区整合，突出汤山温泉小镇温泉度假、健康养老主题，预计汤山温泉小镇可容纳四万人，构建汤山新城。汤山温泉小镇公共基础设施已经相当完善，消防设施、停车场、公共交通以及骑行系统等已经投入使用，未来汤山温泉小镇规划建设四所幼儿园、两所小学和一所中学，宁句城际轨道线 S6 号线、沪宁高速、新宁杭公路等将从汤山新城通过，新城规划中还将建设给水、温泉水、再生水、污水、电力、通信、环卫等工程，完善小镇的公用设施。汤山温泉小镇是“世界温泉论坛”永久会址，同时被授予“世界著名温泉小镇”荣誉称号，以 4A 级建造标准建设，汤山温泉小镇丰富的天然温泉资源是发展体育休闲产业的基础，整个汤山温泉度假村占地 13 公顷以上，温泉度假板块是汤山温泉小镇发展的主要板块。汤山温泉小镇改变传统的温泉疗养方式，重新站在国际化、现代化角度，深度挖掘温泉休闲旅游资源，成为当前长三角地区设施最完善、项目最有特色、发展前景最好、建筑规模最大的健康休闲温泉养生基地。除了温泉养生板块之外，汤山温泉小镇相继建成一批健康特色项目，如真人CS项目、攀岩俱乐部及温泉房车露营地等，别具匠心的房车营地成为人们户外休闲运动的好去处，户外房车营地月游客量约两万人。目前，第二批健康特色项目正在建设当中，其中苏豪健康养老产业园是江苏省2016年重点产业项目，苏豪控股集团公司联合国际知名养老护理运营机构、江苏省中医院及其他教育名校、品牌酒店等共同开发健康养老养生项目，旨在打造世界一流、国家级健康养老产业园区。

三、南京汤山温泉小镇建设特色和成效

（一）制度要素：出台相关政策，重视规划设计

体育产业供给侧改革的重要措施是增加制度供给，江苏省政府为建设好体育特色小镇，出台了相关政策，把汤山温泉小镇等8个体育健康特色小镇作为政府工作的重点扶持和培育对象（相关政策详见表4-1）。2016年9月，江苏省体育局首次印发《省体育局关于开展体育健康特色小镇建设工作的通知》和《省体育局关于做好体育健康特色小镇共建推荐工作的通知》，标志着江苏省正式开始体育特色小镇建设。江苏省体育局与南京市江宁区签署合作共建协议，根据协议，省体育局将通过多种方式给予体育健康特色小镇建设必要的支持，其中最主要的就是国家政策红利扶持。对于小镇产业发展规划、场馆的建设运营、项目投资落地、赛事活动举办等多方面放宽条件、简化程序，并在政策上给予支持和倾斜。在江苏省体育产业指导中心2016年工作总结中，提出要重视体育健康特色小镇省地共建工作，通过编制《江苏省体育产业“十三五”发展规划》，建设体育产业智库，通过多种途径、采取多种模式建设南京汤山温泉小镇。第二批省地共建体育健康特色小镇推荐工作已经展开，表明在供给侧改革背景下，体育特色小镇已经初步取得了一定成效。

表 4-1 江苏省体育产业和体育小镇相关政策

时间	单位	文件名称
2006. 03. 08	江苏省体育局	体育产业发展纲要(1995—2010 年)
2010. 09. 10	江苏省人民政府	关于加快发展体育产业的实施意见
2013. 12. 16	南京市人民政府	市政府关于加快发展体育产业的实施意见
2014. 02. 13	南京市人民政府	关于加快发展体育产业的实施意见
2015. 06. 09	江苏省人民政府	省政府关于加快发展体育产业促进体育消费的实施意见
2016. 08. 05	江苏省体育局	省体育局关于建立体育改革发展试验区的指导意见
2016. 08. 09	江苏省发展改革委 江苏省体育局	江苏省“十三五”体育产业发展规划
2017. 12. 11	江苏省体育局	江苏省体育健康特色小镇评估及认证标准
2018. 01. 18	南京市规划局	新城温泉片区控制性详细规划修编及汤山温泉养生小镇城市设计

(二)资本要素：完善公共设施，吸引社会投资

南京市汤山温泉小镇的公共基础设施建设已经比较完善，景区停车场、消防站、公共卫生间、污水处理中心和旅游导览系统等相关基础配套设施也已经建设完成，游客服务中心、温泉疗养、管养中心和智慧汤山等高级配套设施已经投入运营。可以说，南京市汤山温泉小镇的公共服务体系建设已经达到国家级旅游度假区的标准，服务质量正逐渐接近国际旅游服务质量管理标准。除了公共基础设施和配套设施建设以外，汤山温泉小镇为发展体育休闲特色产业，有针对性地建设了极限运动乐园、运动主题商业街区、马术和攀岩俱乐部等特色产业项目，同时建设

登山道、自行车骑行道、亲水步道，公交巴士、旅游直通车和自行车等基本公共交通体系。汤山温泉小镇在不断完善公共设施的同时还吸引社会投资，举办大众体育休闲活动和赛事，提高汤山温泉小镇知名度，比如“我是轮滑之星”系列活动、“汤山温泉杯”马术公开赛、南京江宁春牛首国际马拉松赛等。

（三）创新要素：明确体育产业定位，促进体育产业跨界融合

在体育健康特色小镇的产业特色和创新上，南京市汤山温泉小镇具有明显的优势和条件，当地的温泉资源非常丰富，温泉是发展健康休闲养生产业最好的载体之一。除此之外，汤山温泉小镇还将体育与健康、休闲、旅游等多种产业要素融合，进行产业创新，促进汤山“十三五”旅游产业转型升级。南京汤山温泉小镇注重发展体育健康休闲特色产业，把温泉度假板块作为小镇的最主要板块，开发多种高端休闲度假产品。目前，当地已经有十余家体育企业，一批体育健康特色项目相继建成运营，如温泉房车露营地、野外真人 CS 项目、马术、攀岩俱乐部等。根据汤山温泉小镇与省体育局的共建协议，将重点发展汤山的体育休闲产业，在新的阶段，重点建设极限运动乐园、运动主题商业街区、苏豪健康养老产业园、温泉房车露营地二期等一批特色项目，建设集健康运动、休闲养生、医疗保健、生态宜居于一体的现代体育产业基地。除此之外，在南京汤山温泉小镇还建成了 3.5 千米登山道、15 千米自行车骑行道、10 余千米亲水步道三大类慢行绿道，自规划建设以来，始终以最高建设标准严格要求，公交巴士、旅游直通车和公共自行车等基本公共交通体系和观光游船、自行车等体育休闲运动设施设备已非常完善，慢行绿道骑行系统已经成为汤山温泉小镇体育休闲产业中最为大众所钟爱的基础项目。南京汤山温泉小镇也多次举办特色大众体育赛事，如南京江宁春牛首国际马拉松赛、“汤山温泉杯”马术公开赛、第二届南京汤山 TT“百联 · 奥特莱斯”杯 12H 单车 200KM 认证赛等，这些赛事致力于将汤山温泉小镇打造成集户外休闲运动、自行车文化体验、温泉休闲度假于一体的运动休闲旅游之镇。

四、南京汤山温泉小镇存在的问题及经验借鉴

(一)存在的问题

第一，汤山温泉小镇建设在土地利用规划上存在房地产化和商业化倾向，汤山新城温泉片区规划土地城市建设用地中，居住用地 154.99 公顷，占城市建设用地 20.69%，商业用地 236.57 公顷，占城市建设用地 31.59%，汤山温泉小镇建设的大方向不应是充满商业气息的旅游区，文化社区功能应该着重突出小镇的体育健康功能。第二，汤山温泉小镇过于旅游片面化，实施双重定位，过于突出旅游发展，不应以旅游风景区来宣传汤山温泉特色小镇，旅游可以作为体育特色小镇建设的起点，但最终目的是要突出温泉特色，坚持“体育+养生”的融合发展。第三，体育特色小镇的长远发展不能依靠“打造”，而是坚持“培育”，杜绝生搬硬套，舍弃小镇自身特色，忽视特色产业的经济输出功能。①

(二)借鉴经验

江苏省采取省地共建模式建设体育特色小镇，省政府体育部门与地方政府相关部门合作共建，将体育产业与公共服务向基层蔓延。体育与养老、旅游、健康等元素的融合，衍生出新业态。坚持社会多元主体参与，给予企业主体更大的发挥空间，吸引投资，对体育特色小镇采取考核之后以奖代补的方式，对体育特色小镇发展提供资金支持，激发了体育特色小镇自身活力。省地共建模式适用于体育特色小镇发展需要，体育产业与养老、养生以及户外休闲运动融合，体现了汤山温泉养生特色小镇的人文关怀，温泉小镇举办体育赛事，提高了汤山小镇的知名度，扩大了小镇影响力。南京市政府要求小镇坚持突出温泉主导产业，坚持

① 本部分参见杨毅然．中国体育特色小镇建设的实践探索研究[D]．武汉：武汉体育学院，2018.

错位发展，注重保护生态环境，合理开发温泉资源，并利用省地共建体育特色小镇培育模式，以世界著名温泉小镇和国家级旅游度假区双重定位小镇发展。在全面深化改革背景下，走中国特色社会主义道路，发展中国特色社会主义市场经济，核心就是要处理好政府有形之手和市场无形之手的关系，在江苏省体育特色小镇的构建过程中同样适用。一方面，政府应该改变过去手续繁杂、层层请示的工作作风，作为顶层设计者，对于体育特色小镇的建设需要深入了解市场需求，考察群众意见，在人民喜闻乐见的基础上制定规划战略，出台能够保障小镇建设质量的相应法律法规等，完善商业化运作机制，减少体育产业大头垄断现象，激发市场活力。如对于参与建设的民间力量给予税收补贴，优化投融资政策，培养优质人才，引进优秀体育赛事等扶持政策，为市场力量的广泛参与提供合理有序积极健康的发展环境。另一方面，市场作为资源配置的决定性力量，小镇的建设不能仅依靠政府指导，仍需要多方参与，发挥参与行业优势，激发建设活力。

建设体育特色小镇要避免同质化现象，要重视结合自身特色，而不是一味重视形式，盲目模仿国外成功案例缺乏内涵，失去核心竞争力。因地制宜，不仅仅是依托当地自然风光等自然禀赋，也要尊重历史体育文化的传承和体育赛事项目等形成小镇特色，同时也要结合当地经济发展情况和基础设施条件，完善产业结构发挥地区优势，在产业基础好、资源优良、创新势头强劲的地区率先建设，作为标杆拉动周边地区发展。从南京汤山温泉小镇的发展现状可以得出，一方面，要继续加强生态环境保护，合理规划开发运营，使小镇得天独厚的温泉资源优势成为可持续发展动力。另一方面，要完善基础服务公共设施，合理布局交通要道，避免交通盲目建设，使小镇内部与周边交通形成科学高效网络系统；增加体育设施，丰富小镇体育基础设施。首先，要改变小镇以“温泉”为核心的单一化发展模式，引入并突出“体育健康”主题，加强各种产业之间的融合，引进知名体育赛事，并学习打造富有自身特色的体育赛事品牌，提高竞争力。其次，对小镇的建设不断增添创新性元素，丰富

“温泉旅游”产品的同时，引进专业的体育经营管理人才，为构建体育健康小镇注入新鲜活力，注意政府政策的有序引导，制定颁布科学有效的扶持政策，同时加强政府和市场运作间的平衡关系，建设符合人民需要的健康小镇。最后，由于2016年小镇才投入体育健康元素建设，缺乏一定的实时监管，政府和企业要加强对小镇建设的实时管控，有助于及时矫正小镇建设中出现的问题，避免浪费国家财力物力，无法完成资源的优化配置。

在大力兴建体育特色小镇的同时，也要对小镇建设实时管控，提高质量，例如旅游度假区里加入体育元素并不能称为体育特色小镇，必须是以体育为核心创立“体育+”模式，谨防个别企业打着发展体育产业的旗号“挂羊头卖狗肉”，到最后成为房地产商牟取暴利的借口。因此政府应当做好实施管控工作，派遣相关管理部门“远程”监控，权责分明，加强监督，重视动态评估，完善市场运行机制，制定标准的规章制度，统一工作方法、工作成效等规范，深入了解群众体育需求市场变动，实时调整相关政策。另外，小镇的建立也应提高体育服务质量，因为服务型产品的消费感受具有主观性、不可控性，所以相关部门应该制定一系列服务标准将体育服务量化、可控化，保证小镇建设有法可依、有理可循。

第四节 体育特色小镇建设的北京实践：以丰台足球小镇为例

一、北京市特色小镇建设概况

（一）北京市概况

第一，自然地理条件。北京是我国的首都，是全国政治、经济、文化、教育、军事和科技中心，位于我国华北平原西北部，面积16410.54平方千米，大部分为山地，平原面积占38.6%。北京地势西高东低，西北为山，东南为平原。北京为典型的温带季风气候，夏季炎热多雨，全年降雨大部分集中在夏季，冬季寒冷干燥。北京市以旧城为中心，向四周扩展改造，保持北京城原本的基本格局和整体风貌。北京的自然风景区虽然与历史文化景区有所差距，但是灵山风景区、香山红叶、凤凰岭、妙峰山、京西草原等依然吸引了无数游客。

第二，经济社会发展概况。北京是全国的经济中心，2017 年地区生产总值 28000.4 亿元，比 2016 年增长 6.7%，其中第三产业增长 7.3%。全市常住人口 2170.7 万，外来常住人口占 36.6%。北京是京津冀城市群的核心，京津冀城市群是我国北方经济的重要核心区，目的是发挥北京的经济辐射作用，带动河北、天津的经济和社会发展，将京津冀城市群打造成为世界级城市群。2017 年 4 月，中共中央、国务院将河北雄安设立为国家级新区，并将其纳入北京城市总体规划，将北京非首都功能向雄安新区疏解和转移。

北京是全国的教育文化中心，有全国最优质的教育资源，有北京大学和清华大学这样的中国顶尖大学，有 27 所 211 院校和 9 所 985 院校，数量居全国第一。北京是中国交通铁路网的中心城市之一，同时是国际铁路运输的起点，北京有五个火车、高铁站，有世界规模最大的北京首都国际机场，北京是中国第一个建设地铁的城市。北京市的旅游景点有 200 多处以上，拥有 7 处世界遗产，旅游资源非常丰富，故宫、长城、天坛、颐和园等名胜古迹世界闻名。2017 年，北京市旅游总收入高达 5468.8 亿元，比上一年增长 8.9%，接待游客近 3 亿人。2008 年，北京举办第 29 届奥运会，是中国唯一一个举办奥运会的城市。

第三，历史文化沿革。北京是中国八大古都之一，历史文化底蕴深厚，曾为五朝帝都，从秦汉以来，北京一直作为北方重镇，是重要的军事要地。三千多年的建城史和一千多年的建都史，为北京留下了众多历史文化古迹和人文景观，帝王宫殿、园林、皇家陵墓、古城墙等建筑，都体现了中国传统的东方古典风格。中华人民共和国成立以来，北京经济快速发展，到现在，北京已经发展成为一座古典与现代结合的国际大都市。北京留下了许多非物质文化遗产，京剧、昆曲、相声、围棋等中华文化源远流长，北京城内依旧保存着四合院等民居建筑，北京小吃种类繁多，老北京十三绝等有口皆碑。

第四，体育产业发展概况。北京是我国竞技体育中心，也是我国举办大型体育赛事最多的城市，2008 年北京奥运会的成功举办，极大地推动了北京体育事业的发展。目前，北京体育产业发展水平在全国处于领先地位。北京体育产业的发展有着其他地区无可比拟的首都优势，抓住京津冀协同发展和 2022 年冬奥会的大好历史机遇，深化体育改革创新，完善北京体育产业体系，促进体育产业升级。北京基础设施完善，公共交通网络发达，是全国智力资源集聚地。体育产业是未来北京经济发展的重要分支，体育特色小镇的建设是北京体育产业发展的新的推动力。2017 年 5 月，国务院办公厅公布的第一批 96 个运动休闲特色小镇试点项目名单中，北京市体育特色小镇占了 6 个，与河北省、湖北省在数量上位居全国前三。

（二）北京市特色小镇建设情况

经济新常态背景下全国正在积极建设特色小镇，这种有利于推进新型城镇化和供给侧改革的新模式，将成为促进北京市疏解非首都功能的新载体。2016 年 8 月 29 日下午，北京市召开《北京市“十三五”时期城乡一体化发展规划》新闻发布会，时任北京市委农工委书记孙文锴在会上指出，“十三五”期间，该市将统筹规划建设一批功能性特色小城镇，提高小城镇承载力，更好地对接非首都功能疏解，起到“桥头堡”作用。从本质上讲，发展特色小镇是我国城市化战略重心向乡镇倾斜的表现，既有一、二线城市资源向周边地区的“溢出”，也有特色小镇对一、二线城市过剩资源的“承接”。按照《住房城乡建设部关于保持和彰显特色小镇特色若干问题的通知》和《住房城乡建设部办公厅关于做好第二批全国特色小镇推荐工作的通知》的要求，住房和城乡建设部在各地择优推荐的基础上，经现场答辩、专家审查，日前对外发布第一批中国特色小镇名单，包含全国 127 个镇，北京房山区长沟镇、昌平区小汤山镇、密云区古北口镇上榜。拟将北京市怀柔区雁栖镇等 276 个镇认定为第二批全国特色小镇，其中北京市特色小镇共有 4 个，分别是怀柔区雁栖镇、大兴区魏善庄镇、顺义区龙湾屯镇、延庆区康庄镇。为承接功能疏解和首都金融功能外溢，长沟镇正在全力打造北京基金小镇。小汤山镇的旅游产业已形成了“名胜古迹、文物博览、娱乐度假、休闲保健、观光农业、民俗旅游”六大旅游产品体系，目前正在打造正北之上的“温泉古镇”。密云古北口镇大力发展文化休闲旅游产业，全力推进国际文化旅游特色镇，将建设打造“打扮历史”的小镇。

北京市推进体育特色小镇建设的模式主要分为三种：第一，加快培育特色小镇特色产业功能的速度，主抓特色产业直接进行培育；第二，利用重大项目落地的机遇，重点开发与项目配套的产业特色小镇；第三，转移城市中心产业，促进郊区周边特色小镇发展。① 据北京市第六次全国体育场地普查统计，北京共有体育场地 20075 个，且大部分体育场地集中在学校。北京地价昂贵，城市中心交通拥堵，因此，北京周边郊区是体育特色小镇建设的最佳选址，与北京市区有一定距离。譬如，顺义区张镇体育特色小镇距北京市区 60 千米，延庆区旧县镇体育特色小镇距北京市区 90 千米，门头沟区清水镇体育特色小镇距北京市中心 92 千米。北京市是全国人才和智力集聚中心，但是，小城镇人才集聚程度较低，市场资源配置相对不够完善，基础设施条件与北京市区有明显差距，这些不足严重制约着北京体育特色小镇发展。体育特色小镇的发展，增强了北京郊区小城镇的人才吸引力，促使交通、教育、医疗等相关配套公共基础设施向小城镇延伸。

二、体育特色小镇的典型例子：丰台足球小镇

北京丰台足球小镇位于北京市丰台区南苑乡槐房村，在“文体强

---

① 蒋梦惟. 北京特色小镇建设未来五年将加速跑[N]. 北京商报，2016-08-30(002).

村”的思路下，将建设占地2200亩的国际足球小镇。南苑乡位于北京市丰台区东部，北距天安门5千米，有“天安门前第一乡”之称。乡域北与东城区、西城区相连，南与大兴区接壤，东与朝阳区牵手，西与花乡、卢沟桥毗邻。属京郊城乡结合部地区。南苑乡交通便利。乡域南端有南苑机场，机场始建于清末，原为军用机场，后开辟民航。西有京开路(北京—开封)，东有京津高速路(北京—天津)，北临北京南站(永定门火车站)，中部有大红门火车站，海户屯有长途汽车站。近年来，南苑乡成为经济发展较快的地区之一。2010年，南苑乡国内生产总值完成14.63亿元，第三产业所占比重超过90%，人均从集体得到的收入达到18288元，上缴税金5.36亿元。

丰台足球小镇以“足球竞技、体育休闲、生态节能”为总体目标，计划在未来3年内建设50片五人制足球场、10片七人制足球场和5片十一人制足球场，另外还包括运动医疗康复中心、足球博物馆、球迷餐厅、球迷客栈和足球学校等设施，为来此运动和休闲的广大足球爱好者及其亲友提供全方位的服务(见图4-4)。足球小镇将囊括足球大厦、足

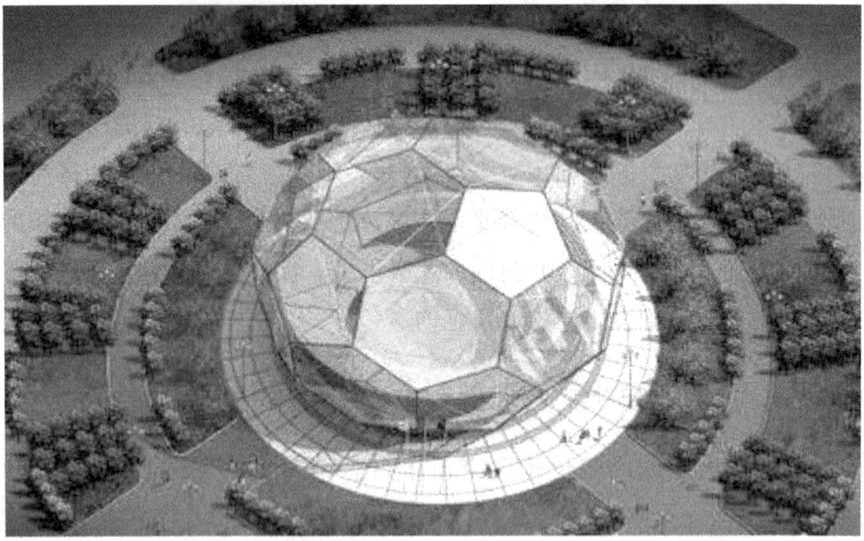

图4-4　北京丰台足球小镇一角

球会议中心、足球风情街、足球博物馆、足球嘉年华、足球狂欢广场、足球奥特莱斯、北京第一座专业足球场等设施，包容足球产业的各个层面，满足各年龄段和不同性别消费者的需求，形成足球产业聚群和产业生态链，打造中国第一个将城市发展和足球发展对接的创新发展平台。

北京获得2022年冬奥会举办权，这将进一步推动我国冰雪运动产业发展，在北京丰台足球小镇内，升级改造再生制砖厂，冰雪谷项目在此落地。冰雪谷项目占地30公顷，建设冰雪小村，小村包含有初级滑雪道和练习滑雪道，同时开放戏雪区和室内滑冰场，打造集游览、娱乐和运动功能于一体的“冰雪生态区”，同时，开设滑雪技能培训区，供人们学习冰雪运动，配备100多名专业教练和工作人员，传授冰雪运动技能，满足人们的冰雪运动需求。在“3亿人上冰雪”的国策下，冰雪运动成为新的体育运动项目热点，冰雪谷项目能够满足群众冰雪运动需求，吸引人们参与冰雪体验，感受冰雪运动项目的乐趣。冰雪谷有可能成为冬奥会专业培训基地，为国家培养更多的冬季运动人才，向更多的人传播奥林匹克精神。冰雪运动与足球运动相互补充，共同促进，足球为主，冰雪为辅，以足球产业为发展的突破口，形成产业集群和产业链，使得槐房国际足球小镇的发展模式成为我国足球改革的样板模式。足球小镇CEO宋青云先生表示，小镇建设的目的是要将体育融入百姓生活，促使冰雪谷项目成为冰雪生活化乐园。槐房村书记张洪先生认为，槐房足球小镇的建设，将推动槐房村成为“文体强村”，促进北京市人民全民健身运动发展。北京丰台足球小镇已经成为我国足球产业的新地标，对推动我国足球产业发展有重要意义。

三、丰台足球小镇建设特色与成效

（一）制度要素：政策支持和制度保障方面

体育产业的供给侧改革的重要措施是增加制度供给，北京市政府为建设好体育特色小镇，出台了相关政策，把北京丰台足球小镇作为政府体育健康特色小镇工作的重点扶持和培育对象。党的十八大以来，以习近平同志为总书记的党中央把振兴足球作为发展体育运动、建设体育强国的重要任务提上日程。李克强总理高度重视足球等体育事业和体育产业工作，国务院于2014年10月颁布《关于加快发展体育产业促进体育消费的若干意见》，2015年3月发布《中国足球改革发展总体方案》，同年8月制定了《中国足球协会调整改革方案》。一系列的举措表明国家对发展体育产业，尤其是把我国足球事业发展好的决心。《中国足球改革发展总体方案》明确提出，“扩大足球场地数量，把兴建足球场纳入城镇化和新农村建设总体规划，明确刚性要求，由各级政府组织实施。因地制宜建设足球场，充分利用城市和乡村的荒地、闲置地、公园、林带、屋顶、人防工程等，建设一大批简易实用的非标准足球场。创造条件满足校园足球活动的场地要求”。槐房村按照产业发展规划国际化、经济化、人文化、科技化、高效化的核心思想，在撤村转居的同时，推动农村集体经济结构调整，改造和升级换代，实现从小农经济到现代经济的转变。

(二)资本要素：配套设施和产业发展方面

在寸土寸金的首都北京的中心城区建设以体育为核心的特色区域，以足球作为平台，汇合文化、技术、健康、创意、产业等多种元素，建立一个全新的城市功能区，推动足球和城市发展，将是未来城市发展的新概念。足球小镇将按照生态做加法、污染做减法的方式建设，保持鲜明的绿色生态特色。引入国际先进的草坪生态水循环系统，最大限度地利用自然水资源(雨水收集回灌)，少量补充再生中水(毗邻北京最大的中水处理厂)，以达到最佳的生态效果。同时，由于灌溉水的回流利用，大大提高了农药和化肥的有效利用，实现最小限度的排放量，力争达到零污染的标准。从运动角度讲，场地无喷头，减少了运动伤害的可能性，因为灌溉时也能使用场地，增加了场地的使用时间。节能工程方面，计划安装太阳能发电系统，太阳能发电是清洁能源，不会加重周边用电负荷；所有照明灯具将选用符合当今节能趋势的LED照明，打造节能环保的足球小镇。当今城市建设智慧化、人性化，足球小镇建设中将创新引入竞技体育和群众体育高度结合的智能场地技术，规划引入同步数据分析系统，通过蓝牙和智能硬件，在运动员结束训练后，同时得到数据分析，有助于训练水平的提高，在专业训练和青训体系中达到事半功倍的效果。不仅如此，足球小镇还开发了专门的APP软件，除了在网上预约场地和约赛的基础功能，还可通过摄像机和智能硬件将运动影像回传到每个注册用户，大幅提高APP使用率，达到线上线下的往复交互，打造京城最大的足球社区。

(三)创新要素：明确体育产业定位，提高小镇高效利用

足球小镇将着重发展以足球运动特性为主的足球产业，向大众开放的足球场可由退役球员承包经营，也可向租场踢球的业余球队提供职业化的教练员、裁判员等，以此解决退役足球运动员就业问题。同时，周边相关产业的发展，将造就大量的农转居人员的就业机会。足球小镇融合足球竞技、足球文化、足球科技各个概念和要素，将是中国第一个使城市发展和足球发展对接的创新发展平台。建设足球小镇，不能局限于大力发展足球运动，还要跳出足球看足球。除了建设场地之外，还可以充分利用国家振兴发展足球事业的各项优惠政策，大力建设和发展壮大体育展示、休闲旅游、足球教育等相关产业，形成足球产业集群和产业生态链，发展足球特色一条龙经济，让足球小镇具有可持续发展的基础和平台，使足球产业成为城市扩容提质、地区转型升级的催化剂。根据北京地区冬季寒冷、不适合开展户外足球运动的气候特点，足球小镇在春夏秋三季开展足球项目，冬季则建设真冰场，开展以速滑为主的冬季体育项目。槐房村将与北京奥运文化促进会建立战略合作关系，利用其下属的中奥广场管理有限公司在场地建设和管理方面的丰富专业经验，从足球小镇规划初期就引入专业化、科学化概念。足球小镇的建设是以“明确主题、完善功能、做强产业、加强管理”为指导原则，通过实施规划编制工程、基础设施提升工程、环境改善工程、产业发展工程、服

务优化工程和素质提升工程，打造一个“主体定位鲜明、建设风格独特、生活环境整洁、基础设施完善、主导产业成熟”的足球小镇。振兴足球是建设体育强国的必然要求，也是人民群众的热切期盼。提升中国体育大国形象，实现体育强国梦，不仅体育界有责，槐房村更以实际行动来支持，推动我国足球事业不断迈上新台阶。

四、丰台足球小镇存在的问题及经验借鉴

（一）存在的问题

第一，足球小镇出现的最大问题就是小镇雷同，目前我国足球小镇大约有十多个，除了槐房足球小镇以外，还有莱茵桐庐足球小镇、青岛足球小镇、都匀足球小镇、清远足球小镇、恒大足球小组、南京苏宁足球小镇、胶州足球小镇、临淄足球小镇等，基本上各个省份都有足球小镇，且基本上都是相互复制，缺乏特色。

第二，政府为了响应国家政策，盲目比拼小镇的建设数量，一个地区建设几个定位雷同的体育特色小镇，缺乏合理规划，盲目开发，导致体育特色小镇有“量”无“质”。目前，我国足球小镇同质化问题非常严重，小镇建设重复过剩，“千镇一面”，浪费社会资源。

第三，部分经济欠发达地区不顾实际情况，盲目跟风建设足球小镇，政府将稳赚不赔的项目自己承包，将投资大、回收周期长，甚至可能亏损的项目交给企业投资，损害企业利益。

（二）经验借鉴

北京丰台足球小镇在我国足球改革和冬奥会的双重背景下，以国家大力发展的足球产业作为主导产业，同时以冰雪运动作为发展的辅助产业，创新体育产业发展模式。足球小镇实行免费模式，为社会大众提供零门槛的运动场地，吸引更多的人参与到足球运动中来。借鉴国外经验，户外山地运动、水上运动、冰雪运动和高尔夫运动占整个运动休闲

市场的4/5，建设冰雪谷项目，广泛开展冰雪运动，同时，解决我国退役运动员的就业问题，为政府减轻负担。北京槐房国际足球小镇建设在废旧厂房的基础之上，变废为宝，物尽其用，节约资源。

足球特色小镇的建成，缓解了北京城区足球场地紧张的现状，满足了更多社会群众的体育需求。"体育+休闲"模式，吸引社会大众体验冰雪运动，推动冰雪产业的发展，承办高端足球品牌赛事，举办足球文化博览会，传播足球文化。北京市政府领导与社会代表、专家等共同考察槐房足球小镇，保障小镇的科学规划设计，政府与社会多元主体参与体育特色小镇建设，共同推动小镇向长远可持续方向发展，北京槐房足球小镇与龙湖地产和荣盛发展集团进行战略合作，与市场多元主体共同参与足球小镇建设，推动京津冀体育产业协同发展，北京槐房国际足球小镇的发展模式值得向全国推广①。

第五节　体育特色小镇建设的河南实践：以嵩皇体育小镇为例

一、河南省特色小镇建设概况

为全面贯彻党中央、国务院关于推进特色小镇建设的精神，河南省积极开展特色小镇培育工作，为提升本省的城镇建设水平和发展质量，下发了《关于申报河南省特色小镇重点培育对象的通知》，该通知详细指出特色小镇的申报条件、申报原则和数量、填报要求、申报程序以及注意事项。河南省共有1808个乡镇，每个乡镇都有其独特的特色资源和历史文化，如何借助这些资源和历史文化，打造具有产业特色的小镇，将是特色小镇建设的首要任务。2016年10月14日，住房部和城

① 本部分参见杨毅然. 中国体育特色小镇建设的实践探索研究[D]. 武汉：武汉体育学院，2018.

乡建设部公布了第一批127个中国特色小镇名单，河南省共有4个小镇入选，分别是焦作市温县赵堡镇、许昌市禹州市神垕镇、南阳市西峡县太平镇、驻马店市确山县竹沟镇。赵堡镇陈家沟是世界独一无二的陈氏太极拳发源地，已成为我国对外交流的亮丽名片，同时也是享誉国内外的四大怀药主产区。禹州市神垕镇围绕“千年古镇”与“钧瓷之都”两大主题，加大保护古镇明清民居风貌，大力挖掘、弘扬、宣传钧瓷文化，进一步提升钧瓷的文化品位和神垕古镇的知名度、影响力，并规划建设了国际陶瓷小镇，聚集186家钧瓷企业，从业人员2.1万人，年产值17.9亿元，让古老的钧瓷再一次走向世界。太平镇充分发挥资源禀赋，大力调整产业结构，形成了以山茱萸中药材种植为主的特色农业，以老界岭风景区、伏牛大峡谷和老界岭滑雪场为主的生态旅游业。竹沟镇抗战时期是中共中央中原局、河南省委所在地，是新四军二、四、五师发源地，刘少奇、李先念等十位党和国家领导人、上百位将军在此工作和战斗过，素有红色圣地“小延安”之美誉。国家住建部公示第二批全国特色小镇名单，河南省有11个镇进入该名单，分别是汝州市蟒川镇、南阳市镇平县石佛寺镇、洛阳市孟津县朝阳镇、濮阳市华龙区岳村镇、周口市商水县邓城镇、巩义市竹林镇、长垣县恼里镇、安阳市林州市石板岩镇、永城市芒山镇、三门峡市灵宝市函谷关镇和邓州市穰东镇。

二、体育特色小镇的典型例子：嵩皇体育小镇

嵩皇体育小镇位于河南省登封市嵩山三皇风景区内，毗连技击文明发源地——少林寺、宋朝理学发源地——嵩阳书院等文明旅游胜地，郑州、洛阳、许昌等都会也在“1小时交通圈”内。三皇寨景区是嵩山世界地质公园、嵩山风景名胜区和嵩山国家森林公园的重要组成部分，是嵩山风景名胜区内一个以山岳自然风光为主的景区，位于河南省登封市嵩山少室山西麓，距登封市区15千米，北与少林寺景区接连交壁，总面积约35平方千米。三皇寨是一处悬挂于少室山腰的天然山寨；自然风光奇特，人文景观丰富，森林环境优美；“嵩山禅院”全称“三皇寨嵩山禅院”

或“嵩山三皇寨禅院”，亦称三皇寨禅院、三皇庙、三皇寺、三皇寨等。

嵩皇体育小镇方案占地面积31平方千米，它依托嵩山斑斓的自然风光，交融赛车、航空体育、爬山、拓展等多种活动项目集为一体，形成了涵盖群众活动体验、参观、餐饮、留宿、会务、采摘、养生等多种元素的户外体育活动主题公园(见图4-5)。体育、文明、旅游、宜居融合，嵩皇体育小镇吸收多种活动类项目进驻，开辟出新型旅游产品线。目前，小镇的赛车体验、卡丁车赛场、飞翔体验、射箭馆、拓展培训、真人CS竞技场、健身活动等多个场馆投入运用，嵩皇体育会议中心酒店全面投入运营，绿色农业基地亦可采摘应季蔬果，养生园各类建设目标也已依照方案完成，于2017年逐渐投入运营。

图4-5　嵩皇体育小镇

三、嵩皇体育小镇建设特色与成效

(一)基本要素：政策支持和保障方面

2015年4月22日，浙江省政府出台《关于加快特色小镇规划建设的指导意见》。同年，特色小镇得到了中央的充分肯定。2016 年 7 月，住建部决定在全国范围开展特色小镇培育工作。8 月 9 日，河南省住房和城乡建设厅下发《关于做好 2016 年特色小镇推荐工作的通知》，全面启动 2016 年特色小镇推荐上报工作。2017 年 7 月底，11 个小镇项目入选全国第二批特色小镇名单后，河南省有 3 个项目走上特色小镇快车道。此次河南省纳入试点的 3 个小镇项目，将一次性获得一定的经费资助，用于建设完善运动休闲设施，组织开展群众身边的体育健身赛事和活动。河南省特色小镇的建设为农村农业转型问题提供了新的解决方法，也让非核心区域的农村获得了产业化机遇。由于房地产市场进入细分市场争夺，传统开发商不断寻找小镇概念，从人文、养生等方面做文章，这与很多地方努力打造特色小镇的概念不谋而合。体育特色小镇的运动特色较为鲜明，更容易满足不同人群的健康休闲需求，便于具有一定产业基础的地域推动产业、资源、社区等功能要素实现融合聚集，更便于因地制宜去进行规划与建设。

（二）资本要素：配套设施和产业发展方面

嵩皇体育小镇位于登封市三皇寨，离千年古刹少林寺不到 20 千米，规划占地 31 平方千米，将赛车、航空体育运动、登山、卡丁车、射箭、拓展、真人 CS 等多种运动与嵩山的美丽自然风光融为一体，打造体育与旅游相结合的户外体育运动主题公园。目前，小镇的赛车体验、卡丁车赛场、飞行体验、射箭馆、拓展培训、真人 CS 竞技场、健身运动等多个场馆投入使用，嵩皇体育会议中心酒店全面投入运营，绿色农业基地亦可采摘应季蔬果，养生园各种建设指标也已按照计划完成，已于 2017 年逐步投入运营。河南嵩皇体育产业有限公司、河南大宇通用航空有限公司、河南户外人体育用品有限公司和来自服务行业的龙道国际集团共同结盟，成为战略合作伙伴，力争打造一个大众喜爱、争相参与，运动体验和配套服务完美融合的新型运动乐园。借助著名风景区，探索体育项目集聚。河南登封被誉为“功夫之都”“武术之乡”，体育小镇借助于少林寺的影响力和武术产业基地，兴起马拉松、汽车拉力赛、登山等其他运动项目，逐渐向多元化旅游产业方向发展。

（三）创新要素：明确体育产业定位，打造户外体育运动主题公园

嵩皇体育小镇依托体育运动和赛事，走新型体育和旅游产业相结合的道路，潜心打造展示登封特有地貌景观、人文历史、旅游文化、运动项目的综合平台，为提升登封的知名度和美誉度添砖加瓦，为加快完善登封城市建设框架提供体育板块的支持。嵩皇体育小镇为了丰富登封旅游产业链、打造全域旅游新业态，以户外运动和体验项目为主，探寻体育产业全民化、商业化、娱乐化的发展途径。同时，借助于中国汽车拉力锦标赛登封站、休闲徒步文化节、山地车比赛等职业赛事或全民健身赛事，扩大体育小镇的品牌影响力。2015 年和 2016 年，嵩皇体育小镇已经两次成功举办了国家级汽车拉力赛事——中国汽车拉力赛（CRC）。嵩皇体育小镇依托体育和赛事，走新型体育和旅游产业相结合的道路，潜心打造展示登封特有的地貌景观、人文历史、旅游文化、运动项目的综合平台，为提升登封的知名度和美誉度添砖加瓦，为加快完善登封城市建设框架提供体育板块的支持，丰富了登封旅游产业链，打造了全域旅游的新业态。

第六节　体育特色小镇建设的安徽实践：以大圩马拉松小镇为例

一、安徽省特色小镇建设概况

随着供给侧结构性改革的深入推进，在经济新常态背景下，作为特色小镇的模范，浙江省以其丰富的内涵、独特的模式、显著的成效，在全国上下引起了广泛的共鸣。安徽省正在积极开展适合本省实际情况的

特色小镇建设工作，2016 年 11 月，安徽省省委、省政府在《安徽省五大发展行动计划》中提出：立足产业“特而强”、功能“聚而合”、形态“小而美”、机制“新而活”，推进一批特色小镇建设。该计划的提出标志着安徽省特色小镇的建设踏上了新的里程碑。2017 年 7 月 20 日，安徽省人民政府发布了《关于推进特色小镇建设的意见》(简称《意见》)，提出到 2021 年，培育和规划建设 80 个左右省级特色小镇，重点打造一批特色小镇样板，形成示范效应。《意见》详细说明了特色小镇的具体建设目标、申报条件、申报程序、政策支持以及保障措施(详见附录 2)。《意见》的发布深入贯彻习近平总书记系列讲话，特别是视察安徽重要讲话精神，牢固树立创新协调绿色开放共享发展理念，根据省第十次党代会和省五大发展行动计划的战略部署，立足产业“特而强”、功能“聚而合”、形态“小而美”、机制“新而活”，培育建设一批产业特色鲜明、生态环境优美、体制机制灵活、人文气息浓厚、宜业宜居宜游的特色小镇，成为我省创新创业新高地、发展动能转换新样板，为省五大发展、美好安徽建设提供有力支撑。

二、体育特色小镇的典型例子：大圩马拉松小镇

大圩马拉松特色小镇位于安徽省合肥市包河区，东临南淝河，南望巢湖。绿肥水美，物产富饶，自古就有“合肥粮仓”“鱼米之乡”之美称，是合肥打造“大湖名城、创新高地”的生态板块和湿地公园，是环巢湖生态旅游的一颗璀璨明珠。全镇现有人口 2.4 万，辖 15 个村，面积 37.92 平方千米，是国家级农业综合开发区、国家级无公害农产品生产基地。近年来，大圩镇先后荣获“全国文明村镇”“国家 AAAA 级旅游景区”“国家级生态镇”“全国农业旅游示范点”“中国民间文化艺术之乡”“全国休闲农业与乡村旅游示范点”等 14 个国家级荣誉(见图 4-6)。大圩葡萄也先后获得了“农产品国家地理标识”“国家绿色农产品 A 级认证”。大圩镇是全省最早发展乡村旅游的乡镇，2003 年，一场“绿色大圩”葡萄文化旅游节，拉开了大圩镇从“农区”向“景区”转型的大幕。如

今作为合肥市滨湖新区的生态高地，大圩镇主动融入安徽新中心，围绕打造“都市农业新沃地、文化创意产业新基地、环巢湖休闲旅游新福地、国际品质生活新高地”，借力滨湖新区发展、环巢湖旅游示范区建设的历史性机遇，引领二次创业，努力实现由“景区”向“高地”的迈进，加快建设全国最美的临湖近城休闲旅游型乡镇。

图 4-6　大圩马拉松小镇

2015 年 9 月，大圩镇创新举办了“2015 中国大圩马拉松文化节”，通过深度挖掘马拉松文化，成功举办了国内首次马拉松文化展和特步特跑汇、马拉松摄影大赛、马拉松高峰论坛、大圩马拉松赛等系列活动。大圩马拉松文化节得到了国家体育总局田径管理中心领导的充分肯定，进一步推进了大圩乡村旅游的转型升级，为大圩马拉松小镇的建设工作建立了坚实的基础。2016 年 2 月 24 日，“生态大圩国际半程马拉松赛”通过审核，正式成为国家田径协会的注册赛事，成为全国正式注册的 107 场赛事之一。2016 年，政府投入 1.7 亿元打造马拉松专用赛道，为跑友提供补给、医疗、文化方面的设备，打造全国首条马拉松专用赛道，将为马拉松爱好者带来极致体验。结合景区基础设施建设，建设体育公园、体育游园、景区体育休闲广场等设施，努力将大圩镇打造成全省乃至全国有名的体育(休闲)特色小镇。

三、大圩马拉松小镇建设特色与成效

(一)制度要素：政策支持和保障方面

2017年，安徽省体育产业工作会议召开，省政府积极推进各地规划建设一批体育特色小镇、体育生态公园、体育旅游综合体等重大体育产业项目。按照规划，预计到2020年年底，安徽省将打造20个体育特色小镇。安徽省有独特的省情，在发展特色小镇上需要从现有的基础出发，借鉴国内外的成功经验，制订符合安徽省省情的特色小镇建设计划。安徽省政府为建设好特色小镇，出台了相关政策支持与保障，把大圩马拉松小镇作为重点发展对象。2017年7月20日，安徽省人民政府发布了《关于推进特色小镇建设的意见》，提出到2021年，培育和规划建设80个左右省级特色小镇，重点打造一批特色小镇样板，形成示范效应。为加强对特色小镇建设工作的组织领导和统筹协调，安徽省人民政府办公厅成立了关于特色小镇建设领导小组，省委宣传部负责特色小镇宣传推广工作，指导挖掘特色小镇文化内涵；省发展改革委负责特色小镇规划布局和特色小镇项目储备库建设，协调支持特色小镇项目列入省重点建设项目，做好特色小镇年度考评、期满考核工作和领导小组办公室日常工作。在政府的大力支持和制度的有力保障下，安徽省特色小镇正在快速发展，大圩马拉松小镇正在积极开展中。

(二)资本要素：配套设施和产业发展方面

安徽省大圩马拉松小镇以PPP模式与政府达成战略合作，将4A级景区大圩镇打造成中国首个“马拉松小镇”，利用时尚体育项目+知名景区优势，发展以马拉松为特色的运动休闲旅游。波动体育正联合华米科技将此赛道升级为马拉松智能赛道。“依托景区将体育产业融合成新城区建设，在创新体育类项目和设施带动小镇建设的同时，融入除体育产业以外的文化、旅游、养生等其他功能，打造生态、养生的综合性服务区。”合肥市政府投入 1.7 亿元专项资金投资修建全国第一条马拉松赛道，为跑友提供补给、医疗、文化方面的设备，打造全国首条马拉松专用赛道，将为马拉松爱好者带来极致体验。结合景区基础设施建设，建设体育公园、体育游园、景区体育休闲广场等设施，努力将大圩镇打造成全省乃至全国有名的体育(休闲)特色小镇。目前镇域森林覆盖率达到 57%，适合跑步的道路总长有 102 千米，被评为安徽省森林城镇、国家生态农业 4A 级景区。立足于良好的生态环境和基础设施条件，大圩镇在 2015 年 3 月就提出建设安徽省首家体育特色小镇，围绕打造安徽省首家体育特色小镇，相继举办了马拉松文化展、特步特跑汇、光猪跑、粉蓝跑等 20 余场赛事，参与人数超过 10 万多人。2016 年开展了合肥首场女子粉蓝公益跑、奇装异服跑、大圩半程马拉松赛、婚纱跑、公益马拉松、葡萄马拉松、狗狗迷你马拉松赛、光棍跑、大圩全程马拉松赛、情侣跑暨马拉松音乐节等诸多赛事。

(三)创新要素：明确体育产业定位，促进体育旅游产业快速发展

在体育特色小镇的产业定位和创新上，安徽省大圩马拉松小镇具有明显的优势和条件，地理位置优越，为省城合肥的“上风口”，东临南淝河，南濒巢湖，绿肥水美，物产富饶，自古就有“合肥粮仓”“鱼米之乡”之美称，是合肥打造“大湖名城、创新高地”的生态板块和湿地公园，是环巢湖生态旅游的一颗璀璨明珠。大圩镇是全省最早发展乡村旅游的乡镇，加上当地马拉松体育赛事如火如荼地举行，加快推进了体育旅游产业升级。推动体育旅游发展，要更好地发挥政府作用，建立健全体育旅游的宏观管理体系，提高体育旅游产业的科学化管理和服务水平，要充分发挥市场在资源配置中的决定性作用，通过简政放权，放管

结合，引导社会力量共同兴办体育旅游，不断丰富产品和服务的供给。抓赛事活动和旅游产品整合，发挥体育赛事活动对体育旅游的聚合作用，同时也要抓标准和示范工程，发挥引导体育旅游融合的标杆作用。大圩马拉松小镇依托产业资源，着力打造产业集群小镇，完善产业集群要素，增强产业升级能力。大圩马拉松小镇坚持政府规划引导，以企业为主体，进行市场化运作，促进体育旅游产业快速发展。

第七节　体育特色小镇建设的广西实践：以马山县攀岩小镇为例

在精准扶贫背景下，体育特色小镇作为体育产业发展新的着力点，是我国脱贫攻坚的新突破口。本书运用文献资料分析、实地调查、专家访谈、案例分析等研究方法，解析精准扶贫与体育扶贫内涵，阐述体育特色小镇助力体育扶贫的现实意义，并以广西壮族自治区马山县攀岩小镇为例，分析体育特色小镇的价值作用和实施路径。认为体育特色小镇是旅游景区、体育产业聚集区、新型城镇化发展区的结合体，发展体育特色小镇能够促进体育产业跨界融合，降低政府扶贫支出成本，促进基本公共体育服务均等化。要发挥体育特色小镇对体育扶贫的助力作用，必须加强政府的扶持和管理力度，突出小镇发展的体育特色，形成产业链和服务圈，落实体育扶贫开发机制，重视生态建设，深度开发小镇旅游资源①。

一、广西壮族自治区概况

（一）自然地理条件

广西壮族自治区位于我国华南地区西部，是我国五个少数民族自治

① 本部分参见杨毅然，沈克印．精准扶贫背景下体育特色小镇助力体育扶贫研究——以广西马山攀岩小镇为例[J]．体育研究与教育，2018，33(4)：30-35.

区之一，与湖南、贵州、云南和广东四省相邻，西南与越南接壤，南部濒临北部湾，与东南亚地区相对，在我国与东南亚地区经济来往中占据重要地位。广西多山地丘陵性盆地地貌，地势西北高，东南低，四周为高原和山地，中、南部为平地，丘陵错综，山系众多。自治区的喀斯特地貌分布较广，总体面积占自治区近38%。

广西壮族自治区属于亚热带季风气候，全年气候温暖，降水充足，省内河流众多，海洋资源和水资源非常丰富，矿产资源储量较大，种类繁多。自治区自然风光秀丽，特殊的地貌形成众多自然景观。自治区内有4个5A级国家风景区，桂林漓江、独秀峰、青秀山风景区等自然风光推动着广西旅游业的迅速发展。

（二）经济社会发展概况

广西壮族自治区经济发展在全国属于中等水平，经济排名在20位以内，2017年广西生产总值20396.25亿元，比上一年增长7.3%，其中第三产业8191.54亿元，增长9.2%。2017年广西基础设施建设投资累计6722.28亿元，水利环境、公共设施管理、交通运输和邮政业投资4565.93亿元，教育投资520.93亿元，体育投资仅68.10亿元。“一带一路”倡议提出之后，广西作为“一带一路”的重要门户，经济发展迎来新的发展机遇，不断积极融入“一带一路”建设，推进互联互通，加强商贸、金融和海上合作，促进人才交流，在北部湾地区构建合作平台。通过“一带一路”促进各国经济发展，实现减贫扶贫。

广西为推进区域协调发展，形成“双核驱动”“三区统筹”发展新格局，全面部署实施北部湾经济区、桂林国际旅游胜地等四大发展战略，优先发展北部湾经济区，带动广西全省经济发展。国家把桂林国际旅游胜地列为首批国家健康旅游示范基地之一，旅游总消费增长了50%。自治区经济发展基础差，存在区域经济发展不平衡等问题，主要原因是广西交通设施落后，自治区内互联互通水平低。2018年以来，自治区政府逐渐加强交通基础设施建设力度，计划在2020年完成全部高速网络，落实“一带一路”建设部署，建设4条通往越南及东盟国家的高速公路，坚持绿色公路建设，保护生态环境。

(三)历史文化沿革

广西古称“百越之地”，秦始皇统一岭南之后，开凿灵渠，深入越地，成为岭南地区与中原地区政治、经济、文化交流的重要通道。近代，洪秀全领导金田起义，对中国近代史发展有重要的促进作用。邓小平同志领导百色起义，建立了中国工农红军第七军。广西壮族自治区成立于1958年3月，原名“广西僮族自治区”，于1965年10月改为广西壮族自治区。广西壮族自治区是多民族聚居区，少数民族人口居我国第一，壮族是我国人口最多的少数民族。广西桂林、柳州和北海市是国家历史文化名城，从太平天国金田起义旧址到梧州中山纪念堂，从李宗仁到桂林印象刘三姐，都展现出广西壮族自治区深厚的历史文化底蕴。广西被称为“歌海”，“三月三”民歌节吸引着无数民歌爱好者。广西还是全国方言种类最多的省份，不同的民族和地区共同形成了独特的民俗文化，宾阳炮龙节、桂林桃花节、白彝族跳弓节、漓江渔火节等，促进了广西旅游产业发展，传播广西独特的民族文化。

(四)体育产业发展概况

广西壮族自治区是多民族聚居区，民族特色鲜明。当地政府注重开发民族文化、民俗活动和民族体育旅游，保护、传承少数民族传统体育，如独竹漂、板鞋直道竞速、竹竿舞等传统体育项目，开发广西休闲体育产业，促进体育产业与民族特色的融合，打造民族赛事品牌。“一带一路”建设背景下，广西经济发展处于历史关键时期，广西旅游产业是广西经济发展的支柱性产业，现代化的旅游产业体系较为完善。广西壮族自治区出台《广西百镇建设示范工程实施方案》指出，要统筹规划建设100个经济强镇、特色名镇、特色小镇，到2020年培育一批有鲜明特色、配套设施完善、经济发达、自然环境优美的小城镇，走在全国前列①。广西壮族自治区首批发展的健康产业项目共计 130 个，包括特色小镇和康养小镇项目 23 个，投资近 500 亿元；其中，南宁马山县红浪康养城项目投资 20 亿元、梧州苍海新区城市综合体项目投入 150 亿元、贺州大桂山水森林颐养小镇投资 90 亿、北海新营候鸟休闲小镇投资 15 亿元。

广西壮族自治区旅游产业发展比较成熟，有两个国家级风景区和 30 多个省级风景区，自然风光和人文景观资源禀赋优越，民族特色鲜明。2017 年 12 月，广西壮族自治区体育局发布《关于第一批广西体育特色小镇培育名单和建设要求并启动培育工作的通知》，组织开展广西体育特色小镇建设工作，坚持宽进严出、验收认定的建设模式，以一年时间作为培育期，培育期满对小镇进行评估验收。② 广西出台了支持体育产业发展和建设体育特色小镇的政策（见表 4-2），成效较为显著，在第一批 96 个全国运动休闲特色小镇试点项目名单中，广西占 4 个，相对其他偏远地区数量较多。广西壮族自治区财政给予每个特色小镇培育资金 2000 万元，对广西体育特色小镇进行重点培育。广西壮族自治区突出特色产业，坚持市场主导、政府引导，探索体育扶贫新模式，对特色小镇建设优胜劣汰，政府对其进行评估验收认定。体育特色小镇的建设是广西体育产业发展的新载体，开启的“体育+旅游+扶贫”创新模式，将体育与旅游、扶贫相结合，因地制宜，精准扶贫，将生态旅游与特色人文、民族风情相结合，发挥综合效应，建设体育旅游示范基地，打造体育旅游精品赛事品牌，提高体育特色小镇的影响力和知名度。在最大限度地保护当地自然环境的前提下，尽可能地挖掘广西贫困地区的发展潜力。

---

① 韦宇. 广西推进百镇建设示范工程[EB/OL].［2016-10-10］. http://www.gx.xinhuanet.com/house/20161010/3476208_c.html.

② 广西壮族自治区体育局. 关于第一批广西体育特色小镇培育名单和建设要求并启动培育工作的通知.［EB/OL］.［2017-12-25］. http://www.gxsports.gov.cn/Item.aspx? id=13906.

表4-2　广西壮族自治区体育产业和体育小镇相关政策

时间	单位	文件名称
2012.04.24	广西壮族自治区人民政府	广西体育产业城规划纲要
2012.04.24	广西壮族自治区人民政府	自治区人民政府办公厅关于加快发展体育产业的意见
2014.07.21	广西壮族自治区体育局 广西壮族自治区财政厅	关于组织开展2014年度广西壮族自治区本级体育产业发展引导资金申报工作的通知
2014.07.21	广西壮族自治区人民政府	关于加快发展体育产业促进体育消费的实施意见
2016.05.12	南宁市政府	南宁市加快发展体育产业促进体育消费实施方案
2016.09.18	广西壮族自治区体育局 广西壮族自治区财政厅	关于组织开展2016年度广西壮族自治区本级体育产业发展引导资金申报工作的通知
2016.10.09	广西壮族自治区人民政府	广西百镇建设示范工程实施方案
2017.12.21	广西壮族自治区体育局	关于公布第一批广西体育特色小镇培育名单和建设要求并启动培育工作的通知
2018.02.27	广西壮族自治区人民政府	关于加快发展健身休闲产业的实施意见

二、精准扶贫与体育扶贫内涵阐释

(一)精准扶贫内涵解读

改革开放以来，随着我国的经济和社会不断发展，经济总量已经跃居世界第二，但是所面临的贫困形势依然十分严峻。贫困是阻碍全面实现小康社会的最主要因素之一，也是一种严重的社会问题，消除贫困，缩小地区经济发展差异，促进贫困地区经济发展是实现全面小康社会的重要内容。依据我国当前经济发展阶段的演进和贫困形势的变化，我国政府结合实际情况，适时调整扶贫开发的总体战略，逐步建立了以全面建设小康社会为主要目标导向的精准扶贫政策体系。精准扶贫是新时期我国扶贫开发战略的重大转型，是我国今后很长一段时期内治理贫困的战略重点①。

当前我国正处在全面建设小康社会的关键时期，精准扶贫使我国的扶贫开发工作有了事半功倍的效果。2013 年，习近平总书记在湖南调研时，首次提出"精准扶贫"的概念；2015 年，他在贵州考察时，进一步根据扶贫开发工作提出"六个精准"的基本要求，即扶贫对象精准、措施到户精准、项目安排精准、资金使用精准、因村派人（第一书记）精准、脱贫成效精准。国务院扶贫办制定《建立精准扶贫工作机制实施方案》，在全国范围内开展精准扶贫工作。学者汪三贵认为，精准扶贫是扶贫政策和措施都必须要针对真正的贫困家庭和人口，通过对贫困人口有针对性地帮扶，从根本上消除导致贫困的各种因素和障碍，从而达到可持续脱贫的目标。② 精准扶贫关键在于"精准"，必须要因地制宜，采用多种方式、综合性的扶贫措施，目的是针对真正贫困人口和家庭，帮助贫困人口脱贫，摘掉贫穷的帽子。打好长期脱贫攻坚战，带动地区经济发展，精准扶贫是我国扶贫工作的主要方式，也是我国扶贫工作的重要战略思想之一。

（二）精准扶贫的理论基础

Hirsch 认为，赋权（empowerment）可以被认为是一种医生与患者关系中家长式模式的替代方法。赋权必须坚持以下三个原则：第一，医生与患者双方对治疗负责；第二，保证能够影响患者对治疗做决定的信息

① 王介勇，陈玉福，严茂超. 我国精准扶贫政策及其创新路径研究[J]. 中国科学院院刊，2016，31(3)：289-295.

② 汪三贵，郭子豪. 论中国的精准扶贫[J]. 贵州社会科学，2015(5)：147-150.

的真实完整性；第三，保证患者的知情权，且所有治疗手段和决定都必须经过患者的同意。① 阿马蒂亚·森(Amartya Sen)从权利方法(entitlement approach)视角将贫困、饥荒视为"权利失效"的结果。② 赋权(empowerment)是指赋予个人或群体权力或权威，被赋予权力的个体、群体必须对赋予者负责。在当下，由于社会利益这个"大蛋糕"的分配无法做到绝对公平，甚至有可能根本不公平，在社会最底层和社会边缘的弱势群体得到的利益大打折扣，或者根本得不到应有的利益，且又缺乏维权的意识和能力，无法确保实现真正有效的"赋权"。精准扶贫实际上也是一种"赋权"，人民将权力赋予国家和政府，国家和政府则必须对人民负责。习近平曾指出："消除贫困、改善民生、实现共同富裕，是社会主义的本质要求。"③实现共同富裕，则必须尽可能地消除贫困和不平等。

我国自1986年开始，建立了以公共治理为主体的开发式扶贫治理体系，扶贫战略由救济式扶贫向开发式扶贫逐渐转变，国家扶贫治理体系由过去单向的市场机制或政府治理，转变为多方式、多方力量的新型扶贫格局。④ 精准扶贫的理论基础在于坚持有效"赋权"，将扶贫工作精确到家庭、个人单位，确保社会最底层人民也能享有平等的社会权利，保护人权，坚持人民至上。习近平总书记在十九大报告中已经明确指出，我国社会的主要矛盾已经转化为人民日益增长的美好生活需要和不平衡不充分的发展之间的矛盾，实现共同富裕，实现全面小康社会，必须把目光投放到贫困地区的人民群众，通过产业扶贫、专项扶贫等方式，带动地区经济发展，为人民真正谋利益、谋幸福。建设体育特色小

① Hirsch A. Empowerment: Philosophy and Misconceptions[J]. Diabetologie und Stoffwechsel, 2010, 5(2)10-20.

② 阿马蒂亚·森. 贫困与饥荒[M]. 王宁，王文玉，译. 北京：商务印书馆，2001.

③ 曾伟. 习近平的"扶贫观"：《因地制宜"真扶贫，扶真贫"》[EB/OL]. [2014-10-17]. http://politics.people.com.cn/n/2014/1017/c1001-25854660.html.

④ 黄承伟，覃志敏. 论精准扶贫与国家扶贫治理体系建构[J]. 中国延安干部学院学报，2015，8(1)：131-136.

镇是精准扶贫的一种形式，依托当地自然人文条件，利用特有的自然资源，发展体育特色项目，发展经济，探索扶贫开发工作新思路，为我国脱贫攻坚助力。

(三)体育扶贫内涵解读

体育扶贫是我国扶贫战略的重要组成部分，是打赢脱贫攻坚战、实现共同富裕和全面小康社会的必要手段。体育扶贫的首要目的是保障我国公民的体育权和发展权，最终目的是发展社会经济，提高贫困地区人民的生活水平，增加贫困人口的收入。建设体育特色小镇，是体育扶贫的直接体现，也是助力体育扶贫的一大亮点。学者段鸿斌认为，体育扶贫是指国家通过实施特别体育政策，履行“发展体育事业，增强人民体质”的法律义务，从而保障贫困地区公民享有现实的体育权达到或接近全国同等水平。①

传统的体育扶贫实际上是体育部门在贫困落后地区开展的结对帮扶工作，大多是通过体育彩票公益金资助、体育器材售卖、体育运动项目方面进行帮扶。随着经济发展和人民生活水平的提高，传统的体育帮扶已经逐渐无法达到体育扶贫的目标，完全不能满足国家打赢脱贫攻坚战的需求，因此，体育扶贫急需新的体育要素和新鲜活力注入，与当地经济社会发展循环相互融合，开发体育扶贫新模式。这种模式从根本上就是形成体育产业链，通过国家发布实施体育政策，政策向贫困地区倾斜，开发特色体育产业项目，发掘体育产业链潜力，支持体育事业发展，改变传统体育扶贫“一对一”模式，开发体育产业链新模式。体育特色小镇本质上也是通过体育产业链的形成和发展，来促进当地经济社会发展，加快农村、城市发展建设，统筹城乡发展，协调区域发展。但体育特色小镇除了发展体育产业，更需要与其他相关产业相互融合，才

① 段鸿斌. 体育扶贫：法律意涵、政策机制与实施路径[J]. 武汉体育学院学报，2017，51(8)：5-12.

能实现更长远的发展。

三、体育特色小镇助力体育扶贫的现实意义

（一）推动地区经济社会发展，提高人民生活水平

精准扶贫是扶贫开发政策的重大创新，体育扶贫作为我国脱贫攻坚工作的一项重要内容，要发挥出最大作用，必须改变传统的体育扶贫模式，开发新模式。在精准扶贫背景下，推进体育特色小镇建设，发挥体育特色小镇对体育扶贫的助力作用，促进体育产业与其他相关产业融合，形成产业链，对于大力推动贫困地区经济发展，造福贫困地区人民，改善人民生活有重要意义。充分发挥体育特色小镇对体育扶贫的助力作用，必须以体育特色小镇为载体，以经济建设为中心，将产业扶贫作为抓手，扎实推进体育产业扶贫。体育特色小镇实际上是“体育+旅游”模式的典范，从某种意义上说，体育特色小镇是体育旅游的综合体。因此，建设体育特色小镇必须将体育产业与旅游产业，甚至与其他相关产业相结合，促使其产生裂变，吸引长效投资，因地制宜。目前，贫困人口大多数集中在偏远的石山区、深山区，因此，贫困地区的体育特色小镇建设不可避免地要利用当地的自然资源，“有山吃山，有水吃水”，发展生态旅游，开发特色产业，形成体育特色产业链。

随着人民生活水平的提高，以家庭为单位的人们在空闲时间不再单纯地参与体育运动项目，更多的希望参与到休闲娱乐活动中，体育特色小镇作为一种明确产业定位、文化内涵、旅游和一定社区功能的发展空间平台，恰恰能够满足现代人的生活和娱乐需求①。人们在体育特色小镇参与体育运动，可以促进消费，同时，带动体育特色小镇周边区域经济发展，形成辐射带动效应，实现体育特色小镇健康可持续发展，为当地群众增效增收助力。建设体育特色小镇，直接促进了当地经济社会发

① 陈安华，江琴，张歆，叶莹莹．“特色小镇”影响下的小城镇建设模式反思——以永康市龙山运动小镇为例[J]．小城镇建设，2016(3)：54-61.

展，拉动体育产业促进经济增长，降低国家扶贫支出的成本，能够为城镇经济社会发展增添新动能。

（二）增加公共体育服务供给，促进基本公共体育服务均等化

从2014年开始，《国家新型城镇化规划》明确“以人的城镇化为核心”的指导思想，提出“加快形成政府主导、覆盖城乡、可持续的基本公共服务体系，推进城乡基本公共服务均等化”①。政府作为公共体育服务的供给者，有义务为促进基本公共体育服务均等化作出努力。体育特色小镇的建设能够为保障公民的体育权和中国特色发展权创造新途径，城市和农村人民能平等地享受体育特色小镇带来的益处。建设体育特色小镇的目的是利用体育产业发展经济，提高社会发展水平，把致富和脱贫同时推进。体育扶贫从根本上来讲，是国家保障贫困地区公民能够与其他公民享受相同或至少接近相同水平的体育权，公共体育服务是贫困地区公民所应当享有的服务，公共体育服务均等化则是政府体育扶贫的内容或目标之一。公共体育服务是多主体参与、以公共体育利益和权益为目的公共行为，国家积极建设服务型政府，实现公共体育服务均等化是其中一项重要举措。均等化本质就是实现公平，城市居民和农民统一标准，建设体育特色小镇，为城市居民和农民提供内容丰富、形式多样的公共体育服务，消除因为地区差异带来的服务差异。②

我国对体育特色小镇建设非常重视，大力支持体育特色小镇发展，政府设立专项资金，整合交通运输、住房城乡建设、农牧、水利、林业、电力等部门资源，调整资金结构，加大对特色小镇建设的资金投入力度，如把攀岩场的建设作为马山体育扶贫的重点项目，总投资298万元。建设体育特色小镇，必然增加公共体育服务供给，促进基本公共体

① 姚磊．新型城镇化进程中农村体育基本公共服务供给：有限性与有效性[J]．北京体育大学学报，2015(11)：7-15.

② 唐刚，彭英．多元主体参与公共体育服务治理的协同机制研究[J]．体育科学，2016，36(3)：10-24.

育服务均等化，无论是城市还是农村，都可以平等地享受到特色小镇建设带来的益处。

(三)推进新型城镇化建设，打破城乡发展的二元结构模式

特色小镇是新型城镇化的产物，是推进新型城镇化建设中的关键一环，新型城镇化与传统城镇化有显著区别，传统城镇化相对来说更强调土地和公共设施的城镇化，而新型城镇化则更注重“人”，强调以人为本。为了满足城市人口的逆城镇化需求，体育特色小镇的选址不会放在市中心，而是在城市的周边，几乎都是在城市和农村之间，临近交通干线。我国的贫困人口大多集中在农村地区，农村贫困化是城乡二元结构体制下出现的农村地区衰退或发展滞后的严重社会问题，成为影响城乡协调与农村可持续发展的主要限制因素。① 体育在服务脱贫攻坚工作上有其巨大的独特优势，为了尽可能地挖掘体育特色小镇的潜力和发挥其最大优势，大多数体育特色小镇建设在自然资源禀赋丰富，区位和生态环境良好，历史和人文气息浓厚，能够大力发展旅游产业的地区。

体育特色小镇作为新型城镇化的产物，有力地促进了当地农村地区配套设施的完善，同时吸引了国家和社会对农村地区的投资，对消除城乡二元结构，缩小城市与农村发展差距发挥了巨大作用。建设体育特色小镇，必须完善地区公共基础设施，政府对医疗、教育、机场、公路、水利、电力、城市公共交通等基础设施进行大量资金投入，城市和农村同时受惠。对体育特色小镇因地制宜进行规划、设计，完善特色体育设施、体育服务，发展体育特色产业，形成特色体育产业链，都进一步推进了新型城镇化进程。农村与城市之间经济发展不平衡的现状得到改善，逐步消除城乡二元结构对社会和经济发展的阻碍。体育特色小镇已经在助力脱贫攻坚方面发挥了积极作用，同时，也在助力我国新型城镇

① Liu Y S, Chen C, Li Y L. Differentiation regularity of urban-rural equalized development at prefecture-level city in China [J]. Journal of Geographical Sciences, 2015, 25(9): 1075-1088.

化建设，带动新农村建设，打破城乡发展的二元结构模式方面发挥了重要作用。

（四）增强农村吸引力，增强贫困群众致富能力

体育特色小镇有利于改变农村贫困人口的体育观念，培养贫困地区农民的体育兴趣和体育意识，释放出宝贵的社会精神财富。体育扶贫不仅是要促进经济发展，同时也产生文化价值，能够推动贫困地区乡村精神文明建设，引导贫困地区人民树立现代文明观念，体育扶贫所带来的社会激励价值，能够有力振奋贫困地区党员干部群众精神，使其树立脱贫致富的信心和决心。体育特色小镇除了体育经济扶贫，同时也要推动体育文化、体育精神的发展。① 体育特色小镇吸引人们旅游消费，给当地带来巨大的旅游收入，创造出更多的就业岗位，形成良好的社会氛围。大部分贫困地区人民生产技能单一，文化程度较低，无法接受素质教育，综合素质较低，缺乏优秀的人才储备，体育特色小镇的建设能够增强当地农村吸引力，帮助拓宽贫困人口的增收渠道，增强贫困群众致富能力，加快贫困地区人口的脱贫致富的步伐，增强农村自我“造血”功能，避免过度依赖政府扶贫，提高自身增收致富能力，实现2020年全面脱贫的目标。

四、体育特色小镇助力体育扶贫模式：以广西马山攀岩小镇为例

（一）广西马山攀岩小镇概况

广西马山县位于广西壮族自治区中部，是南宁市下辖区县之一，地理位置较为特殊，是“四市六县”的结合部，也是壮族、瑶族等九个民

① 郭庆. 农民工体育贫困状况与精准扶贫策略研究——基于城市融入视角的实证分析[J]. 武汉体育学院学报，2017，51(5)：21-27.

族的聚居地，民族特色文化基础扎实。马山县是典型的大石山区，石山区占全县总面积的一半以上，山地、河流等生态资源非常丰富，这也是建设攀岩小镇的基础。当地经济基础较为薄弱，少地的自然条件使得当地农民只能依靠种植甘蔗等农作物维持生计，贫困人口达40多万，贫困村106个，因此马山县在2002年被确定为扶贫开发工作重点县。2017年5月9日，体育总局办公厅下发《关于推动运动休闲特色小镇建设工作的通知》，启动了运动休闲特色小镇建设工作。马山县攀岩小镇入选第一批运动休闲特色小镇试点项目，成为中国首个攀岩特色运动小镇。马山攀岩小镇率先在全国开启了“体育+旅游+扶贫”的模式，成为促进马山经济发展的永动机，也是在精准扶贫背景下体育扶贫的创新试点(见图4-7)。

图4-7 广西马山攀岩小镇概貌

马山攀岩小镇计划投资30亿元，在2025年完成建设目标，规划占地3.6平方千米，以古零镇三甲屯为核心，分为核心、辐射和延伸区三大区域，形成“四区、一环、多点”的规划布局。马山县自然岩壁条件十分优越，是典型的喀斯特地貌，计划在2020年开发100条自然岩壁，远期将达到300条。依托当地丰富的山地生态资源，马山县政府带动群众深入挖掘“山水”体旅资源，由传统旅游业向休闲旅游转变，大力发展休闲户外运动产业，打造山地户外运动基地以及国家攀岩训练基地，同时，融合其他相关产业，将运动娱乐、旅游体验、休闲度假、主题商业、教育培训等集聚一体，举办体育旅游赛事活动，逐步落实攀岩小镇建设。

（二）体育扶贫的“马山模式”

体育扶贫的马山模式就是“体育+旅游+扶贫”的创新模式，将体育与旅游、扶贫相结合，因地制宜，精准扶贫，将生态旅游与特色人文、民族风情相结合，发挥综合效应，彰显出最显著的“特色”，打造体育赛事文化特色品牌，提高马山攀岩小镇的影响力和知名度。在最大程度保护当地自然环境的前提下，尽可能地挖掘出马山县的发展潜力。马山县攀岩小镇的建设给当地农民带来了巨大收益，直接带动当地农民就业200多人，从长远来看，可持续带动就业500人以上，辐射就业2000多人，同时，增加当地农民的旅游收入。据统计，2016年马山县游客接待量上升40%，旅游收入提高20%。2017年第一季度，旅游消费增长28%，游客人数增长25%，2017全年接待300万游客。① 仅在2017年国庆节期间，接待游客4.23万人次，旅游收入达150万元以上。马山攀岩小镇通过举办各种体育赛事，打响“体育+旅游+扶贫”这张王牌。中国—东盟山地马拉松赛、中国—东盟山地户外体育旅游大会攀岩精英挑战赛等赛事在马山成功举办，打破了马山经济发展的桎梏。马山县政府为了将体育扶贫真正落到实处，将攀岩小镇和户外运动公园的实际运营和管理权交给当地人民，大力提高当地的“造血”能力，将体育与旅游、文化、健康、休闲产业深度融合，实现“共建共享”，解决社会公

① 刘小龙. 体育扶贫的“马山模式”[N]. 中国体育报，2017-05-16(001).

平正义问题。① 当前，马山攀岩小镇的经济辐射效应带动周边城镇和农村的发展，促进了周边城镇和农村基础配套设施的完善，逐渐形成了多元丰富的休闲体育业态氛围。马山县政府不断完善马山攀岩小镇的建设政策和设计规划，统筹多方力量，协调多元主体，整合多种要素，继续完善公共服务环境，搭建多功能服务平台，为马山攀岩体育特色小镇的科学合理发展提供制度保障。在精准扶贫背景下，马山攀岩小镇为助力体育扶贫做好充分准备，突出“攀岩”特色主题，融合多种体育要素，满足不同人群的健身需求，形成特色体育产业链。马山攀岩体育特色小镇是马山政府脱贫攻坚工作的重要力量，是精准扶贫背景下进一步推动体育扶贫的关键举措。

（三）存在的问题与经验借鉴

第一，存在的问题。在国家精准扶贫背景下，马山攀岩小镇的建设为当地经济发展培育了新的经济增长点，“体育+扶贫”模式将体育扶贫工作由“救济式”扶贫转变为“开发式”扶贫，但是马山县出现的“扶贫造假”问题，严重破坏了“体育+扶贫”模式。审计署调查发现，广西马山县3000多名扶贫对象并不符合国家扶贫的要求，违规认定扶贫对象，虚报脱贫人数，扶贫款不扶贫而“救富”。广西政府组织扶贫对象精准识别工作存在纰漏，应付扶贫任务，搞“假扶贫、乱扶贫”，缺乏监督，追责、问责机制不完善，严重损害了贫困人民群众的经济利益。

第二，经验借鉴。马山攀岩小镇的建设，大大降低了国家和当地政府扶贫支出的成本，实现小镇自身“造血”的功能。小镇因地制宜，利用特有的自然资源，带领马山县人民脱贫。建设体育特色小镇也是精准扶贫的一种形式，它依托当地自然人文条件，利用特有的自然资源，发展体育特色项目、发展经济，探索扶贫开发工作新思路，为我国脱贫攻

① 沈克印，吕万刚. 体育产业供给侧改革的现实诉求与实施策略：基于资源要素视角[J]. 西安体育学院学报，2017(6)：1-7.

坚助力。传统的体育扶贫实际上是体育部门在贫困落后地区开展的结对帮扶工作，大多是通过体育彩票公益金资助、体育器材售卖、体育运动项目方面进行帮扶；随着经济发展和人民生活水平的提高，传统的体育帮扶已经逐渐无法达到体育扶贫的目标，完全不能满足国家打赢脱贫攻坚战的需求。因此，体育扶贫急需新的体育要素和新鲜活力注入，与当地经济社会发展循环相互融合，开发体育扶贫新模式。这种模式从根本上就是形成体育产业链，通过国家发布实施体育政策，政策向贫困地区倾斜，开发特色体育产业项目，发掘体育产业链潜力，支持体育事业发展，改变传统体育扶贫“一对一”模式，开发体育产业链新模式。广西壮族自治区政府格外重视体育特色小镇的培育工作，设定小镇培育期，期满后进行验收考核，未通过评估的小镇，将取消体育特色小镇的建设资格，这种做法大大提高了小镇建设的成功率，提高了体育特色小镇的建设质量，避免出现“豆腐渣”工程、“半拉子”工程。

五、体育特色小镇助力体育扶贫的实施路径

（一）突出小镇发展特色，形成产业链和服务圈

“特色”是体育特色小镇发展的核心，体育特色小镇如果没有特色，或者所有体育小镇千篇一律，“千镇一面”，体育休闲项目雷同，造成全国体育特色小镇同类竞争、恶性竞争，那体育特色小镇建设就违背了初衷，失去了意义。体育特色小镇建设努力与扶贫开发工作相结合，将体育特色小镇的建设与带领贫困地区人民脱贫摘帽相结合，把体育特色小镇作为脱贫攻坚工作的突破口，创造更多的就业机会，让贫困地区人民真正参与到小镇建设中来，与城市居民同时受益。

扎实抓好体育特色小镇项目建设，突出发展冰雪运动、户外运动、水上运动等消费引领性强、覆盖范围广、特色鲜明的体育运动项目，布局多个体育休闲项目，同时带动相关产业共同发展，形成独特的体育产业链，将各项公共体育服务相结合，形成公共服务圈，积极完善运动休

闲场地设施，满足不同人群的体育消费需求。体育特色小镇具有明确的体育产业定位，体育产业不是孤立的产业形态，而是与旅游、文化、健康、科技等产业融合在一起，延伸体育产业价值链，提升体育价值增值。① 进一步优化和完善体育特色小镇建设规划，不断注入新的活力，结合地域和民族特色，释放体育赛事助力效应，真正发挥体育特色小镇对体育扶贫的助力作用，打开脱贫攻坚工作的新局面。

（二）加强政府管理扶持力度，落实体育扶贫开发机制

政府是体育特色小镇的指挥者、管理者，体育特色小镇的资金来源很大程度上依赖国家财政，因此体育特色小镇的发展必须有国家和政府的指引。在精准扶贫的大背景下，要最大限度地发挥体育特色小镇对体育扶贫的助力作用，政府必须加强对体育特色小镇的扶持力度，设立体育特色小镇建设专项资金，给予体育特色小镇发展的空间，科学规划体育特色小镇的发展蓝图，做到长远可持续发展。

国家脱贫攻坚工作的关键在于精准，体育扶贫的关键在于体育产业特色。要积极落实体育扶贫开发机制，整合体育扶贫资源，实现体育产业扶贫长效，将体育扶贫落到实处。体育扶贫被纳入国家扶贫战略的一部分，必然要在脱贫攻坚和建设全面小康社会中有积极作用；体育特色小镇建设是体育扶贫的一项重要内容，能够产生巨大的经济价值和社会价值，大大降低国家扶贫工作的支出成本。政府应牵头制定和完善体育特色小镇的建设规划，将体育特色小镇建设落到实处，将体育扶贫开发机制落到实处，才能真正做好体育扶贫，做好全国的脱贫攻坚工作。

（三）利用小镇经济辐射效应，提高城市综合承载力

体育特色小镇具有经济带动性特征，建设体育特色小镇所带来的经

① 杨强．体育与相关产业融合发展的路径机制与重构模式研究[J]．体育科学，2015，35(7)：3-9，17.

济价值，能够产生经济辐射效应，带动周边城镇的经济和社会发展，促进城市和农村的综合配套设施的完善，将体育扶贫工作真正落到实处。利用体育特色小镇的经济辐射效应，振兴农村发展，推动城市和农村共同发展，提高新型城镇化的质量和水平，形成农村和城镇两者相互补充、相互促进的良性循环。建设好体育特色小镇，政府必须进一步完善基础配套设施建设，提高城市的综合承载力，完善公共交通、道路设施、铁路、水利、电力等基础配套设施，建设好标志性建筑等。利用好体育特色小镇的经济辐射效应，能够大大降低政府体育扶贫工作的压力，增强农村和城镇的特色竞争力，将体育扶贫工作由“救济式”扶贫转变为“开发式”扶贫，实现体育特色小镇助力体育扶贫的跨越式发展。

（四）重视生态文明建设，深度开发小镇旅游资源

建设体育特色小镇必须依托于当地的自然条件和生态环境，不可避免地要对大自然进行开发，必须合理高效利用自然禀赋资源，重视生态文明建设，才能实现体育特色小镇的可持续健康发展，深度开发体育特色小镇的旅游资源，吸引群众旅游消费。加强对体育特色小镇生态文明建设的总体设计和科学规划，树立社会主义生态文明观，促进人与自然和谐发展，实现共赢。树立“生活、休闲、健身”一体的现代化生活理念，促进“三生融合”，深度挖掘体育特色小镇的发展潜力，开发体育特色小镇的旅游资源，科学合理规划布局，体育特色小镇才能成为推动体育扶贫工作的永动机。在精准扶贫背景下，体育特色小镇是体育扶贫工作新的突破口，必须重视生态文明建设，坚持环保，把体育作为体育扶贫的端口，充分发挥体育特色小镇对体育扶贫的助力作用。

在精准扶贫的背景下，体育扶贫是我国扶贫战略的重要组成部分，体育特色小镇建设是体育扶贫的重要载体，对打赢脱贫攻坚战、实现共同富裕和全面小康社会产生新的作用力。建设体育特色小镇，探索“体育+旅游+扶贫”的模式，直接推动了地区经济发展，降低了国家扶贫工作的支出成本，缓解政府扶贫工作压力，有利于促进基本公共体育服务

均等化，对于推进我国新型城镇化建设，增强农村吸引力，增强贫困群众致富能力有重要作用。必须加强政府对体育特色小镇的扶持和管理力度，落实体育扶贫开发机制，突出体育特色小镇特色，重视生态文明建设，确保体育特色小镇科学健康可持续发展，不断为体育扶贫工作助力。

第八节 体育特色小镇建设的河北实践：以崇礼冰雪小镇为例

产业融合已经成为体育产业与相关产业协同发展的重要推动力，是推进体育产业供给侧结构性改革的内在要求和现实选择，也是体育特色小镇研究的理论基础和立论依据。运用资料文献法、案例分析、实地考察等方法，基于产业融合的视角，通过阐述体育特色小镇的理论逻辑，分析体育特色小镇的主要特征、形成机理以及形成动力。本节以崇礼冰雪小镇为例，对冰雪小镇的基本情况及主要问题进行研究，提出加大政策保障，完善相关体制机制，完善产业价值链，推动产城融合，创新小镇运营模式，引进多元化融资模式等策略。

一、河北省特色小镇建设概况

河北省出台的《关于建设特色小镇的指导意见》提出，力争通过3~5年的努力，培育建设100个特色小镇，每个小镇投资20亿元以上，总投资将超过2000亿元。2017年3月，河北省第一批特色小镇建设类和培育类名单正式公布，包括石家庄市栾城区航空小镇、张家口市崇礼区冰雪文化小镇、平山县西柏坡红色旅游小镇等30个特色小镇。2017年，河北省共有6个特色小镇入围国家体育总局公布的首批运动休闲特色小镇试点项目，与北京、湖北并列入围试点项目数量最多的省市。这些试点项目要突出体育主题，至少具备一个特色运动项目，把健身休闲和旅游、文化、康养、教育培训等项目融合起来，形成产业链、服务圈。省发改委发布河北省 2017 年第一批传统基础设施领域 PPP（政府和社会资本合作）项目，包括察北管理区太阳能特色小镇项目、峰峰矿区彭城特色小镇项目、蠡县健康养生养老小镇项目、涿州码头国际医养健康小镇项目、张纪镇特色小镇基础设施建设项目、饶阳县大尹村蔬菜小镇项目等。2018 年年初，雄安新区公布 16 个特色小镇名单，与城市核心区共同组成都市圈。雄安新区的特色小镇将以产业为先导，不少是高科技小镇。这些产业与中期建设的 200 平方千米以上的高新科技产业相辅相成，是对雄安新区城市核心区产业的延伸与补充。河北省特色小镇的建设成为促进新型城镇化建设和促进创新与经济转型升级的重要手段，受到相关部门的重视，尤其是雄安特色小镇建设加速，有望引领河北千亿级投资。

崇礼距离北京约 220 千米，距离张家口中心城区约 50 千米，作为一个人口只有 12 万人的小城镇，拥有建成冰雪小镇的优势（见图 4-8）。早在 1996 年，张家口市就在崇礼建立起华北地区第一家滑雪场，经过 20 余年的发展，崇礼以冰雪为特色，建成多家国内知名大型滑雪场。在体育产业和旅游产业互动融合的基础上，崇礼冰雪小镇以文化民俗为基础，开发建设以冰雪运动为核心的影视基地、文化社区、旅游观光产

图 4-8　张家口市崇礼区冰雪文化小镇

品。并且依托冬奥会场地，建立以滑雪旅游、滑雪培训、滑雪装备制造、滑雪场馆服务为主体的现代化体育产业集聚高地。

在京张高铁开通后，崇礼也在京津冀协同发展的宏观背景之下，融入北京"一个半小时经济圈"。同时，国内外顶级滑雪赛事的集聚也促进了崇礼冰雪小镇的推广，如国际雪联高山滑雪积分赛、国际雪联远东杯赛、中国高山滑雪巡回赛等一大批高水平赛事齐聚崇礼，高水平的滑雪赛事也吸引了消费者的目光。此外，崇礼独特的地形、气候条件和悠久的历史形成了丰富的旅游资源。崇礼政府早在几年前就提出了"旅游立县"的口号，确立了建设"中国雪都和东方达沃斯"的战略目标。因此，崇礼良好的滑雪产业和旅游产业共同造就了崇礼冰雪小镇的产业基础。

二、体育特色小镇的崇礼实践

（一）崇礼冰雪小镇的基本情况

崇礼将携手首都北京共同举办 2022 年冬奥会，崇礼区将承担一半以上的雪上项目。早在 1996 年，张家口市就在崇礼建立起华北地区第一家滑雪场①，经过 20 余年的发展，崇礼以冰雪为特色，建成多家国内知名大型滑雪场。在体育产业和旅游产业互动融合的基础上，崇礼冰雪小镇以文化民俗为基础，开发建设以冰雪运动为核心的影视基地、文化社区、旅游观光产品。并且依托冬奥会场地，建立以滑雪旅游、滑雪培训、滑雪装备制造、滑雪场馆服务为主体的现代化体育产业集聚高地。

崇礼处于我国华北平原和内蒙古高原的中间区域，属于阴山山脉和燕山山脉的过渡地域，区域内山脉大多是西北—东南走向，是一个独特的资源型山区②。山区内降雪期长、雪线低，年平均降水量 488 毫米，

---

① 张莹，叶海波，陈艳霞．冬奥会背景下崇礼县滑雪场发展现状与前景［J］．冰雪运动，2016，38(2)：78-82.

② 探访申冬奥小镇崇礼，独特地形造就滑雪气候［EB/OL］．［2015-03-18］．http://www.chinadaily.com.cn/hqgj/jryw/2015-03-18/content_13391344.html.

特殊的沟壑造就了长达150多天的存雪期；崇礼高达50.22%的森林覆盖率也为冰雪小镇的开发建设提供了优越的自然环境。崇礼冰雪小镇也拥有便利的交通区位优势，崇礼与北京的距离为220千米，车程约为2.5个小时①，在京张高铁开通后，崇礼也将在京津冀协同发展的宏观背景之下，融入北京"一个半小时经济圈"。同时，国内外顶级滑雪赛事的集聚也促进了崇礼冰雪小镇的推广，如国际雪联高山滑雪积分赛、国际雪联远东杯赛、中国高山滑雪巡回赛等一大批高水平赛事齐聚崇礼，高水平的滑雪赛事也吸引了消费者的目光。此外，崇礼独特的地形、气候条件和悠久的历史形成了丰富的旅游资源。崇礼政府早在几年前就提出了"旅游立县"的口号，确立了建设"中国雪都和东方达沃斯"的战略目标②。因此，崇礼良好的滑雪产业和旅游产业共同造就了崇礼冰雪小镇的产业基础。

（二）崇礼冰雪小镇内特色雪场案例

1. 长城岭滑雪场

崇礼县长城岭滑雪场由国家体育总局和省体育局投资，建设高标准、综合配套的河北高原训练基地和大型滑雪场。项目总投资5000万元，已完成投资1000万元，用于雪具大厅、雪道、索道等建设工程。一期建成有初、中、高级滑雪道4条，总面积16万平方米，最高海拔为2100米，垂直落地差为380米，其中1号雪道300米，平均坡度6度；2号雪道1000米，平均坡度14度；3号雪道750米，平均坡度13度；4号雪道1600米，平均坡度20度。配备进口雪具1200套，其中世界名牌沃克滑雪板500套，双人吊椅索道2条，大拖牵索道1条，加拿大进口造雪机3台，雪地摩托5辆，雪上飞碟100个，德国进口压雪车

① 北京至张家口崇礼拟建新高速，车程约两个半小时[EB/OL].[2014-09-12]. http://bj.people.com.cn/n/2014/0912/c82840-22281708.html.

② 赵士雯，赵艳华，国福旺. 新型城镇化背景下的天津特色小镇培育策略研究[J]. 城市，2016(10)：22-25.

一辆，1000平方米的雪具出租大厅配置先进的电子收费管理系统，800平方米观赏性快餐厅可容纳500人同时就餐，50间标准客房可提供住宿服务。

长城岭所处地域是华北地区自然滑雪条件最好的区域，雪量、雪期、雪质可与黑龙江的亚布力、吉林的北大湖等地相媲美，而风速、气温等条件均优于东北地区的滑雪场，适合室外活动而不易冻伤，便于机械运转和室外作业。滑雪产业是张家口三大立市项目之一，崇礼已正式申报第十四届冬运会。这里风光秀美，交通便利，明长城遗址距滑雪场仅两公里。河北省体育局崇礼高原训练基地是集冬季滑雪、夏季训练、户外运动、休闲避暑为一体的全民健身活动最佳场所。

2. 万龙滑雪场

万龙滑雪场距北京市249千米，距张家口市50千米。万龙滑雪场一期投资8000余万元人民币，作为开发商，张家口市万龙运动旅游有限公司预计用10年的时间投资10亿元人民币倾力精心打造中国最大的国际量级滑雪场。万龙滑雪场一期开发共建成初、中、高级滑雪道5条，总面积20余万平方米。其中金龙雪道1800米，银龙雪道2000米，玉龙雪道2500米，小龙道800米，初级雪道350米。滑雪场配置了1600套国外最新型卡宾(CARVING)滑雪板，其中200套是所罗门(SALOMON)品牌高级雪具；已建成了3条双人吊椅式索道；并从加拿大和日本进口了13台造雪机、2台压雪车、4辆雪地摩托和50个雪上飞碟；雪场同时引进了大型造雪系统，配合着得天独厚的天然降雪，使万龙滑雪场成为亚洲最早开放的雪场；2600平方米的雪具出租大厅配置了先进的电子收费管理系统；1400多平方米的观赏型快餐厅提供宽敞的空间，轻音乐环绕，为游人提供舒适、便捷的服务。

2003年，万龙滑雪场成功地举办了“钻石情·第三届中国崇礼国际滑雪节”，2004年12月18日，“全球通·第四届中国崇礼滑雪节”再次在万龙滑雪场成功举办；2005年2月20日，全国大众高山滑雪锦标赛第八站比赛也在万龙滑雪场举行。同时，黑龙江省滑雪队、哈尔滨市滑雪队、中国·所罗门国家青年滑雪队以及韩国和日本的专业滑雪队已将万龙滑雪场作为指定训练基地。目前，万龙滑雪场已经成为华北地区规模最大、硬件设设施最好的滑雪场，欢迎广大滑雪爱好者来此一展身手。

3. 太舞四季文化旅游度假小镇

太舞四季文化旅游度假小镇位于北京申办2022年冬奥会雪上项目选址地——张家口的崇礼。“太舞”寓意为：太阳下，舞出“运动”的炫与美。

崇礼太舞四季文化旅游度假小镇借鉴欧美大型山地度假景区的成功经验，依托崇礼县便捷的交通优势，结合其独特的山体、四季气候、本土文化特征，秉承“时尚运动强健体魄，精品文化陶冶情操，慢拍休闲释放心灵”的建设理念，打造以超大型滑雪场为核心，集特色豪华星级酒店、国际山地会议中心、高尔夫球场、酒店式服务公寓、“滑进滑出”特色山地别墅酒店、青年活力商业街区为一体的，具有四季旅游、休闲度假、体育娱乐、会议会展功能的世界级四季旅游度假胜地。小镇的总用地面积为80平方千米，规划总建筑面积约200万平方米，总投资超过200亿元人民币，建设周期10~20年。

太舞滑雪场规划雪道总面积400公顷，总长度138千米，数量近200条；索道45条，总长度38千米，其中轿厢式高速缆车7条，吊椅式高速缆车14条；日接待能力3.5万人，年接待能力500万人。滑雪设施、雪道建设均符合国际雪联规定的举办国际赛事的标准，建设规模、设计水平均处于国内领先水平。

太舞四季文化旅游度假小镇项目致力于打造世界级规模的滑雪小镇，同时，项目还将建设多项雪季时尚运动，游客可以在滑雪场参与滑雪教学、雪地摩托、雪圈、雪上远足、观看极限滑雪比赛等多项活动。户外运动已逐渐成为我国城市居民节假日主要的休闲活动，本项目将依托独特的山体及气候条件，打造北京地区乃至国内最大的时尚运动天堂，山地自行车、骑马、幽谷徒步、滑翔伞等新兴项目发展潜力较大。

小镇将充分借鉴国外经验，全力打造北京周边的文化活动圣地，举办大型流行音乐节、电子摇滚音乐节、古典音乐节、电影节、思想节等，大力推广各类精品文化活动。小镇将大力鼓励和扶持艺术家来此进行创作和经营，艺术品画廊和艺术家工作室为小镇添加了浓郁的人文气息。小镇将利用崇礼的宜人气候、独特的自然风光和生态系统，为青少年打造一流的山地冬令营、夏令营、生态游及拓展训练基地等。小镇内将常年分时段举办各国风情文化节，届时聘请各国的文化团体和餐饮公司来小镇展示该国家的手工艺文化、美食文化和歌舞文化等。同时，小镇提供跨越三星至五星不同档次的度假酒店，提供温泉、SPA、音乐疗养等各种休闲养生服务。在城市紧张生活的闲暇时光，让身体与精神享受休闲的度假时光。

张家口市抢抓冬奥契机，着力培育冰雪旅游品牌，被评为中国十佳冰雪旅游城市，崇礼区成功建设省级旅游度假区，并被评为冰雪旅游投资潜力区和2019年全球52个值得前往的旅游目的地之一。2018—2019年雪季，共举办承办国际雪联自由式滑雪世界杯、首届京津冀冰球邀请赛和“零度以下经济”论坛、“红红火火中国年”等冰雪体育赛事、群众性冰雪活动170项，共接待游客1288万人次，实现旅游收入77.53亿元。

（三）主要问题

1. 政府层面：规划不足与过度干预

河北省在2017年年初出台《中共河北省委河北省人民政府关于建设特色小镇的指导意见》，缺乏对不同产业特色小镇的差异化建设路径的规制。并且，张家口市也并未制定专门针对崇礼冰雪小镇的发展规划与建设标准，在产业链布局、行政审批、行业标准等方面的全局性指导力度也明显不足。由于科学规划不足，导致空间利用不合理，产业特色不明显，与“特、聚、精、活”的特征背道而驰。崇礼冰雪小镇的发展定位重点不够突出，许多滑雪场为了短暂经济利益，追求贪大求全的经营项目，导致“冰雪+旅游”的特色产业链难以形成。

政府对于体育特色小镇建设的引导也应有一定的界限。体育特色小镇的运行主体本应为企业，主要由少数领头型企业牵头，部分中小型企业围绕，展开相关产业融合与发展。① 由于国内滑雪产业尚处于起步阶段，在短时间内很难引进实力较强的主体企业，因此在崇礼冰雪小镇的建设中，政府发挥了很大的主导作用。政府主导小镇的建设，导致运行主体企业跨界融合困难、运作产品碎片化、特色产业被埋没等问题，造成了小镇中运行主客体地位错位。

2. 企业层面：运营方式与服务供给单一

崇礼冰雪小镇是以“冰雪+旅游”为主线形成的，面对国内冰雪行业经营状况总体不佳的环境，冰雪小镇应主动采用四季经营模式。以市场消费为出发点，四季经营中的具体项目选择、项目差异化以及公众认可度才是关键。崇礼冰雪小镇虽已逐步开展四季经营，但其开展的休闲项目吸引度不高，游客参与度低，消费者二次消费转化率也低。究其原因，主要是因为类似的非雪季项目同质化严重，例如自行车运动与户外徒步运动，在很多滑雪场都有开展，市场竞争激烈，崇礼冰雪小镇也不例外，难以形成差异化的市场竞争优势。同时，崇礼冰雪小镇由于投资规模以及地理条件所限，开展非雪季项目较为单一，缺乏独特性。此外，崇礼冰雪小镇的配套设施仍不完善，医疗、酒店、餐饮、社区服务等仍处于起步阶段，配套设施的缺乏也阻碍了冰雪小镇的市场竞争优势。

3. 产业层面：融合程度低与功能缺失

崇礼冰雪小镇在体育、旅游、文化、社区四大功能上的关联性较低，仍存在以单纯的滑雪场、旅游度假区、产业园区的传统思维规划建设，导致小镇内功能叠加不足。一是冰雪产业与旅游产业融合不足，崇

① 王璐. 市场化运作过程中政府的角色重构——以龙泉青瓷小镇为例[J]. 小城镇建设，2016(3)：87-91.

礼冰雪小镇内滑雪场与度假区的功能不集中，体育项目和旅游项目融合程度不高，难以开发丰富多样的旅游服务与产品。二是小镇的社区功能不完备，崇礼冰雪小镇内营业设施已经较完善，但是具有社区功能的服务型设施仍然缺乏，各类公共服务尚未完善，完整的社区生态还未形成。

三、体育特色小镇的建设路径

（一）加大政策保障，完善相关体制机制

一是要加大政策保障，对全国体育特色小镇的总体规划、产业定位、建设标准、投资模式、扶持政策进行系统性、全局性的指导与规划①；既要有全局性质的指导文件，又要完善差异性政策的布局，打破“千镇一面”的局面。二是要体现“因地制宜”原则，对体育特色小镇的政策服务不能一概而论，要“一镇一策”“一业一策”，按照差异化原则培育体育特色小镇。对于体育特色小镇，政府主管部门应协同社会组织提供多方面政策保障，在政策允许的范围内，推荐地方体育特色小镇申请国家级特色小镇、国家级体育产业基地及体育旅游示范基地。在财政上，政府联合体育社会团体、体育基金会以及社会资本成立体育小镇专项支持资金；在小镇营销阶段，形成体育特色小镇运营平台，以提供信息咨询、商务合作、“IP”资源等支持；在人才培育上，邀请相关专家及学者定期进行培训讲座，加强专业管理运营人才培养。建立体育小镇动态评估机制，在对各级各类体育特色小镇评级确定后，定期将体育特色小镇的运营情况上报管理部门。另外，相关部门组织专家对小镇的发展进行监督与评估，采取重点抽查、消费者评价、市场调研等方式进行综合评价。

---

① 赵士雯，赵艳华，国福旺．新型城镇化背景下的天津特色小镇培育策略研究[J]．城市，2016(10)：22-25.

（二）完善产业价值链，推动产城融合

体育特色小镇需以体育产业为核心资源，以旅游为重要手段，聚焦自身特色产业谋发展。在体育与旅游等产业互动融合基础上，挖掘每个体育特色小镇的根本所在，突出体育产业的核心作用，将体育产品植入当地旅游与文化要素当之中，以体育推动旅游产业的深度发展。以产业价值链为基本点，构建体育旅游产业体系。以体育产业和区位特征为前提，纳入旅游产业链，共同形成体育旅游产业价值链，遵循建链、补链、强链、延链的原则，补充体育旅游产业链缺失产品与服务，延伸产业链到交通、餐饮、购物、娱乐、文化等多元素，从而提高体育旅游产业价值链的宽度和长度。在构建“体育+”产业价值链的基础上，推动“产城融合”。不仅开发小镇的体育旅游资源，更要注重城市功能的建设与完善。小镇内配套设施的建设应由政府与专业化企业协同完成，采取政府购买多样公共服务的方式，完善小镇的城市社区功能。充分发挥企业在服务设施建设与运营上的优势，实现政府管理、企业实施的有机统一。

（三）创新小镇运营模式，引进多元融资模式

过去我国城市建设产业园区和经济开发区往往采用国有企业的融资平台，以国企为主导进行新区的投资建设。这种落后的投融资模式随着社会主义市场经济体制改革的深入逐渐销声匿迹，加之地方政府职能的转变，亟待有效解决新型城镇化建设的投融资问题。为此，应根据国外发达国家的历史经验，引入政府和社会资本合作（PPP）模式。① 因为体育特色小镇的建设需要资金巨大，且资金回收周期长，PPP 模式将会把政府和企业共同纳入体育特色小镇建设，共同实现更大的成本效率和

① 王璐. 市场化运作过程中政府的角色重构——以龙泉青瓷小镇为例[J]. 小城镇建设，2016(3)：87-91.

经济效益。首先做好体育特色小镇的效益层级分类工作，重点支持收益高、效益好的体育特色小镇引入社会资本运营。同时，政府应加强政策引导，提供优惠的税收政策。在建设阶段与运营阶段，可以采取减税或免税的方式，以降低社会资本的投资成本，激发企业活力。最后供给符合体育小镇的金融政策，降低商业银行对小镇的贷款门槛，采取贴息贷款的方式，解决体育小镇的投融资难题。对于较高行政层级政府重点支持的体育特色小镇，可以采取政府发放债券的方式吸纳民间资本。通过PPP 模式吸纳了政府与社会资本的优势资源，拓宽了投融资渠道，实现了政府和社会的利益共享、责权分配与风险共担。

体育特色小镇是体育产业与旅游产业互动融合的新载体，是体育产业供给侧结构性改革的重要抓手，是破解城乡二元结构、完善乡镇基础设施、优化体育产业结构、促进体育消费升级的“密钥”。体育特色小镇具有深产业、多功能、精布局、新机制的四大特征，高度的产业关联性、市场消费的升级以及技术的创新都推动着体育特色小镇的形成。体育特色小镇的崇礼实践中，崇礼在筹办 2022 年冬奥会的宏观环境下，依托自身自然条件、区位条件以及产业优势，正在建设融冰雪、旅游、文化为一体的“体育+旅游”产业链。但是冰雪小镇的建设依然存在许多现实问题：政府层面的规划不足与过度干预，企业层面的运营方式与供给产品单一，产业层面的融合程度低与功能缺失。政府需加大政策保障，完善相关体制机制，充分发挥企业的运行主体地位，做好服务与治理，引入政企合作模式，培育企业积极性，推动体育产业与旅游产业的互动融合，以形成体育特色小镇的产业价值链。

第九节　体育特色小镇建设的四川实践：以峨眉山黄湾武术文化小镇为例

峨眉武术与少林、武当并列为中国传统武术的三大流派，更是历史悠久创派最早的武术流派，以中国名山峨眉山为发祥地。峨眉派兼备佛家与道家之长，既吸收了道家的动功，又有佛家禅修的基础，独创了一套动、静功相结合的练功方法。黄湾武术文化小镇坐落于峨眉山风景区黄湾旅游服务区内的峨眉河南岸，西侧近邻峨眉山风景区的门禁，是峨眉山市方向车行进入峨眉山的必经之路，也是峨眉山景区的第一门户地区。峨眉山黄湾武术文化小镇是以峨眉武术文化为主题的国际旅游文化小镇，其佛禅文化、武术文化和茶文化等非物质文化遗产深深地吸引着游客，武术套路、刀枪剑棍表演展现了峨眉山武术的独特魅力。四川省峨眉山黄湾武术文化小镇的建设发扬我国传统武术文化和佛禅文化，武术文化和佛禅文化得以传承、发展，树立起"体育+文化"的正面典型，成为同类体育特色小镇建设的学习榜样。

一、四川省概况

（一）自然地理条件

四川省位于我国西南部，地处中国和亚洲第一大河——长江的中上游，介于东经92°21′~108°12′和北纬26°03′~34°19′，有"天府之国"美誉。四川省东接重庆，南部紧邻云南和贵州两省，西连西藏，北部依靠青海、甘肃和陕西三省。四川地势西高东低，地域辽阔，面积48.5万平方千米，是我国第五大省，丘陵、高原和山地占全省面积95%以上，地形复杂多样，四川盆地是我国四大盆地之一。四川省地理位置极为重要，是我国中部与西南、西北地区的结合部。四川省气候温和，多云雾，日照少，气象灾害发生频率比较高，且四川处于我国地震密集带上。

四川省自然资源丰富，生物种类繁多，旅游资源独特，是中国世界自然文化遗产最多的省份之一，黄龙风景区、九寨沟风景区、大熊猫栖息地卧龙自然保护区被列为世界自然遗产名录，峨眉山—乐山风景名胜区被列为世界自然、文化"双重"遗产名录，良好的自然禀赋推动四川成为我国的旅游大省。

(二)经济社会发展概况

四川省是我国的经济大省，西部地区排名第一，全国排名第六。2017年，四川省地区生产总值36980.2亿元，比2016年增长8.1%，其中，第三产业增加值18403.4亿元，增长9.8%，目前，四川省正在由经济大省向经济强省迈进。四川省是我国的人口大省，总人口8800万，人口数量西部第一，四川省多民族聚居，少数民族人口约409万，羌族是四川特有的少数民族，彝族人口达264万，藏族人口达150万。四川交通总体发展水平居西部第一，近五年来，四川省交通设施建设逐渐完善，政府对交通基础设施建设投入力度加大，五年投资总额高达6693亿元，交通设施投资总额位居全国第一。新建高速、航道、过省干线、渡改桥等交通设施，致力于改变“蜀道难”的现状，打破交通制约四川经济发展的桎梏，四川交通服务水平整体提升，治理体系相当完善。

(三)历史文化沿革

四川省古称“巴蜀之地”，有“天府之国”的美称，历史文化悠久，人杰地灵，少数民族众多，是我国极为重要的旅游和文化大省，不仅有秀丽的自然风光，而且历史文化底蕴深厚，巴蜀文明是我国优秀文化的重要部分。四川省有国家级历史文化名城8座，涌现出了杜甫、苏轼、白居易等历史名人。另外，地方语言、戏曲、酒、茶、蜀锦、蜀绣、武术和三国文化等具有鲜明的地方特色，如川菜是我国八大菜系之一。省内有五大世界自然文化遗产，其中，都江堰—青城山是世界文化遗产，峨眉山—乐山大佛是世界自然、文化双遗产，还有杜甫草堂、阆中古城、北川羌城等国家级文化景区。巴蜀文化与楚文化、滇文化等相互渗透，形成了多元开放的特点。四川省体育非物质文化遗产是体育产业发展的重要突破口，李雅轩太极拳、藏族尔苏射箭节、绿林派武术、新津端午龙舟会、余门拳、峨眉盘破门武术、青城武术、五通桥龙舟竞技等文化，为体育产业发展注入新的活力，尤其是峨眉武术文化，推动了四川省的体育特色小镇建设。

(四)体育产业发展概况

自国家改革开放以来，四川省体育产业保持良好的发展势头，拉动了四川省餐饮、旅游、建筑、广告等产业的发展。全省竞技体育事业发展取得了重大成就，北京奥运会上，四川省获得四枚金牌、三枚银牌、五枚铜牌的优异成绩。2010 年以来，四川省体育产业进入快速发展阶段，2011 年，“四川省峨眉武术产业基地”挂牌，开启了四川省省级体育产业基地建设。2012 年 10 月，四川省人民政府办公厅发布《关于加快发展体育产业的实施意见》，文件明确指出，要深化四川省体育产业管理体制改革，统筹体育事业与体育产业共同发展，推动体育产业成为四川省经济发展的新的增长点，满足广大人民多元化的体育消费需求①。

四川省政府构建“一极两带三区多园”总体布局，将四川省省会成都作为四川省体育产业发展的龙头城市，政府带头培育成都市体育产业，促使成都引领全省体育产业共同发展。打造乐山、绵阳一线为四川省体育赛事、表演和培训产业带，打造甘孜、雅安一线民族和户外体育产业带，在体育资源相对匮乏的四川东、南、北部地区大力发展休闲运动产业，开展全民健身活动。2013 年，四川省体育局制定发布《四川省体育产业发展规划纲要(2011—2020)》，提出到 2020 年，要将四川省培育成中西部体育产业发展高地，培育四川体育龙头企业，培育具有强大竞争力的四川特色体育品牌，初步建立与四川省经济社会发展水平相适应的体育产业体系。② 在群众体育发展上，省政府大力发展群众体育，围绕群众体育消费热点，建设网球场、足球场、游泳馆等体育健身

---

① 四川省人民政府办公厅. 关于加快发展体育产业的实施意见[EB/OL]. [2012-10-12]. http://www.sc.gov.cn/10462/10883/11066/2012/10/16/10232693.shtml.

② 四川省体育局. 四川省体育产业发展规划纲要(2011—2020)[EB/OL]. [2013-03-22]. http://www.scsport.gov.cn/zwgk/ghjh/201303/t20130322_20298.html.

场所，高尔夫、赛车、滑雪等高端体育消费项目也迅速发展起来。2018年的四川省第十三届运动会上，增加了乒乓球、健身气功、轮滑等大众体育项目。此外，四川省多次举办全国性体育赛事，利用体育赛事引领体育产业发展。整体来说，伴随着体育产业和体育特色小镇的政策(见表4-3)陆续出台，四川省体育产业发展迅速，但是规模较小，体育产业发展潜力巨大。

表4-3 四川省体育产业和体育小镇相关政策

时间	单位	文件名称
2012.10.12	四川省人民政府	四川省人民政府办公厅关于加快体育产业发展的实施意见
2013.03.22	四川省体育局	四川省体育产业发展规划纲要(2011—2020)
2015.07.06	四川省人民政府	四川省人民政府关于加快发展体育产业促进体育消费的实施意见
2016.05.10	乐山市人民政府	乐山体育产业规划实施意见
2017.06.28	四川省人民政府	关于进一步扩大旅游文化体育健康养老教育培训等领域消费实施方案的通知
2017.07.28	四川省人民政府	关于加快发展健身休闲产业的实施意见

二、四川省峨眉山黄湾武术文化小镇建设现状与成效

自2013年起，四川省开展“百镇建设行动”，在特色小镇发展类型上，重点突出“3+N”特色，坚持体旅融合，坚持体育产业与传统文化结合，推动体育特色小镇走出一条独一无二的发展道路。国家公布的第一批96个体育特色小镇中，四川省占4个。四川省峨眉山黄湾武术文化小镇位于四川省峨眉山市，坐落于峨眉山脚下。峨眉山风景区是我国第一批国家级风景区，2017年荣获“中国最佳旅游目的地”称号。佛教在

我国已经有两千多年的发展历程，峨眉山是我国佛教四大名山之一；峨眉山—乐山大佛是世界自然文化双重遗产，是我国的佛教圣地，对世界佛教发展有重要影响，自然风光与历史文化引人入胜，且全域旅游体系自成一体。

黄湾武术文化小镇于 2016 年 9 月 21 日正式开镇，黄湾武术文化小镇占地约 1117 亩，建筑占地约 525 亩，总投资高达 12 亿元，目前已经投入 5 亿元。黄湾武术文化小镇是以武术作为特色的国际旅游文化小镇，全镇采用“一镇一庄、九坊八街十六巷”的空间布局，所有街巷都以峨眉武术派别分别命名，小镇“川西仿古”建筑融合了峨眉武术文化元素，小镇处处渗透着峨眉武术文化，极具魅力(见图 4-9)。黄湾武术文化小镇由八门坊、铁佛坊、武林册庄等九个坊组合而成，每个坊都有不同的文化展示，目前铁佛坊、点易坊、黄陵坊和青城坊已建成投入使用。① 黄湾武术文化小镇在规划设计时，将小镇定位为峨眉山景区高端

图 4-9　峨眉山黄湾武术文化小镇展现的“武术文化”

① 峨眉山黄湾武术文化小镇着力展现“武术文化”[EB/OL].[2014-10-10]. http://www.leshan.cn/html/view/view_c228bdedc29b93bc.html.

旅游服务配套设施，与小镇周围的普通民俗区别开来，实行差异化设计，小镇的目标客群、消费水平有强烈的针对性。黄湾武术文化小镇建设在峨眉山景区入口处，小镇建造体量小，设计者认为，这样能够使黄湾武术小镇自然融入峨眉山风景区，同时，黄湾武术小镇完善配套设施，建设有峨眉山景区低山区最大的停车场以及休闲购物区，供游客购买特色美食、玉器、金丝楠木等纪念品。

除了武术文化和自然风光，小镇还开发了灵秀温泉欢乐谷、休闲娱乐主题宾馆、瑜伽温泉、森林温泉、象城剧院、演艺中心等休闲项目，提供了更丰富全面的娱乐项目以满足游客的需求。黄湾武术文化小镇不仅是峨眉山游客的集散地，也是原居住人民的安置生活区，可安置居民3000 人以上(见图 4-10)。峨眉山黄湾武术文化小镇的佛禅文化、武术文化和茶文化等非物质文化遗产展示深深地吸引着游客，武术套路、刀枪剑棍表演展现了峨眉山武术的独特魅力，小镇规划建设山地体育运动公园、休闲绿道，扩展小镇旅游业态，促进产村融合。黄湾武术文化小镇考虑到四川省是地震频发地带，特别注重建筑的抗震性能，建筑的材料、安装方式都经过测试，不易坍塌，安全稳固，保证建筑良好的抗震

图 4-10 四川黄湾武术文化小镇掠影

性能。

三、黄湾武术文化小镇存在问题与借鉴经验

(一)存在问题

第一，黄湾武术文化小镇过于注重“旅游产业”，虽然小镇的发展必须与旅游结合，但是旅游产业过于强势，反客为主成为小镇发展的主体产业，忽视体育特色产业，即忽视小镇的特色武术文化功能，没有完全发挥武术文化小镇在体育特色小镇发展中的输出功能。

第二，黄湾武术文化小镇定位出现偏差，将自身定位为高端旅游的配套设施，将目标消费群体特殊化，忽视体育特色小镇应有的大众化属性。

第三，黄湾武术文化小镇虽然综合了山地、骑行、温泉等休闲运动，但是武术体验项目不够凸显。武术文化是黄湾武术文化小镇建设的核心和标志，人们能观赏武术刀枪棍剑和套路的表演，但却不能亲自体验。

(二)借鉴经验

传统文化是民族的血脉和精神支柱，弘扬我国优秀传统文化，提高国家文化软实力，整合我国传统文化资源，与体育产业相互融会贯通，文化复兴必定会带动国家政治、经济和社会的振兴。四川武术以峨眉派为代表，从地域视角分为五大支派，从技击风格角度分为八个门派，黄湾武术小镇将峨眉武术的支派作为小镇建设布局的参考，使游客更深刻地了解峨眉武术文化。峨眉武术是中华武术三大门派之一，与少林、武当齐名，具有极高的观赏性。武术表演是小镇的一大亮点，也是峨眉武术文化小镇的招牌。峨眉山武术文化小镇虽然存在一些问题，但依旧是四川省体育特色小镇建设的新样板。四川省体育特色小镇应注重体育与文化、户外运动、旅游的错位发展，最大限度地避免同质化和雷同等恶

性竞争。四川省峨眉山黄湾武术文化小镇的建设发扬我国传统武术文化和佛禅文化，武术文化和佛禅文化得以传承、发展，树立起"体育+文化"的正面典型，同时，解决当地贫困地区人民的就业问题，提高居民收入水平，改善人民生活，促进社会和谐稳定。

虽然黄湾武术文化小镇的规划设计和定位存在一些问题，但是小镇建设仍然可圈可点。譬如：黄湾武术文化小镇解决了原居住民的居住和生存困难，小镇是原居住民的生活安置区，同时，鼓励原居住民参与体育特色小镇的建设，贩卖四川特色产品、经营地方特色餐饮以及开设主题客栈、民宿等，解决原居住民生活困难、经济收入低、就业等民生问题。峨眉山黄湾武术文化小镇顺应"体育+旅游+文化"新的发展趋势，促进体旅融合，以及第一、二、三产业融合，注重挖掘峨眉武术文化、佛禅传统文化内涵，丰富文化小镇的旅游业态，同时，完善小镇教育、医疗、交通等基础配套设施，实现"产村一体化"，同时，利用峨眉山风景区的知名度，弘扬了峨眉武术文化和佛教文化，小镇与峨眉山风景区相辅相成，相互促进，共同发展。

第十节　体育特色小镇建设的湖北实践：以京山网球特色小镇为例

近几年来，国家从政策到资金大力发展体育产业，体育产业的春天需要有更多研究者前去探索和开拓，京山网球小镇是我国首批公示的96 个体育特色小镇试点项目之一，目前正处于建设期。本节在全域旅游视阈下，通过文献资料法、调查法等研究方法，借助协同治理理论、产城融合理论和可持续发展理论等学科理论，分析了京山网球特色小镇的建设背景、建设现状，针对建设中存在的问题，提出建设新路径和建议，不仅为京山网球特色小镇的建设提供一定的建议，也为其他小镇"产、城、人、文"四位一体的发展与建设提供参考依据和建设对策，从而加快推进我国体育特色小镇建设进程和辐射范围。

一、京山网球特色小镇的建设背景

（一）京山网球特色小镇的缘起

京山网球在20世纪80年代由一群离退休干部率先发起推广，1993年，京山县政府在财政吃紧的状况下，挤出2万元资金修建了第一批简易网球场，网球运动正式入驻京山县。1999年，京山以竞技体育引领网球运动推广，派出的网球运动员在湖北省运会中一举夺得了1金3铜的优异成绩，引起京山县社会各界的广泛关注，各企业、单位、社区以此为开端纷纷众筹投资建设网球场地，男女老少皆在业余时间开展网球运动。在这股网球运动之风的带动下，京山网球快速崛起，一项“贵族运动”在这个小县城成为人人能参与的平民大众化运动。京山网球经过40年的发展积累，网球功能日益突出，浓郁的网球氛围使京山县被中国网球协会授予全国唯一“网球特色城市”称号①，京山成为中国的网球之乡。2017年，京山网球特色小镇被国家体育总局批准为我国首批体育特色小镇试点项目，2018年京山撤县建市，成为湖北省荆门市代管县级市，这为京山网球产业的发展提供了巨大的发展契机。京山网球特色小镇乘势而上，掀开网球产业发展新篇章。

（二）京山网球特色小镇的设计规划和发展目标

第一，设计规划。京山网球特色小镇是属于运动休闲类非建制镇的特色小镇，是集网球运动、京山文化、温泉康养、网球培训、娱乐旅游等多种功能于一体的综合性网球文化主题空间区域，是京山全民健身发展平台和网球产业发展基地。小镇选址京山市温泉新区东部，紧倚京山经济开发区，东至屈场东路、南至青龙山脉、西至西环线、北至牛黄山

---

① http://www.jingmen.gov.cn/govinfo/szf_xxgk/201412/t20141208_122971.shtml。

脉，规划总面积 15 平方千米，核心区 3 平方千米①，总投资约 59 亿元，共分为“一轴两核四区一支撑”。一轴：沿京山河网球产业发展轴，由中部的核心赛事区沿京山河向东西两侧逐步辐射衍生网球产业相关配套功能与产业区；两核：网球运动产业核，温泉康养产业核；四区：生态休闲产业引领区，网球运动产业核心区，教育服务产业配套区，温泉娱乐产业区；一支撑：通过与京山经济开发区的连接，打通产业支撑。凸显京山独特的自然风貌特色和体育文化内涵，融秀丽山水、人文景观、网球运动、全民健身、生态休闲、旅游度假、康体养生于一体。②主要功能包括“一中心、一走廊、三公园、四组团”，即文体中心；京山河滨水运动走廊、文峰网球主题公园、温泉地质公园、山水湿地公园；全健身组团、健康生态组团、特色教育组团、温泉康养组团。重点建设“一核八心”，即以网球文化为核心，“八心”即展示体验中心、培训训练中心、国际赛事承办中心、网球+互联网智慧中心、华中地区体育装备制造中心、康复疗养中心、体育用品购物中心、网球接待中心。

第二，发展目标。京山网球特色小镇发展目标清晰，力争通过 3~5 年时间，把小镇打造成生态+生产+生活“三生融合”的 5A 级山水生态运动旅游景区，国际赛事和全民健身“双轮驱动”的中国网球普及推广示范基地，网球运动+网球产业+网球经济+互联网“四网合一”的全球网球赛事中心以及生活形态丰富的世界网球生活小城。

（三）京山网球特色小镇建设的优势和依托

1. 生态资源丰富，地理位置优越

第一，生态资源。京山市地处湖北长江经济较活跃地带，北倚大洪山，南临江汉平原，自然资源丰富，生态环境优美，版图面积 3520 平方千米，辖 14 个镇、405 个行政村、1 个经济开发区、1 个温泉新区，

① http://www.sohu.com/a/163884858_99930747。

② https://www.360kuai.com/pc/9a38fc2a739b48d7。

总人口约65万，是全国生态农业示范县、全国生态文明先进县、全国粮食生产先进单位、全国绿色小康县；是“亚洲观鸟之乡”“中国网球之乡”；是全国重要的商品粮、优质棉基地，被誉为“武汉后花园、鄂中绿宝石”①。近几年，京山因势利导，发挥比较优势，着力推进生态工业、生态农业、生态旅游、生态城市、生态环境五个方面的生态圈建设，京山生态已成为京山的品牌特色和品牌优势，是京山未来发展潜力所在，它极大地提升了京山的整体形象，增强了京山对外招商引资的吸引力。正因如此，京山的生态环境是京山网球小镇建设的基础条件。

第二，交通区位。京山位于湖北省省会城市武汉东南方向的200千米处，东承武汉，西接荆门，南望江汉，北通襄阳。随着武汉市“西进东出、北上南下”交通枢纽的形成，京山的区位优势日渐凸显。京山目前对外交通以铁路和公路为主，长荆铁路自西向东横向连接县区范围内各个区域，武荆高速、随岳高速、省道皂当线、汉宜线三横一纵穿境而过(见图4-11)。市内以新城区为中心的交通网基本成形，四通八达，福射

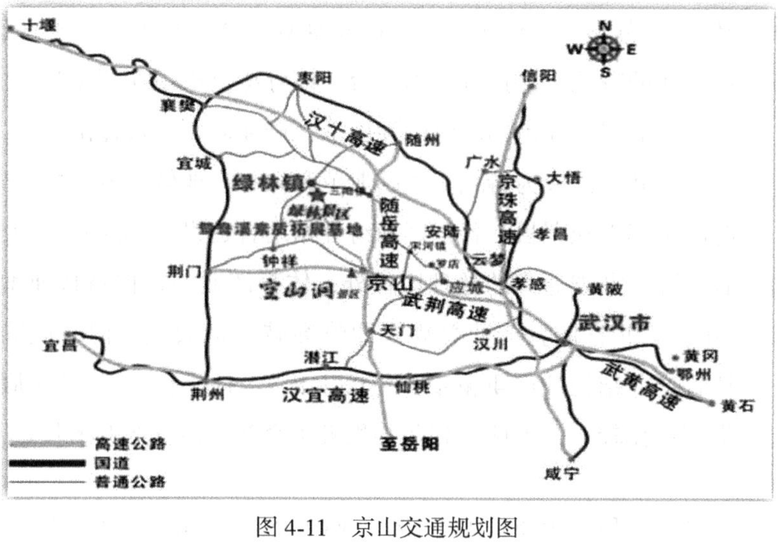

图4-11　京山交通规划图

① http://dy.163.com/v2/article/detail/efac2ols0518bm44.html。

范围广泛，方圆 200 千米范围内，辐射陕西、河南、安徽、江西、湖南、重庆五省一市，一个小时左右车程范围可达武汉、宜昌、襄阳、岳阳、随州、荆州等大中城市。除此之外，武汉至京山城际铁路建设已纳入了国家“十二五”规划，目前在筹划阶段。京山市有自主构建的城市交通网络，同时也打通通道与湖北省大交通格局形成一体，交通网络的建设为京山网球特色小镇的建设奠定了通行基础。

2. 政策助攻，资金支持

2014 年 3 月，我国正式出台了新型城镇化规划，提出了“以人为本、四化同步、优化布局、生态文明、文化传承”的中国特色先进化道路①，此后，国家为了深入加强体育产业的发展，加快中国城镇化进程，陆续出台了关于特色小镇建设的文件(表 3-1)，以健身休闲重点运动项目和产业示范基地等为依托，鼓励地方积极培育一批以健身休闲为特色的服务贸易示范区。②

2017 年 7 月，中国体育特色小镇基金在北京成立，基金总规模为 500 亿元，首期投入 100 亿元，投入方向主要是国家体育总局确定建设的 96 个体育特色小镇，作用是建立战略规划、金融投融资、建设运营服务三位一体的特色小镇投资管理平台。体育特色小镇在国家政策的引导、资金平台的支持和市场趋势的发展下，产业内驱力被逐渐激发，发展不到五年时间，已成为特色小镇的典范和体育产业转型升级的重要载体，一时间引起大众瞩目，各地区纷纷开始培育建设。湖北省作为全国体育大省，除了九省通衢的地理区位外，体育产业长期保持快速增长，至 2018 年，湖北省体育产业总规模即将突破千亿大关。但与此同时，湖北省体育产业结构却严重偏项，与民生相关的休闲健身、场馆服务、教育培训等占比较小，因此，湖北省积极培育新的体育产业增长点，深

① 岑雪婷. 呼和浩特市新型城镇化的 SWOT 分析及对策研究[J]. 中国商贸，2015(8)：96-98.

② 王婷. 「文化+」战略构建文化产业创新发展平台——文化中国实业股份有限公司总裁邹吉峰专访[J]. 商业文化，2017(19)：6-6.

入推进体育特色小镇建设项目，专门印发了《湖北省特色小镇创建工作实施方案》①，方案系统地对湖北省特色小城镇的建设提出了具体的发展要求和评价标准。京山市在湖北省的号召下率先因利乘便地打造网球特色小镇，将“网球特色小镇”的建设开发纳入京山市“十三五”发展规划中，京山网球特色小镇建设项目被列入京山区域发展的三大发展战略和十大建设项目。先机的把握，重点的规划，使京山网球特色小镇在2017年成功获批全国第一批运动休闲特色小镇试点项目，获国家资金支持300万元。京山网球特色小镇抓机遇，谋发展，在政策上享受政府红利，在资金上获得基金支持，未来发展值得期盼。

3. 区域经济快速发展，催生了网球产业的发展

在经济发展新常态背景下，我国经济增长中的新动能不断涌现。自2014年起，国务院相继印发了《国务院关于加快发展体育产业促进体育消费的若干意见》②《国务院办公厅关于加快发展健身休闲产业的指导意见》③以及《国务院办公厅关于进一步扩大旅游文化体育健康养老教育培训等领域消费的意见》④等系列文件，文件的颁布，预示着体育产业作为我国新的经济增长支柱已逐步上升到经济核心产业地位，体育消费作为新的消费领域，其释放的市场潜力越来越凸显。消费者多元化的消费需求带动了一批具有特色的体育产业示范基地的崛起，湖北京山早在20世纪80年代就开始探索体育产业的市场经济发展之路，后来由一批离退休干部发起，引进了网球运动，选定网球产业作为京山名片大力发展。40多年来，京山先后投资1.75亿元建起了占地419亩的文峰网球主题公园（见图4-12）；投资近20亿元建起了占地1135亩的京山文化体育中心（见图4-13）；投资7.5亿在建京山市网球特色小镇网球赛事中心和湖北省网球学校。市政府每年预算公共财政资金800万~1000

① http://www.hubei.gov.cn/govfile/ezbf/201712/t20171220_1236425.shtml。

② http://www.gov.cn/zhengce/content/2014-10/20/content_9152.htm。

③ http://www.gov.cn/zhengce/content/2016-10/28/content_5125475.htm。

④ http://www.gov.cn/zhengce/content/2016-11/28/content_5138843.htm。

万元，用于补贴重点赛事、奖励网球选手、培养网球后备人才。

图 4-12 文峰网球主题公园

图 4-13 京山文化体育中心

2016 年，京山经济总值突破 300 亿元，2017 年京山连续 13 年位居湖北省县域经济发展 20 强，2018 年京山市上榜中国中部县域经济百强县市，位列第37位。京山市人均收入水平已经能够保证消费水平逐渐向体育健身、旅游、养老、教育等其他方向转移。再加之近几年京山大力发展农业和轻工业吸引了部分外商的投资，京山的经济实力得到大幅提升，有能力、有机遇、有环境建设网球特色小镇。京山城市经济的全面发展带动了京山体育事业的发展，它为网球小镇的建设提供了良好的孕育环境，为网球产业链条的延伸和扩张提供了强有力的支撑。

4. 历史文化底蕴深厚，旅游资源丰富

京山位于湖北腹地，地处武汉—宜昌—襄阳湖北经济金三角中心区，是“武汉城市圈”“鄂西生态文化旅游圈”“中国农谷”战略三圈建设唯一同时覆盖的地带①。京山生态环境良好，旅游资源丰富，自然与人文兼有，境内森林茂密，溪河密布，溶洞丛生，怪石林立，清泉涌流，自然美景和人文景观丰富多彩，是一片钟灵毓秀的土地。目前，主要旅游资源实体包括6大类32种138处。已初步形成以国家4A级绿林景区为主体的历史人文漂流探险游，以温泉景区为主体的健康养生游，以惠亭湖景区为主体的水上娱乐游，以网球小镇为主体的体育休闲游，以虎爪山国家森林公园为主体的森林生态游，以观音岩景区为主体的宗教文化游六大旅游板块②，年吸引游客数百万人次，在2013年，京山入围“美丽中国”十佳旅游县。近些年，京山通过不懈的努力，凭借自身优势，盘活闲置资源，打造工业+农业+休闲+旅游的现代化城市，被外界誉为轻工机械之城、国宝桥米之源、温泉旅游之都、中国网球之乡。此外，京山市以网球运动为引擎、以生态旅游为龙头的旅游产业已逐渐发展壮大，正在成为京山县域经济新的增长点。

京山市是湖北省重要的革命老区，历史地位突出，文化旅游根基雄厚，拥有4000多年的屈家岭文化和1900多年的绿林文化，是中国古老文化代表之一。春秋时期的京山人，创造了青铜文化的杰出代表——商

① http://www.sport.gov.cn/n316/n343/n1195/c876927/content.html。

② 韩鹏. 基于市场需求的温泉旅游产品开发初探——以湖北省温泉旅游产品为例[J]. 太原城市职业技术学院学报，2012(2)：168-170.

周苏家垄国宝级文物曾侯壶及青铜器群；西汉末年时期的京山新市人王匡、王凤发动的绿林起义，是我国历史上第二次大规模的农民起义；唐宋时期的“芭蕉寺”、明清时期的“太阳寺”文化遗址等见证了京山古代的对外文化交流；革命时期，京山县是全省农民运动七个先进县之一，是湘鄂西苏区重要组成部分，是鄂中抗日第一烽火点燃地。京山是豫鄂边区创立发展时期的指挥中心，是新四军五师、豫鄂边区党委、行署机关驻地，李先念、陶铸、陈少敏等老一辈革命家在这里留下了光辉的战斗足迹。不朽的文化是京山人的骄傲，它为打造全域旅游城市、建设京山网球小镇增添光辉和文化底蕴。

5. 网球群众基础扎实，赛事活动范围广泛

京山是全国体育先进县，是目前全国唯一被授予“中国网球特色城市”称号的城市，是湖北省网球高水平体育后备人才基地。京山网球在20世纪80年代由一群离退休干部发起推广，从最开始的2万元经费、两片简易网球场、8名退休人员组成的第一支网球团队，发展到目前拥有占地面积420亩的网球公园，200多片塑胶网球场。网球注册会员3万余人，网球爱好者多达8万余人，平均每9个京山居民里就有一个网球人口，平均1500人拥有一片网球场，如此规模的网球人口比例目前在全国县级市也是凤毛麟角。京山市为了普及网球运动大众化，舍得投资，舍得建设，“打网球到京山”“ 请吃饭不如请流汗”是京山群众中流行的话语，这充分说明了网球运动已经扎根于京山人民大众，网球作为贵族化运动在京山已司空见惯。近年来，京山建设“中国网球之乡”，把群众网球运动发展成为县域新兴产业，政府为了网球运动的推广和普及，将“网球之乡”建设纳入国民经济和社会发展总体规划，把网球场的建设纳入到政府“十一五”“十二五”规划体系中，以主题公园为中心，围绕政府机构、事业单位，民间机构为球场辐射点，不断完善基础建设，拓展球场范围，扩大网球人口基数，引领全民参与网球运动的热潮。

除此之外，为了动员更多的人群参与网球运动，京山市定期举办公

益性网球推广与普及活动；为了促进网球运动的发展，组织各类网球俱乐部、网球社团、网球协会；为了提升青少年网球的培养与教育，将网球体校经费纳入财政预算，并开设业余网球学校，从娃娃抓起，培养网球兴趣，扩大网球人口，增强京山网球竞争力。京山网球的发展除了群众基础雄厚外，最重要的是依赖于各种网球赛事的举办，在大众网球赛事中，除了连续举办的本地冠名大众网球赛事，如“人事杯”“社保杯”“安全杯”“和风杯”“御景杯”“富水杯”“电力杯”“京阳杯”“京山轻机杯”“华贝杯”外，还举办全国乃至国际网球赛事，如全国大众网球团体赛总决赛、国际网联 U18 青少年网球巡回赛、2015—2016 年中国杯亚洲短式网球锦标赛等大型赛事。在这期间，京山市为了提升网球赛事的知名度，从 2012 年开始，每三年举办一次中国(京山)网球节，此举措使得京山“中国网球之乡”品牌影响力不断提升，此项目也被国家体育总局、国家旅游局评为“中国体育旅游精品项目”。

近几年来，京山市努力打造自主品牌赛事——中国京山绿林网球英雄会，在 2017 年的中国(京山)绿林网球英雄会中，比赛总奖金高达 50 万元，吸引了全国 19 个省市 500 多名球员、教练员参赛，3000 多观众前往观战，赛事的档次使京山网球名声大噪(见图 4-14)。走进京山，

图 4-14　2017 年京山绿林网球英雄会

无论是群众基础还是赛事活动，网球运动基本实现了“天天有场地、月月有活动、季季有赛事、年年有发展”的产业链模式。

二、京山网球特色小镇的建设现状

（一）京山网球特色小镇的基建现状

京山网球特色小镇地处京山温泉新区，温泉新区被定位为中国休闲养生谷，自 2012 年 5 月成立以来，围绕休闲理念，以发展休闲康养产业为主，结合区域项目特色，重点包装了六大方面的主体项目，包括 28 个子项目，总投资超过 40 亿元。新区项目建设主要包括基础设施、公共服务、民生保障、招商主题四个方面，目前已完成投资近 30 亿元。在建的 23 个子项目主要包括 9 条基础设施道路工程、县文化体育中心项目区域的体育场馆与职教中心、青少年文化广场；赵畈、窑山、文峰、汤堰城市棚户区改造四大工程；京谷国际生态旅游城、惠亭山温泉度假村、游客服务中心、岭尚山河 4 个项目的续建工程；以及新签约的华氏国际温泉社区、京山通用航空综合体、古楚水镇、万树百花谷 4 大项目①。京山网球特色小镇以先行开发优势自然资源为主导，于 2018 年 5 月正式开工建设，规划 34 个项目，总投资 80 亿元，其中，京山网球特色小镇核心项目由中控地产有限公司投资 59 亿元着力打造，截至目前，小镇已完成建设项目 14 个，完成投资 23.6 亿元，其中包括投资 13 亿元，全长 71 千米的“四横八纵”骨干交通道路网，从京源大道、温泉路、惠山大道、南环路到西环线、鸭山路、新市大道、京山大道、文峰大道、富水大道、永兴大道、屈场东路，网球小镇道路交通基础设施日趋完备，东西南北环线路网、“井”字形交错路网正在铺设。

此外，网球特色小镇作为京山十大重点项目，以高标准的效率向前推进，已建成投入使用的项目有占地 419 亩的文峰网球主题公园，容纳

① http://blog.sina.com.cn/s/blog_502750b30102vqup.html。

5000多人的网球国际赛事中心及配套室外练习球场，万人综合体育场，占地1135亩、总投资20亿元的京山文化体育中心，全民健身活动中心，惠亭山、青龙山登山步道，温泉度假酒店，高尔夫练习场，环湖自行车赛道，马拉松赛道等配套项目。其中文峰网球公园还承办了湖北省第十三届运动会网球赛事，综合体育馆成功举办了荆门市第七届运动会，目前网球小镇在建项目有文化体育中心博物馆、湖北省(京山)网球学校、温泉高中等；即将投入使用的项目有民政公共服务中心、博物馆、中等职业技术学校等；即将启动建设的项目有聂绀弩图书馆、城市规划馆、温泉高中，以及聚集医疗资源、投资8亿元的三甲综合医院——协和京山分院等。目前，作为京山市十大重点项目之一的网球特色小镇正在充实指挥部力量，联合其他部门，抽调人员，加快征地拆迁力度，充实工程规划，确保项目质量安全，相信在不久的将来小镇会以高质量要求通过国家体育总局的验收达标。

(二)重点业态和空间布局现状

京山网球特色小镇按照政府规划，把网球运动和温泉产业作为重点业态，以网球+温泉+康养+旅游为发展线路，以网球精品赛事为品牌宣传点，以国际赛事和全民健身为“双轮驱动”，在国家政策支持下，因地制宜，联合周边业态，发挥“网球+温泉+”的叠加效应，努力实现体育运动、温泉康养、休闲娱乐、文化旅游的完美融合和互利共赢；同时助力京山市形成文化、赛事、产销、旅游产业联动、互动发展的新势能，打造独具京山自然禀赋和体育文化特色，融灵秀山水、网球运动、生态休闲、全民健身、人文景观、康体养生、旅游度假于一体的国家级体育运动休闲旅游基地。

(三)投资运营和管理现状

京山网球特色小镇由京山市政府谋划发起，由国家体育总局拍板监督，由政府和企业共同注资，按照市场导向，遵循政府引导和社会参与联动原则，秉承“政企合作，市场主导”的运营模式进行运营和管理。网球小镇的顶层设计是由京山市政府统筹规划，项目实施主要由京山网球特色建设指挥部牵头，以荆门市市长，京山市市长、京山市文体新广局局长、温泉新区管委会主任为指挥长、组长、服务秘书、驻点秘书，协调联动、参与建设。在规划调度上，政府要求相关单位落实小镇建设的区域性功能，加大基础建设规划力度，聚焦人气，承接疏散拆迁区域民众，加快完善在建项目的预算、资金分配、工期计划等。在资金投入上，要求网球特色小镇建设指挥部加强与中控集团对接，按照规划要求和施工期，确保资金和工期正常调度到位。京山网球特色小镇目前处于建设期，除了在建和即将启动项目外，建成投入使用的场地设施主要以公益结合市场运作的方式进行，前期政府参与财政投入，引导社会资本进入，加快基础建设进程；后期引导市场运作，拓宽 PPP 融资渠道以及产业化升级，在网球人口不断增长的基础上，结合周围的生态环境、自然资源、人文风情以及温泉康养，着力打造精品赛事和精品旅游线路以及培育网球高水平运动员。总之，京山网球特色小镇的运营管理还处于摸索阶段，后期建设项目投资巨大，需要政府多渠道寻求新的稳定的合作伙伴融资建设，需要政府出谋划策，需要专业人士献策献计，需要民众同舟共济。

三、京山网球特色小镇建设存在的问题

(一)网球小镇协同运营管理水平较低

京山网球特色小镇是以京山市政府为主体，采用政企合作模式运营管理的，一方面小镇的管理运营脱离不了政府的统筹管理和制度约束，另一方面又依靠企业专业化市场运营，二者之间需要协同管理，互促互进。目前，京山网球小镇处于建设中期，政府和企业的聚焦点还停留在小镇的建设规划之上，运营和管理的模式还无暇顾及，网球小镇协同管理还没有找到一个均衡的契合点。例如，虽然政府已设立以京山网球特

色小镇建设指挥部为首的联动协调部门，但部门之间缺乏整体合力，联系不足，导致小镇某些协同运营方案落实困难，运营管理断层；再者网球小镇部分区域虽建成投入使用，但由于缺乏政府与企业共同建设的平台化运营管理机制，导致部分场馆利用率不高，部分创新融合发展模式难以运行，开展的部分活动和赛事人员参与率低下。待京山网球特色小镇所有项目建成投入使用后，应更注重政企的运营管理方式结合。例如，如何激活小镇运行能力，如何做好服务宣传，如何引进和培养人才，如何吸引更多消费群体参与，如何盘活主导产业圈，如何带动区域经济发展等问题，对于网球小镇的运行管理部门来说，面临着巨大考验。

(二)产城融合不足

产城融合是在我国新的经济形势下，基于“产城一体化发展”提出的一种新的发展思路，把产业作为城市发展的先行保障，把城市发展作为产业的长效驱动。它除了社会、土地、经济、文化、产业、空间、生态等的融合外，还需要政府引导，市场调节，遵循创新和差异性原则，不断优化产业空间，保持城市科学有序发展。京山网球特色小镇以网球运动和温泉康养作为核心产业支撑，在先行先试的原则下，培育多年，取得了一些积累和成就，但就目前网球特色小镇所呈现出的发展状态而言，首先，缺乏以人为本的医疗条件、文化条件、旅游条件、购物条件以及公共服务条件。其次，京山市整体经济基础和经济结构功能较薄弱，高科技含量较低，农业生产方式落后，主要以手工业为主，产业化的农业结构还未形成，间接导致网球特色小镇产业聚集薄弱，城市承载产业融合能力不足，部分待融合的业态都处于建设完善阶段，造成了网球小镇的互联互通能力不足，产业集聚效应动力缺乏，影响了小镇产城融合的进程。最后，网球小镇的核心产业网球运动和温泉康养产业开发融合不够深入，没有形成真正的网球+温泉小镇，二者的价值链有待开发和连接。

（三）特色产业价值链层次低下

随着全球经济一体化的发展，特色小镇的规划需要有国际价值链的视角，需要有战略发展眼光和定位，在面对与国内国外同行业的激烈竞争形势下，自身产业价值链的水平和品质尤为重要，它是决定小镇可持续化发展的重要因素。京山市虽然拥有良好的自然资源和核心产业态势，但缺乏高端的市场主体，已有的城镇产业国际化市场占比较小，价值链核心要素在全国乃至全世界处于中等偏下水平。京山网球特色小镇虽然有政府支持，有“一轴两核四区一支撑”的规划定位，核心产业也具有一定特色，但在全世界范围内来说并不特殊和唯一。国内有安宁国际网球小镇、北戴河恒博网球小镇、即墨温泉小镇、汤山温泉小镇等产业相似的小镇，国外有温布尔登网球小镇、巴斯温泉小镇、霞慕尼户外小镇等发展成熟的小镇。京山网球特色小镇作为我国的新兴小镇，目前缺乏国际消费吸引力，嵌入全球化小镇产业价值链的能力不强，还处在价值链的底层，再加上小镇目前信息化建设步伐缓慢，对外的宣传窗口较为闭塞，本该拥有的价值链得不到有效开发挖掘，影响了整个产业链的协调发展。

（四）缺乏“燃爆点”容易被替代

京山温泉新区是京山县域经济突围的产物，是彰显京山特色的窗口，近几年，京山县奋力冲刺，着力打造生态宜居中等城市，经过近几年的努力打造，京山温泉新区已成为“中国养生谷”，武汉“两型”社会建设试验区，正在以飞快的速度迈向国际化大都市。京山网球特色小镇是京山温泉新区重点建设项目，其核心主导产业是网球产业，在区域规划定位上以温泉为载体，以网球为特色，结合周边文化因子、生态资源、旅游资源为优势联合打造的。在发展目标定位上，把京山网球特色小镇建设成国家新型城镇化示范区、全国运动休闲特色小镇示范点、中国网球运动旅游示范基地和中国温泉康养旅游示范地远大的目标与现实总是存在差距，目前网球小镇的主打产业迎来了巨大挑战，产业特色不特殊，尤其是温泉产业与其他产业同质化。湖北省温泉资源丰富，已经开发和尚待开发的温泉旅游中心达30个之多，武汉市周边有以高温温泉为主的罗田、英山温泉；以中温温泉为主的咸宁、赤壁；有应城至襄阳一带的高、中温温泉；还有温泉较集中神农架片区的房县、保康、巴东、长阳一带；目前武汉周边已经形成九江、应城、咸宁三大温泉板块①。而京山温泉开发较晚，入市较迟，周围的自然景区优势单薄，地理位置也不占优势，因此对市场的依赖性较强，容易受到同行业的竞争打压，独立的温泉产业很难在市场立足。不仅如此，京山网球特色小镇的网球产业也受到相同情况的掣肘，以武汉网球产业为例，武汉网球历史悠久，交通区位优越，网球人才云集，这些年随着网球名片李娜的诞生、光谷网球中心的建立、WTA公开赛的落户，武汉网球迅猛发展，京山作为二级城市，网球产业之路任重道远。京山网球特色小镇如何让网球与温泉、与周边产业发生碰撞，产生“燃爆点”，是政府企业后期研究之重。

(五)智慧服务系统欠缺

随着全球经济一体化的到来，人们信息交互方式意愿增加，信息化网络自媒体得到了广泛应用，智慧城市、智慧医疗、智慧交通、智慧旅游等智慧平台如雨后春笋般兴起，智慧服务作为现代企业的竞争优势，是占有市场先机和赢得顾客的关键所在，是企业前进过程中不可或缺的重要元素。

京山网球特色小镇立足京山，面向湖北、放眼全国、迈向世界，虽然小镇目前正在建设中，但小镇的产业定位确是明确深远的，此番落成的项目已初具规模，大部分已投入运营。但在运营的这段时间中，民众的需求与小镇所提供的服务质量、服务范围、服务智能化产生了巨大的

① http://jz.docin.com/p-308942637.html。

矛盾，这种矛盾的出现是由于小镇的前期规划建设是以政府主导、企业参与为主体的，在规划之初忽略了本体参与者的多元化需求以及真实体验感，未将智慧服务理念融入到网球小镇的规划体系中，导致小镇的服务目前还停留在传统服务的基础上，影响参与者的满意度和体验效果，进而影响到京山网球特色小镇的总体形象，造成客源流失。

(六)交通体系不完善

京山市位于湖北腹地，随着城市经济的快速发展，市域范围内城市基础设施条件已大为改善。但京山交通配套体系还未跟上城市发展节奏，目前城市对外交通主要以铁路和公路为主，铁路主要是以长荆铁路为主要客运，对外的高速公路主要有武荆高速公路、随岳高速公路，境内省级公路主要有皂当公路、安京公路、随应公路、京天公路，景区公路主要依靠乡间道路支撑，往来于绿林寨、鸳鸯溪、美人谷等景区的公共交通只有班车，这样的交通体系对于目前的客流承载量来说是处于饱和状态的。随着京山县撤县建市的政策颁布，京山网球特色小镇的国际化辐射，京山迎来了更多的发展机遇和客流量，然而京山目前的交通体系远远不能胜任京山网球特色小镇后期的国际化赛事以及国际化发展需求。京山市政府已意识到交通体系的短板，并将武荆城际铁路(京山段)建设项目列入京山市“十三五”规划，但迟迟没有动工，京山的空运能力几乎为零，交通运行能力太过单薄，交通体系跟不上国际化都市的节奏，拉低了整个京山市的城市等级，影响了京山网球特色小镇的品牌塑造。

(七)品牌塑造欠缺，宣传力度不够

特色小镇的品牌塑造是向外辐射的前提和基础，是城镇品牌营销的核心，京山网球特色小镇部分区域对外营运至今，品牌主要是以网球产业为核心，以温泉康养以及周边固化景点为主题的泛旅游产业。近几年京山县政府以网球为窗口，聚集产业业态，举办了一系列活动与赛事，

以提高网球小镇的品牌竞争力，虽然取得了一定的知名度，但在规模和数量上辐射范围并不广，再加上网球小镇整体建设还未完工，政府与企业管理层在品牌的塑造上还缺乏科学的顶层设计，没有把握好品牌的长远规划定位，导致小镇的整个品牌塑造缺乏体系和完整性。在品牌的推广方面，京山市政府为了宣传和推进京山网球特色小镇的建设，率先征集了小镇的专属标志，但在品牌宣传上，仍然依靠政府牵头大项目、大赛事引发媒体关注报道，品牌推广渠道太过闭塞。笔者在百度、360浏览器、QQ浏览器、微信等平台上搜索了关于京山网球特色小镇的网页、APP、公众号，其结果不太乐观，大部分关于京山网球小镇的报道为官方报道，关于小镇宣传的报道少之又少，APP、公众号都还没有建设，更甚者在360地图上，竟然搜索不出京山网球特色小镇的IP地址，这些状况充分说明了京山网球特色小镇的品牌推广还没有引起相关部门的重视，小镇的品牌培育还处在最原始端。另外，在小镇的品牌宣传上，小镇的宣传部门角色缺失，是影响小镇品牌推广的重要因素，不管是政府还是企业，目前都缺乏品牌开发运营的措施和人才，影响了小镇的品牌宣传、推广以及反馈评价，导致网球小镇的品牌传播和品牌效应跟不上现代化的媒介市场。

四、京山网球特色小镇建设发展对策

（一）提升重点业态竞争力，聚集高端市场主体

以网球运动为核心功能，以生态休闲为基础功能，以温泉康养为支撑功能的发展定位，是京山网球特色小镇建设功能区域分配的规划标准，一直以来京山市政府都以这个标准布局小镇的设施规划，打造小镇的业态分布。这些年来在政府的精心培育下，网球和温泉产业在市场的知晓度越来越高，但随着周边地区相似产业的强劲发展，京山网球特色小镇会迎来越来越多的挑战和劲敌。因此，小镇必须要“摸清家底，创新产业，瞄准市场，借鸡下蛋”，激发潜在“燃爆点”，提高市场竞

争力。

1. 围绕网球业态聚集高端市场主体

随着健康中国理念的深入，我国体育人口越来越多，人们对运动休闲产业的要求越来越高，京山网球特色小镇的网球业态不能只满足于当下的发展，智能化、便捷化的网络需求是驱动京山网球特色小镇发展的新动力，“体育+互联网”是体育产业发展的新引擎。因此，京山网球特色小镇要瞄准高端产业市场打造产业高端，聚焦电子竞技产业，打造电竞+网球的发展路径；借助互联网+创新资源要素，打造网球移动社区；划分网球者消费年龄层次，建设网球乐园，打造老人康养网球，提供竞技网球平台；建设网球智能基地，打造健康大数据产业和高端智能体育装备制造业；建立网球康养中心，提供网球康复理疗、运动损伤康复、儿童感统训练、儿童体适能训练等特殊服务，以网球产业为连接，畅通城乡要素高效配置通道，让高端要素均衡进入二级城市。

2. 发挥网球+温泉的叠加效应，打造特殊业态

京山有浓厚的网球底蕴，有培育良好的温泉市场，将网球和温泉产业结合本就是产业融合的亮点，但这种亮点易被模仿和复制，缺乏特殊性，因此京山网球特色小镇要想突围而出，必须为自己找到一个能够区别于其他竞争对手的 USP(独特的销售主张)。首先要利用固有资源，发挥好网球+温泉的叠加效应，网球是出汗，是劳累的体育项目，而温泉是享受，是康养的放松项目，二者的结合无论是身心健康还是劳逸结合方面，都是容易被人们接纳和推崇的，因此京山网球特色小镇要树立“打网球，泡温泉”的健康理念，从理念的定位，到基础设施建设的结合，再到口号的宣传推广，逐步培育市场，引导消费者理念，打造京山网球特色小镇网球+温泉的特殊业态。

(二)优化运营管理模式，坚持可持续发展之路

1. 完善京山网球特色小镇顶层设计，制订可持续发展计划

京山网球特色小镇能否持续发展，依赖于京山市政府的顶层设计和

发展规划。政府要发挥指引与协调作用，从小镇建设的规划、布局、融资、管理、宣传等环节进行总体把控，协调政府、企业与市场的关系。各职能部门也要充分发挥领导职能，联合企业各部门统筹规划，加强管理扶持力度，积极探寻和制定网球小镇以及相关产业发展的具体方案，引导产业规划，协调多元主体参与，保障建设用地，完善基础设施建设，布局市内机场、客运、高铁、城际等城市综合交通体系，实施快捷便利的城市公交系统无缝衔接，完善网球小镇内的公共服务设施，全力提升小镇的文化基调、教育培训、科技卫生、娱乐健身等公共服务设施。创新培育京山特色网球小镇的市场主体，聚焦市场供需，尊重市场指向，增强消费市场的竞争力。制定京山网球特色小镇的相关政策和管理制度，推进网球特色小镇建设、人才引进等方面相关制度，对于网球小镇的赛事、活动、场馆建设、人才培养等项目政府要给予政策优惠。总的来说政府要围绕网球特色小镇的特色，遵循市场规律发挥顶层设计作用，科学地规划和设计网球小镇未来的发展路线，确保其在市场拥有更多的自主权和占有率，为京山网球特色小镇探寻出一条独特的可持续发展之路。

2. 构建协同治理机制，提升运营管理能力

体育特色小镇的运营管理是一个错综复杂的过程，包含了规划、建设、服务、宣传、研发、培训、文化、旅游、资源整合等内容，它必须要顺应市场化管理运作，依据市场的导向及时做出调整。京山网球特色小镇主要是以京山市政府为主导、以市场为主体、社会共同参与的企业开发运作模式。京山政府以顶层设计、制度建设、服务管理为主要任务，掌控京山网球特色小镇整体方向；企业(已进驻的中控地产有限公司)通过资源整合和市场化的运作管理，成为小镇建设主角；而京山当地居民则承担了参与社会监督的责任。目前，京山网球特色小镇的运营和管理模式还处于摸索阶段，随着后期网球小镇基础建设的完善，网球特色小镇的运营和管理需要政府、企业、居民的通力合作，需要政府牵头，上下协调联动的协同治理机制。因此，在市场的洪流中，政府要发

挥引领和保障作用，营造良好制度环境、提供设施服务，稳步推进小镇建设实施，定期召集相关部门人员召开联席会议，解决问题、监督检查、重点把关，确保项目的正常推进。企业要告别固化的房地产开发模式，严格控制“房地产化”过度，转变投资运行机制，发挥自身优势，向产业运营的角色转变，引进有效运作经验，建立市场机制，促进京山网球特色小镇建设的规范性和预见性。社会居民要发挥主人翁的意识，积极参与到小镇建设，组成小镇监督委员会，建立长效管理和监督机制，统筹政府、企业、百姓三方利益。再者，政府和企业要创新发展理念，完善政企体制建设，运用现代化的管理理念、方式加强小镇的融合业态，实现京山网球特色小镇多规协调和数字化管理模式，提升京山网球特色小镇的运营管理能力。

3. 规避资金断链风险，建立多维融资通道

我国关于特色小镇建设的政策明确规定要以政府引导、企业主体、市场化运作为建设模式，在市场主导的模式下，目前我国大部分特色小镇主要以政府主导、政企联动(PPP)、企业主导、非营利社会组织这四种模式为主体参与项目规建设。京山网球特色小镇则采用了政企联动(PPP)的模式进行开发和建设，京山市政府负责网球小镇的定位、规划、审批和基础设施建设，通过投标的方式引进了中央企业中控地产投资建设，并签署协议，许诺中控地产 15 年的自主运营权，这期间中控地产可直接规划京山网球特色小镇建设运营的一体化服务，15 年到期后，政府再通过购买服务的方式使项目回归政府，这种模式大大缓解了政府的财政压力，激发了市场的活跃度，但所带来的问题是政府所有权与经营权的分离，网球小镇的运营管理会过分依赖企业，企业的投资、建设、运营存在各种不确定因素，再加上网球小镇收益回报周期较长，前期需要企业注入大量资金，一旦企业出现资金断裂或者企业撤资，那么都会使网球小镇存在风险，甚至与企业一起陷入“房地产泡沫”。另外，中控地产合同到期后，政府回收后的京山网球特色小镇如何管理运营仍然是一大难题，因此，京山市政府应提前做好应对措施，建立企业

评估与资本评价体系，多渠道进行社会资本融资，利用基金、股权、发行债券、融资租赁、上市融资、资产证券化、收益性信托以及民间借贷等渠道来降低网球小镇未来的风险，同时政府要坚持市场化方向，培育更多投资主体，鼓励金融创新，吸引国际资本入驻。

4. 建立人才引进渠道，打造人才聚集基地

就京山网球特色小镇而言，无论小镇建设多么高大上，规划设计多么领先超前，投资数额多么庞大，最后都会落脚到人的问题，尤其是关于人才的引进和培育。当前，我国各大城市为了引进高端人才，纷纷出台各种优惠政策、优惠措施，对于建设初期京山网球特色小镇来说，人才竞争处于劣势，无法与大城市的丰富资源抗衡，因此京山网球特色小镇在建设初期就应该把人才培养作为规划的一部分。目前，京山市政府为了培育本土网球专业人才，建立了京山网球学校，为了进一步获取人才资源，京山网球特色小镇还引进了武昌工学院、汉口学院两大民办高校在京山开设分校，但项目目前还处于规划状态。京山网球特色小镇作为我国新一代智慧小镇，应该发挥自身优势，打造人才聚集基地，在小镇的建设中建设宜居环境，配套高端服务、健全城市功能，提供住房、医疗、教育等优惠政策吸引人才。在人才引进上除了加大与高校、科研机构的长期合作，共同培养人才，共同研究网球小镇，共同管理运营小镇以外，还可以聘请国内外知名专业人士定期到网球小镇进行内部人员培训学习，加强自身员工的专业素质和管理能力。

（三）推进产城融合，吸引产业极核周边资源联动发展

京山是我国的轻工机械之城、温泉养生之都、国宝桥米之源、中国网球之乡，随着近几年国家政策导向，京山市乘势而上，以生态资源和本地经济为优势基础，以创新产业结构为突破口，发展外向型经济，实施市场多极化战略，发挥提高一批骨干企业和拳头产品，壮大机械、纺织、冶金化工建材、医药、食品加工等支柱产业。逐步实现传统产业高级化，高新技术产业化。京山历史悠久，生态环境良好，旅游资源丰

富，自然与人文兼有，主要旅游资源实体包括6大类32种138处，京山网球特色小镇的发展离不开京山市大环境的发展，更离不开临近区位资源的发展，小镇发展需要“搭便车、借外力”，与城市其他资源建立连接，实现产业融合。在当前合作经济背景下，京山网球小镇要积极寻求新市场和业务，联合当地自然风光如温泉、溶洞、山脉、河流、鸟林等天然景色，实现旅游的深度融合；联合农业如京山桥米、棉花、食用菌、对节白蜡等优质资源，实现餐饮和艺术的融合；联合工业如京山轻机、华贝化工、中辰电子等企业实现品牌的融合；联合京山绿林文化、屈家岭文化、楚文化、红色文化、宗教文化，实现文化的融合；联合交通、餐饮、住宿等实现环境融合。产城融合的路径会推动京山网球特色小镇运营成本的降低，催生网球小镇网球新业态，吸引网球产业极核周边资源联动发展。

（四）深挖网球资源，打造体育特色产业价值链

在当前我国经济内在支撑和外部需求“双趋紧”的背景下，京山网球特色小镇除了面临外部不断涌现的新业态小镇的强烈竞争外，还面临自身产业发展滞后的压力。随着消费者消费理念的转变，网球小镇的相关业态能否满足消费者多元化的消费需求是小镇建设发展的方向所在。因此，京山网球特色小镇要不断调整发展方向，从自身寻找突破，建立强大的网球产业基础。首先，京山网球特色小镇要积极发挥网球特色产业的内在功能，以网球培训为基点，创编花式网球操、按摩网球操等易于大众学习和传播的广场操，借助庞大的广场舞人群聚集人气，提升网球在全民健身中的地位。例如，与网球明星李娜建立合作办学，共同打造京山网球培训学校，并以此作为孵化基地，在全国创办更多网球学校；以网球赛事为宣传点，举办高规格比赛，打造精品赛事；以网球服装、器材为卖点，研发高端网球装备，制造生产具有中国味道的网球周边服装、球拍、器械等；以网球旅游为连接点，打造富有产业文化的网球乐园、网球主题酒店、网球广场、网球餐厅以及网球电影院等；以网

球文化为辐射点，将中国传统文化与网球文化充分结合，培育创新中国网球文化，汇集人文资源，形成独特网球文化风格。其次，深挖网球产业的可联动资源，打造体育特色产业价值链，利用现代高科技，开展“网球+智能”创造模式，如网球电竞、网球动漫、网球影视、网球 AI 等智能网球科技产业，将网球特色小镇的发展与时代科技结合，拓展网球产业的科技革命。最后，京山网球特色小镇要与其他城市的网球机构联合，形成网球产业联盟，实现全国范围内的网球资源配置，扩大网球产业的发展空间，提升网球产业的合力、影响力以及竞争力。

（五）打造智慧化城市，建立健身体育旅游服务体系

2016 年国家旅游局和国家体育总局共同印发《关于大力发展体育旅游的指导意见》，提出了五大体育旅游建设任务。其中加强体育旅游公共服务设施建设是促进体育旅游产业创新升级、优化消费环境必不可少的保障。京山网球特色小镇作为体育旅游产业基地，目前配套服务设施在建，整体服务效能较低。健身体育旅游服务作为体育旅游服务的新模式，在国外特别是欧美等旅游发达国家，服务内容丰富，现代化程度较高，服务受益范围广泛，深受大众青睐和推广。因此，在京山网球特色小镇建立健身体育旅游公共服务体系是提高网球小镇公共服务质量和效率的重要抓手，是打造智慧网球小镇产业升级的关键，是网球小镇运行的基础和关键，是真正体现网球小镇体育服务能力和服务水平的重要尺度，是保障消费者权益的指挥棒。健身体育旅游公共服务体系的构建囊括了京山网球特色小镇服务的整体内容，可支撑起网球小镇公共服务的整体运作。

（六）加大品牌塑造推广，凸显城市魅力

京山网球特色小镇是以运动休闲、文化康养为发展定位的，小镇要从内、外两个方面进行品牌塑造。第一，首先从内在的自身品牌塑造着手，设计差异化的配套基础设施，不套搬其他小镇的建设风格和发展路

径，结合自身特色，设计标识、宣传口号、纪念品以及特色美食等。其次增强网球小镇的赛事核心竞争力，以举办精品赛事为主导，用专业赛事吸引参赛者，尤其是以明星作为参与效应的导流窗口，吸引更多的专业选手，提高赛事的档次。另外，用业余赛事和娱乐化活动聚集人气，宣传京山网球小镇，扩大受众面。第二，联合外在产业共同塑造小镇品牌，例如，结合京山的绿林文化、屈家岭文化塑造京山网球小镇的文化品牌，结合京山温泉、国宝桥米和轻工机械塑造城市品牌。结合空山洞、绿林鸳鸯溪、汤堰温泉旅游度假村、虎爪山森林公园等著名景点，塑造旅游文化，实现体育+文化+旅游的特色文化。在小镇的品牌推广方面，要建立专门的推广宣传机构，引进专业人士，制订小镇宣传推广的个性规划以及实施路径，明确推广目标和人群，运用各种宣传载体。

第五章　体育特色小镇建设中存在的问题及原因分析

一、管理体制机制缺失，盲目模仿复制现象严重

随着国家、各地政府以及社会资本对体育特色小镇的建设逐步重视，纷纷推出一系列优惠政策，推动体育特色小镇的发展。在体育特色小镇建设迎来全新发展“热潮”的同时，也产生了一系列的问题。良好的管理体制是确保体育特色小镇可持续发展的重要保障。目前，在体育特色小镇建设中存在着以特色小镇开发建设的名义，而进行土地买卖、圈地建房，实施房地产化。2017 年 12 月，发改委、国土资源部、环保部、住建部在颁布的《关于规范推进特色小镇和特色小城镇建设的若干意见》中，对特色小镇的规范化建设提出相关要求，并首次提出防止特色小镇房地产化。体育特色小镇建设开发周期较长，且涉及资金较大，房地产的进入有利于特色小镇的建设与发展。但是，一旦房地产化，必然会导致各项成本成倍增加，既不符合国家政策的相关规定，也不利于特色小镇的发展。因此，必须加快管理体制机制的建立，对小镇的培育、建设、发展进行严格管控，推动体育特色小镇健康可持续发展。

体育特色小镇的关键在于体育特色，具有独一无二、不可规模化复制等特性。当前，我国体育特色小镇建设发展呈现出“拿来主义”的趋势，纷纷学习、效仿国内外优秀的体育特色小镇。然而，由于对国内外经典案例研究不够透彻，特色挖掘不够深入，结合自身情况不够全面，

“依葫芦画瓢”式地疯狂复制，恶性竞争，使原本特色鲜明的小镇也变得普遍化。第一批运动休闲特色小镇培育名单中，采用“运动+旅游”模式的小镇占到近30%。显然，旅游产业在我国特色小镇体系整体布局中占据着重要地位。然而，在相同的发展模式下，特色小镇必将形成“千镇一面”的现象，难以摆脱同质化的噩运。浙江、江苏等地区的特色小镇走在我国的前列，是因为当地经济发展到一定的阶段，具备了发展特色小镇相应的基本要素和产业基础，并且因地制宜地科学规划设计，使特色小镇的发展稳步前行。然而，部分地方政府出于政绩工程、“面子”、项目培育资金等目的，匆匆“上马”，抢占风口，没有根据各地域资源禀赋、区位条件、人文环境盲目建镇。

二、过度依赖旅游产业，主导产业模糊化

当前体育特色小镇建设中，几乎所有的体育特色小镇都将旅游产业作为体育特色小镇发展的主导产业，使体育产业主导地位模糊化，却忽视了体育产业与文化、健康、休闲等产业的融合发展，不符合体育特色小镇发展的本质要求。“特色”是体育特色小镇建设的灵魂和核心，大力发展特色产业，融合旅游、休闲、文化等多元要素，坚持以“体育产业”为主、“旅游产业”为辅，才是体育特色小镇发展的正确方向。四川峨眉山黄湾武术文化小镇在峨眉山脚下，依靠峨眉山风景区世界遗产的知名度，黄湾武术小镇的发展取得了一定的成效，但是小镇没有将武术这一项特色体育运动完全融入小镇的建设中，小镇特色项目缺乏与武术有关的体验运动，小镇功能分区几乎都是为旅游产业而定。南京汤山温泉小镇以世界著名温泉小镇和国家级旅游度假区为双重定位，但以国家级旅游度假区吸引游客。当前某些体育特色小镇没有完全发挥自身特色优势，对自身定位还不够明确，没有挖掘出自身潜力，误以为旅游产业是小镇发展的主导产业，小镇建设旅游片面化，主导产业模糊化，政府对体育特色小镇的发展规划和顶层设计没有明确小镇发展的“特色”是什么，对体育特色小镇的主导产业定位不准，过度依赖旅游产业拉动区

域经济发展，从而忽视了体育特色产业的核心作用。体育特色小镇的发展离不开与旅游产业的结合，但是并不能过度夸大旅游元素的作用，将体育特色小镇建设成一般的旅游风景区。体育特色小镇的长远发展必须有“特色”支撑，坚持体育产业为主，旅游、文化、健康等元素为辅。体育特色小镇实际上是以体育产业为核心，与其他相关产业共同组成的一个整体，是产业集聚综合发展的平台。仅仅依靠体育产业来推动当地经济的发展较为困难，单一的产业链发展不具稳定性，而且在同行业中缺乏竞争性。因此，必须发挥体育产业的核心引导作用，带动相关产业共同发展，延长体育特色小镇的产业链，由“单打独斗”向“混合双打”转变，多方向发展。

三、忽视差异定位，小镇同质化现象严重

旅游度假功能、产业培育功能和生态居住功能是我国体育特色小镇建设的重点，在对体育特色小镇规划设计时，没有考虑到小镇功能融合的重要性，导致小镇功能叠加不足①。我国大多数体育特色小镇的产业类别多有雷同，出现行业类聚化、资源同质化的问题。体育特色小镇走“体育+旅游”的融合发展道路，但是体育产业与旅游、文化、社区功能融合不足，加之各个体育特色小镇有雷同的产业项目，容易形成“千镇一面”的局面。从全国来看，足球小镇数量大约有 20 个，马拉松小镇、冰雪小镇有数十个，冰雪小镇大多是互相复制，缺乏特色，小镇同质化严重。同一地区体育特色小镇项目雷同，例如，北京槐房足球小镇中，投资建设冰雪谷项目，发展冰雪运动，但是在海淀区建设有上庄冰雪小镇，河北张家口崇礼建设了太舞冰雪小镇，东北地区建设了多个冰雪小镇，事实上它们的主要运动项目都是滑雪运动，并无太大区别，也不能将其定位为冰雪小镇，滑雪场的组合不能称为体育特色小镇。体育特色

① 占献骁. 浙江省特色小镇建设存在的问题及对策研究[J]. 现代商业，2017(33)：190-191.

小镇的发展情况深受小镇选址的影响，同一区域多个小镇雷同，导致行业类聚化现象发生，因此同一地区应当尽量避免同类型体育特色小镇建设，规避小镇同质化风险，以免造成恶性竞争的不良后果。造成体育特色小镇功能叠加不足、小镇同质化问题的主要原因是小镇在规划设计上忽视了小镇差异定位的重要性，未能发挥特色小镇的竞争优势。如果不能打响体育特色小镇“特色”品牌，对体育特色小镇进行品牌差异化定位，把小镇体育特色产业的核心优势和个性差异转化为小镇品牌，就会影响体育特色小镇未来发展道路，导致体育特色小镇没有特色，没有核心和灵魂，体育特色小镇产业与功能脱离实际情况，丧失小镇应有的竞争优势。

四、小镇房地产、商业化倾向，盲目跟风建设

体育特色小镇是以健身休闲为主题和特色，体育、健康、旅游、休闲、养老、文化、宜居等多种功能叠加的空间区域和发展平台①。体育特色小镇是生态的、生活化的小镇，除了产业与旅游功能外，小镇还应当突出社区功能，社区功能不是房地产功能，更不是商业区功能。部分地区将体育特色小镇的建设房地产化，盲目进行开发，利用国家对体育特色小镇建设的财政拨款对旧城区进行改造，完全忽视小镇建设的生态环境基础，盲目跟风，一些经济发展水平较低的地区也要打造不符合实际情况的体育特色小镇。一些房地产企业名义上对体育特色小镇的“产业、文化、社区、旅游”功能进行投资，实际上是打着建设体育特色小镇的旗号进行房地产开发，“拿钱拿地”，并不能真正实现体育特色小镇的功能。例如，南京市汤山温泉小镇的建设中，对汤山新城土地规划中，居住用地占 20.69%，商业用地 31.59%，居住和商业用地占了 50%以上，有一定房地产化倾向。小镇内商业化气息严重，不完全符合

① 安徽省体育局. 关于推进体育特色小镇建设的指导意见[EB/OL].[2017-05-05]. http://www.ahty.gov.cn/cyxx/info_70.aspx? itemid=14004.

小镇的公益性特征。

随着国家体育特色小镇建设的提出，掀起了全国体育特色小镇建设热潮，第一批体育特色小镇建设名单中，各个省份均有项目入围。体育特色小镇的发展应该是“培育”为主，不是“打造”，每个小镇都应有独一无二的特色，具有不可复制性，生搬硬套浙江特色小镇的建设模式是不明智的，必须有本土“特色产业”支撑，复制和克隆其他体育特色小镇无法实现小镇的长远可持续发展。每个地区的体育特色小镇都有其独特的文化内涵，小镇的规划设计不能由房地产商和政府各自主导，必须有民俗艺术家、文化学者的参与，进行多方论证，共同参与小镇建设规划。体育特色小镇的建设没有一套严格的标准，各个地区自然条件不同，历史文化不同，经济发展不同，民族特色不同，不能完全以浙江特色小镇建设作为标杆，而是要依据小镇独特的自然、地域和文化特色，因地制宜，邀请民俗艺术家、文化学者参与小镇的设计，做到一镇一面。特别要警惕小镇房地产化倾向，避免小镇过于商业化，保持小镇的公益性和纯洁性。

五、政府行政干预过当，缺乏理性规划指导

政府和企业对体育特色小镇相关政策的理解存在偏差，将体育特色小镇的建设作为政府投资、开发的“新项目”，与政府的政绩工程挂钩，部分地区政府将体育特色小镇作为短期政绩工程，过多地进行行政干预，大包大揽，政府承包投资风险低的垄断性项目，对风险高、周期长、难度高的项目直接交由企业，政府应当建设投资的公共基础设施项目也转嫁给企业，增加企业负担。政府行政干预过当，错误定位市场主体，政府与市场主体关系不明确，缺乏长效良性互动体制机制。政府包揽体育特色小镇的建设，不能代替市场、企业的作用，体育特色小镇的良性发展应当由多元市场主体参与，同时，与地区社会发展相结合，考虑地区经济历史文化条件，尤其是少数民族地区，必须与民族传统文化相结合，传承民族传统体育项目，合理规划指导体育特色小镇的建设。

引导当地居民参与体育特色小镇，做小镇的建设者、参与者和成果的享有者，抓住体育特色小镇的建设机遇，增加收入来源，脱贫致富。体育特色小镇必须合理规划建设。

目前，体育特色小镇的建设才刚刚起步，国内没有成功的经验可循，体育特色小镇的建设还在摸索之中，政府要与社会多元主体共同建设体育特色小镇，合理规划设计，听取专家学者意见，不断优化设计，增强小镇建设的合理性。政府和企业职责不明确，加之政府过度干预小镇建设，将体育特色小镇建设作为获得国家财政补贴资金的手段，不能正确引导体育特色小镇建设，忽视体育特色小镇的公益性特征。体育特色小镇的建设要求坚持政府引导、企业主体、市场化运作，发挥各个主体的独有作用，政府引导进行体育特色小镇的规划编制，完善基础配套设施，提供资源要素保障，充分发挥企业主体作用，才能真正建设好体育特色小镇。①

① 朱莹莹. 浙江省特色小镇建设的现状与对策研究——以嘉兴市为例[J]. 嘉兴学院学报，2016，28(2)：49-56.

第六章　体育特色小镇建设的基本原则

自2014年10月国务院出台《国务院关于加快发展体育产业促进体育消费的若干意见》(以下简称46号文)后，体育产业成为新一轮经济增长的发力点，体育产业与相关产业的融合发展趋势已初步显现。2016年10月，国务院办公厅发布《关于加快发展健身休闲产业的指导意见》，提出要以健身休闲项目和产业基地为基本依托，积极培育一批以健身休闲为特色的服务贸易示范区。体育特色小镇在有效政策供给的推动下，在体育产业爆发式增长的背景下，成为体育产业供给侧改革的重要抓手，也是体育产业与其他产业互动融合的新型载体。体育特色小镇是以体育产业为基本依托，聚集体育相关产业，具有明确产业定位、体育内涵、旅游特征和一定社区功能的综合开发体系。因此，体育特色小镇的建设不同于以往小城镇的规划与建设，要坚持产业建镇，防止照搬照抄、“东施效颦”、一哄而上。在体育融入特色小镇的过程中，需要多角度、多方面的建设原则为其“保驾护航”，以期建设成真正意义上具有体育特色的特色小镇，从而规避政府政绩工程和房地产利益链的噱头。体育特色小镇的建设原则主要有以下几个方面：凸显特色、产业融合、产城融合、市场主导、民生导向原则，这五大原则相辅相成，互相衬托，共同构成了以“特色”为生命线的体育特色小镇的建设原则。

第一节　凸显特色原则

一、产业特色是关键

产业是特色小镇发展的生命力，特色是产业发展的竞争力。因此，特色小镇的发展必须要以特色产业为主线，体育特色小镇要以体育产业为主线进行延伸发展。体育特色小镇中的特色产业具有以下几个特征：

第一，特色产业具有鲜明的地域性。特色产业往往依托特定的区域条件而形成，如果特色产业广泛分布的话，它就不具有“特色”。不同类型的体育特色小镇所依托的区域条件也不尽相同，例如河北省崇礼冰雪小镇依托当地优越的自然条件开发体育旅游产业，形成了以冰雪产业为主体的，包括休闲观光、滑雪装备制造、户外运动的特色产业链。第二，特色产业具有鲜明的市场导向性。特色产业的发展必须立足本地市场和外地市场，满足国内市场和开拓国际市场。第三，产业内的产品具有独特性、优质性、多样性。特色产业追求的是独特的品质、优质的服务、多样的产品，能够满足人们日益增长的多样化需求，这是特色产业能够发展壮大的市场基础。第四，特色产业以效益为中心。推动特色产业发展的驱动力量是对经济效益的追求，企业作为体育小镇的运行主体是为了获得经济利益。第五，特色产业以创新为前提，实现产业发展领先的地位。体育小镇的建设要遵循创新、协调、绿色、开放、共享的新发展理念，最终实现经济、社会、文化和生态效益的统一。

特色产业是体育特色小镇建设的关键着力点。通过发展特色产业，能够充分发挥区域比较优势，形成区域化、专业化生产，以特色产业来提高体育特色小镇的综合竞争力。根据比较优势原则，每个体育特色小镇都有自身现实的或潜在的优势，要充分发挥区位、资源、经济、市场、技术、人才等方面的比较优势，着重发展具有市场竞争力的特色产业、优势产品，并努力提高其市场化、专业化、集约化水平，逐步形成具有鲜明区域特色的主导产品和支柱产业。特色产业的主导，不仅能够为体育特色小镇经济社会的发展奠定基础，促进区域经济转型升级，同时还能带来有效的投资增长、促进产城融合、推动改革创新迈向纵深等多项“溢出效应”。

二、体育特色是基础

体育特色小镇作为体育产业与相关产业融合形成的新业态，不同于以往的体育产业示范基地，是以“特色”为主打造的具有明确产业定位、体育内涵、旅游特征和一定社区功能的综合平台。随着国内消费者对休闲、旅游的关注，更多的健康、旅游、文化元素融入体育产业内，也推动了体育特色小镇朝健康、休闲、文化、旅游等方面发展。因此，建设体育特色小镇要围绕“体育”为基本点，不能偏离了这条主线。

首先，体育特色小镇要以单项体育活动或赛事为核心。不同区域内的体育特色小镇要结合当地特色体育产业与地理区位特征，打造单项体育运动或赛事的产业集群和产业生态链，例如新西兰的皇后镇和法国霞慕尼的体育旅游小镇主打滑雪运动。其次，以体育特色小镇推动产城融合，创新一批体育类项目和设施带动小镇建设。特色小镇兼具除体育产业以外的文化、旅游、养生等其他功能，实现生态、环保、养生、宜人的属性，如北京丰台足球小镇、浙江银湖智慧体育产业基地等。最后，引入体育类企业作为体育特色小镇的运行主体。体育特色小镇中的企业要根据既有资源优势，谋划体育类主题创新，定位体育和旅游等产业融合，集聚资源，组合项目，创新驱动，实现企业成长和体育小镇经济的可持续发展，如河南嵩皇体育小镇、浙江德清莫干山“裸心”体育小镇等。

三、生态特色是保障

“绿水青山就是金山银山”已经成为经济与生态文明协同发展的真实写照，“绿色”也成为特色小镇建设的基本要求。体育特色小镇作为经济建设的一部分，需注重生态文明，必须符合现代化生态文明的要求，要区别于以往小城镇的“脏、乱、差”局面，保持其鲜明的生态特色。因此，对于体育特色小镇来说，绿色是必不可少的底色，既是红线、底线，也是优势所在。要把生态文明理念全面融入体育特色小镇建设的全过程和各领域，走出一条绿色、集约、低碳的建设之路。

相较于传统小城镇来说，特色小镇的比较优势在于其独具特色的资源禀赋与未受污染的后发优势。从治理源头来看，体育特色小镇本是以体育产业为主要卖点，体育产业本身作为绿色的产业，是第三产业中增长速度最快、产生效益最大的新兴产业。体育特色要植根于良好的生态环境中，如雪上运动、水上运动等都依赖于生态文明。可见，对于体育特色小镇的建设，保护生态本底是必选项，生态优先、绿色发展是题中之意。体育特色小镇也有着一定的社区服务功能，小镇内拥有完善的公共基础设施。在规划筹谋初期，体育特色小镇就应践行绿色基础设施的建设理念，做好相应的基础设施配备及引导，例如科学规划能够节约利用水资源的雨污分流系统、中水回用系统，建设完善垃圾分类及无害化处理设施，合理配置绿色公园、绿地系统。在生态文明的保障下，有了绿色的体育特色小镇将更加美丽、精致，其拥有的特色也将更加扎实、持久。

第二节　产业融合原则

我国体育产业与相关产业在更深程度、更大范围上进行融合，遵循了技术融合、业务融合和市场融合等产业融合的演进路径，最后形成体育融合新业态。产业融合是新时期发展体育产业的必由之路，发展体育产业要用融合发展的理念来协调与不同产业之间的关系，通过服务创新、制度创新、组织创新、管理创新等，依靠政府、企业等力量，实现体育产业与不同产业之间的资源要素整合。2014 年国务院出台《关于加快发展体育产业促进体育消费的若干意见》，明确提出促进体育产业与相关产业相互融合。2015年，国务院印发了《关于积极推进“互联网+”行动的指导意见》，为“互联网+体育”提供了政策保障，为体育产业融合提供了发展动力。2016年，国务院相继发布《关于加快发展健身休闲产业的指导意见》《关于进一步扩大旅游文化体育健康养老教育培训等领域消费的意见》等文件，促进体育产业与相关产业的融合发展。2016年12月，国家体育总局与国家旅游局加强合作，共同印发《关于大力发展体育旅游的指导意见》，提出要加快发展体育旅游，推动体育产业与旅游产业深度融合。产业融合背景下的体育特色小镇具有明确的体育产业定位，但体育产业不是孤立的产业形态，而是与旅游、文化、健康、科技等产业融合在一起。体育特色小镇具有产业融合性、制度创新性、空间开放性、经济带动性等特征，成为推动体育产业与相关产业进行融合的新载体。

当今世界，产业融合已经成为产业结构优化与创新的重要途径。产业融合是指在产业具有开放性的基础上，不同产业构成要素或企业主体之间竞争与协作，最终形成新兴产业或新业态的过程。根据国内外特色小镇的实践与经验，大量相关的上下游产业集聚而产生的人口与经济的集聚效应，是许多新型城镇化时期特色小镇形成的基本动因。因此，产业融合与集聚是建设特色小镇的经济学逻辑。目前，国内已建成或正在建设的体育特色小镇主要以“体育+旅游”的形式呈现，以体育为旅游资源，以旅游助推体育，各地根据已有旅游资源和体育资源，打造不同特色的体育特色小镇。在我国体育产业中，体育服务和产品的供给滞后于需求，供给有效性不足，无法满足多元化的体育需求。同时，作为旅游行业中创造产值很高的体育旅游业，我国的体育旅游业仅占旅游业总产值的5%，体育旅游业在我国仍处于起步阶段。体育产业与旅游产业的融合发展正是直面体育产业与旅游产业发展困境的有效举措。体育产业和旅游产业在消费产品与服务、消费者体验、开发资源等许多方面都具有相互融合的共同基础，体育特色小镇正是基于这一共同竞争优势所形成的，因此它的理论基石即体育与旅游产业的集群效应。

体育产业集群是体育产业跨界融合的表现形式之一，也是体育产业跨界融合的基本依托。体育产业集群是指在一定范围内，围绕体育产业价值链产生关系的企业与支持性体系结合而成的产业有机体，既包括体育产业内部子产业的集群，也包括体育产业与关联产业的集群。体育特色小镇作为体育产业和旅游产业融合产生的新业态，既包括体育运动的场所与服务，又涵盖了旅游观光活动。通过将体育产业与旅游产业集聚到同一区域内，能够提高基础设施的利用率，既提高了公共基础设施的使用效率，又可以使公共基础设施向专门化方向发展。体育特色小镇中体育产业与旅游产业产生集聚效应后，必然会带来特定区域经济部门发展的专业化。体育特色小镇从资本投入到产出和扩大再生产的过程中，从基础配套设施的供给到运用，都会以体育特色小镇中的体育与旅游两大特色为中心进行专业化发展。体育特色小镇的核心要义是体育运动，主要形式则是现场观赛、参与体验及参观游览。因此，作为体育特色小镇核心经济部门的体育产业，将带动提高整个小镇的专业化水平。高度专业化的各体育小镇，明确了自身的市场定位，也为其他区域所需要的各项资源拓宽了来源，使得各个产业部门在现有基础上，更高效地进行跨部门、跨领域、跨产业的融合。

第三节　产城融合原则

"产城融合"即产业与城镇融合发展：以城镇为基础，承载产业发展；以产业为保障，形成常住人口，驱动城镇更新和完善服务配套，进一步提升土地价值，以达到"产、城、人、文"一体化的发展模式。体育特色小镇的"产城融合"主要指整体开发，它不仅投资单个的体育建设项目，同时也承担了城市建设的运营。政府将城市具体的建设经营交由专业化的企业，多数公共服务的供给通过骨干服务来实现。政府只是城市的管理者和监督者，这是经营与管理分开的模式，充分发挥企业在资本融资、产业招办和城市经营方面的优势。实现政府管理服务，企业专业化运营，市场化主体创造价值的有机统一。

根据目前有关体育产业的各项政策，体育产业发展与城市发展、区域经济社会发展之间的引导措施已有显露，如《国务院关于加快发展体育产业促进体育消费的若干意见》提出，“以体育设施为载体，打造城市体育服务综合体，推动体育与住宅、休闲、商业综合开发”；《国务院办公厅关于加快发展健身休闲产业的指导意见》提出，结合新型城镇化建设、社会主义新农村建设、精准扶贫等国家重大部署，以健身休闲重点运动项目和产业示范基地等为依托，发挥其辐射和带动效应，促进区域经济发展和民生改善。随着体育产业的不断融合、深化发展，其在区域经济社会发展中的作用将会不断凸显。

体育特色小镇中，体育产业的发展会形成产业聚集，产业聚集带来就业人口的增加，形成常住居民。同时，以体育休闲项目为核心，以旅游为通道，形成大规模外来游客的聚集，游客聚集形成食住行游购娱等多样化的消费结构，由此形成消费产业的聚集，构成城镇发展的产业结构，带来大量的就业人口与服务人口。这些人口与当地居民结合，产生对城镇居住、交通、金融、文化等的需求，由此带动城镇化结构的形成。完善的体育设施和配套服务是体育小镇发展的基础。体育产业的发展将极大地促进城市基础设施与服务设施的更新。因此，体育特色小镇作为体育产业整合发展的新兴载体，小镇中产业水平的提高也必将带动小镇内基础设施、公共服务的完善。

体育特色小镇中要遵循产城融合的基本原则，要做到以下三个具体的融合要求：功能复合、配套完善、空间融合。

一、功能复合

通常所说的功能复合是指产业、居住、商业、商务、娱乐、游憩等功能的混合。体育特色小镇的建设往往是从单功能的拓展开始，比如产业功能区、居住功能区、教育功能区等，但随着小镇的不断发展，单种功能的集聚效益将逐渐达到最大值，必然需要新的服务配套功能的进入，小镇才能进一步健康发展。对于体育小镇中功能复合的空间尺度，也众说纷纭。体育特色小镇的规划与布局应集中连片，又因体育场地的特殊性，体育特色小镇的面积规划应因地、因项目制宜，不能单纯地借鉴特色小镇小面积的布局。因此，体育特色小镇的“精”应体现在其设计与布局方面，即小镇的布局紧凑，多功能合一，避免土地浪费。又因体育特色小镇所具备的旅游属性，体育特色小镇也要从各自功能定位出发，独特的建筑风格与个性化的设计也能凸显特色小镇高品质的水准。

二、配套完善

配套完善是指小镇中的公共服务设施配套同样按照小型城镇配套标准配置，以满足新区发展需要。体育特色小镇城市新区级公共服务设施的种类与规模不应仅仅从配套的角度出发，更需要从整个小镇发展的需求出发。进行公共服务设施的规划，既要重视生活服务设施如商业、娱乐、文化等功能的建设，也要注重生产服务设施如商务办公、会议会展、信息咨询、金融法律等功能的建设，为小镇未来的提升拓展打下基础。具体来看，根据单元主导功能的不同，有重点地配套公共服务设施。产业研发类的单元注重生产服务设施的建设，如商务办公、会议酒店、展览交流等；居住生活类的单元则注重生活服务设施的建设，如商业中心、文化馆、健身活动中心、餐饮休闲街等，同时根据单元的实际需求预测所需公共服务设施配套的规模。

三、空间融合

空间融合是指在小镇的空间拓展中，居住、服务、产业、绿地等空间相互有机融合，改变以往各功能空间相互隔离的空间布局，营造方便、舒适、生态的新区环境，形成园林化的综合形象。由于不同产业具有不同的占地要求、空间排他性等属性，因此不同产业与居住、服务等空间融合的方式不同。由于体育特色小镇一般占地规模较大，产业的集群规模以及产业功能区规模也较大，因此在产城融合的空间融合上需要综合考虑。体育特色小镇因为占地规模较大，对道路交通条件要求高，对城市生活有交通、噪音、环境等影响，同时现代化程度较高，就业人员密度较低，功能用地集中成片，与居住、服务设施用地等在空间上应适当分隔，避免相互干扰。

体育小镇的形成，以释放体育消费为引领，以体育产业与相关产业的融合为手段，以休闲化消费人群及就业人口的聚集为目的，以配套设施及服务的完善为依托，构建了一个产城融合的综合开发结构与运营模式。体育特色小镇不同于以往的产业园区和开发区忽视社区服务与基础设施的建设，它在不同产业融合的基础上，追求产业与城市功能的融合。小镇内不仅有产业设施，更具备完善的住宅、社区、公共服务等基础设施，可以形成产业与城市功能的融合。

第四节 市场主导原则

毋庸置疑，中国经济已迎来了新常态时代，供给侧结构性改革日渐深入人心，“市场在资源配置中起决定性作用”成为深化经济体制改革的宏观指导。过去的城镇、产业建设由政府主导转变为市场主导，让市场决定资源配置，由“找市长”转变为“找市场”，这个指导思想决定了体育特色小镇建设经营理念及模式的转变与变革。

推进体育特色小建设，最重要的是要处理好政府和市场的关系，更加尊重市场规律，使之成为市场主导、自然发展的过程，成为政府引导、科学发展的过程。要依托市场“无形之手”，充分发挥市场配置资源的决定性作用，摒弃“政府大包大揽”，不堆财政资金“盆景”。要坚持市场主导，最大限度地激发市场主体活力和企业家创造力，能够由企业投资就由企业投资，为民间资本留出多样性、差异性的发展空间。探索实行市场化运作，鼓励社会力量参与城镇建设运营和管理。对于特色产业的发展，应更多地交给市场主体来做决策，政府要顺势而为、因势利导，而不能过多干预。

要用好政府的“有形之手”，发挥政府在制定规划政策、提供公共服务、营造制度环境等方面的重要作用。要坚持规划先行，科学制定体育特色小镇规划，明确发展边界，合理有效利用空间，实现精明发展。体制机制不顺是制约小镇发展的主要瓶颈，要重点围绕挖掘内生动力、释放发展活力，推进体制机制创新。要努力在营造小镇发展的软环境、最大限度降低发展成本、激发创新创业上下工夫。要强化扩权赋能，推动具备条件的特大镇有序设市。要按照“小政府、大服务”的模式，降低行政成本，提高行政效率。比如温州鹿城时尚体育小镇，有效地贯彻了“市场主导，政府搭台”。鹿城时尚体育小镇运用政府规划、企业主导、市场化运作的模式，获得市场认同，目前与苏州姑苏园林控股集团达成初步合作意向。

体育特色小镇建设所遵循的市场主导原则，实质上是坚持政府引导、市场主导的运营模式，而政府与社会资本合作的 PPP 模式则是市场主导原则范围内的最佳实践。其实，在体育产业大热前，PPP 模式在基础设施领域的地位已经不可撼动，这一将政府、企业、专业机构通过合作关系实现共赢的模式，备受政府、企业的认可。运用 PPP 模式的体育特色小镇项目也可以理解为一种特许经营项目，体育小镇的财产权归政府所有，政府只是将体育小镇项目的建设、经营和维护交给社会资本。体育小镇的 PPP 模式下，政府和社会资本之间属于长期合作，其最终目的在于提高体育小镇的长期效益。PPP 模式的初衷便是一种利益共享、风险共担的机制。

在这一过程中，体育小镇在运用中应实现以企业为主体，政府服务，政府负责小镇的定位、规划、基础设施和审批服务，引进民营企业建设体育特色小镇的运营模式。地方政府在积极助力体育小镇的发展过程中处于两难的境地，一方面特色小镇必须以产业为主体，另一方面地方政府的债务压力大，持续的财政输出显然不太可能。但是，以政府和社会资本合作为基本特征的 PPP 融资模式，能够有效地综合使用财政资金和社会资本，弥补特色小镇资金缺口，丰富资金来源。因此，在特色小镇建设过程中各级探索引入 PPP 模式，能够解决特色小镇资金不足的问题。体育特色小镇的建设与运营要遵循政府引导、市场主导的基本原则，有效发挥政府的制度供给功能，同时健全市场中企业主体运作机制，推动体育特色小镇科学有效发展。

第五节　民生导向原则

“政之所兴，在顺民心；政之所废，在逆民心。”改善民生是经济发展的强大动力，是一切工作的出发点和落脚点，也是老百姓最关心、最直接、最现实的利益问题。保障和改善民生，是实现发展成果由人民共享、促进社会和谐稳定的必然要求。特色小镇建设之初，恰逢我国经济发展进入新常态，经济增速放缓，产能过剩、有效供给不足等问题愈发突出，同时也是实施供给侧结构性改革的开局之年。在产业结构调整和升级的压力下，特色小镇所带来的产业集聚与融合、产业升级、扩大有效供给等优势也契合供给侧结构性改革。供给侧结构性改革就是“国计民生”，就是为了扩大社会有效供给，以满足广大人民群众的中高端需求。况且，体育的民生功能指体育层面的人民生计，是群众最迫切的体育需求，既包括人民群众的精神支柱，也包括人民群众的体育权利。因此，体育特色小镇既契合国家层面的供给侧结构性改革，也符合广大人民群众的民生需求，体育特色小镇的建设要以民生为基本导向和出发点。

体育特色小镇要成为民生工程，首先要完善小镇内的社区功能，强化基础设施建设。通过“政府搭台，社会唱戏”，增强自治服务能力、搭建协商议事平台、调动社会组织参与、提升社工服务能力等措施，促进社会多元主体、各方力量同心聚力、同向行动、同向发力。一是要加强社区自治能力建设。进一步强化社区参与机制建设，通过加强社区议事协商、推进社区事务民主决策、扩大社区民主评议、完善居务公开等事项，敞开群众参与、民主监督的大门，调动社区群众的参与热情，促进政府治理和群众自治的良性互动。二是要推进社会工作进社区。积极推进专业社会工作与社区服务的紧密结合，以社会工作、文体组织、慈善组织、志愿服务为重点，大力发展专业性社区社会组织，通过策划实施为民服务项目，让群众在参与中感受到社区治理和服务创新活力，提升他们的“获得感”和“幸福感”。三是要加快社会组织健康成长。加大政府购买服务的规模和领域，切实加大各领域专业社工机构培育，把专业社工机构、专业社会组织培养成推动社会转型发展的重要力量。重视社区内公益性、互助性社会组织发展，积极鼓励优秀社会组织与社区结对共建，对备案的社区社会组织进行项目引导、内部机制提升，促进社区治理有序开展。

此外，便捷完善的基础设施是小镇集聚产业的基础条件。要按照适度超前、综合配套、集约利用的原则，加强小镇道路、供水、供电、通信、污水垃圾处理、物流等基础设施建设。建设高速通畅、质优价廉、服务便捷的宽带网络基础设施和服务设施，以人为本推动信息惠民，加强小镇信息基础设施建设，加速光纤入户进程，建设智慧小镇。加强基本体育公共服务设施建设，有效提供基本公共体育服务。强化城镇与交通干线、交通枢纽城市的连接，提高公路技术等级和通行能力，改善交通条件，提升服务水平。推进大城市市域(郊)铁路发展，形成多层次轨道交通骨干网络，高效衔接大中小城市和小城镇，促进互联互通。鼓励综合开发，形成集交通、商业、休闲等为一体的开放式小城镇功能区。推进公共停车场建设。鼓励建设开放式住宅小区，提升可持续发展能力。鼓励有条件的小城镇开发利用地下空间，提高土地利用效率。

同时，完善体育特色小镇内公共服务，特别是较高质量的教育医疗资源供给是增强小镇人口集聚能力的重要因素。要推动公共服务从按行政等级配置向按常住人口规模配置转变，根据城镇常住人口增长趋势和空间分布，统筹布局建设学校、医疗卫生机构、文化体育场所等公共服务设施，大力提高教育卫生等公共服务的质量和水平，使群众在特色小镇能够享受更有质量的教育、医疗等公共服务。要聚焦居民日常需求，提升社区服务功能，加快构建便捷“生活圈”，完善“服务圈”和繁荣“商业圈”。

镇区人口10万以上的特大镇要按同等城市标准配置教育和医疗资源，其他城镇要不断缩小与城市基本公共服务的差距。实施医疗卫生服务能力提升计划，参照县级医院水平提高硬件设施和诊疗水平，鼓励在有条件的小城镇布局三级医院。大力提高教育质量，加快推进义务教育学校标准化建设，推动市县知名中小学和城镇中小学联合办学，扩大优质教育资源覆盖面。

第七章　体育特色小镇建设的方略与举措

一、创新制度供给，做好科学规划

建设体育特色小镇，发挥政府作用，首要的是创新制度供给，做好科学规划，做好服务工作，提高供给体系的质量和效率。浙江和江苏在建设特色小镇方面，具有较好的实践经验，全国其他省市地区可借鉴其做法，根据自身优势和条件，实现机制创新，做好科学规划。第一，明确政府职责，正确处理好政府与市场之间的关系。政府在体育特色小镇建设中要突出引导作用，承担服务保障、监督等工作，特别是在编制小镇规划、民族传统体育的保护与传承、维护生态环境、基本公共服务供给、资源要素保障等方面发挥作用。第二，成立专门领导小组，加强协调管理。建设体育特色小镇是一个复杂的系统工程，涉及体育、旅游、国土资源、文化、发改委、宣传部、财政等多个部门，需要成立专门领导小组，建立工作联席会议制度，加强统筹协调。体育等相关部门要做好引导工作，对各地区体育特色小镇的规划、申报、建设等工作进行服务与管理。第三，制定体育特色小镇的相关标准和政策，创新制度供给。推进体育特色小镇建设的法治化和制度化保障，在项目审批、土地征用、财政资金、基础设施、安全保障、人才引进等方面出台相关制度，特别是对于体育赛事活动、健身休闲、体育场馆建设、体育人才培养等项目要给予优惠政策。第四，科学设计与规划，确保体育特色小镇的独特性。建设体育特色小镇从策划到规划、从概念提出到具体实施、从整体到局部，都要以高标准来要求，在小镇定位、培育条件、建设标准、扶持政策、监测评估等方面进行系统设计和规划，走一条差异化的特色发展路径。

二、凸显体育特色，明确产业定位

体育产业是体育特色小镇的核心要素，建设体育特色小镇一定要凸显体育特色，明确体育产业定位。找准体育特色和凸显体育特色，走差异化的体育产业发展道路是建设体育特色小镇的关键之处。第一，体育特色小镇要以“体育”为本，凸显“体育”特色。体育特色小镇的特质和魅力在于“体育”，竞争力和生命力也在于“体育”。在全民健身和健康中国等国家战略背景下，体育终将成为人们生活中不可或缺的重要组成部分，体育产业也将成为我国经济转型升级的重要推动力量。建设体育特色小镇以“体育”为本，能够区别于其他类的特色小镇，通过提供体育特色服务和体育特色产品，可以占领特殊细分市场，获得新的消费需求和发展空间。第二，以运动项目为载体，确定体育产业的核心地位。特色小镇是新兴的产业空间载体和组织形式，反映了区域经济从投资驱动转向创新驱动，也是产业集群演进和发展的必然结果。① 体育特色小镇首先是体育产业之镇，必须把发展体育产业作为建设小镇的特色和核心，以富有产业潜力的运动项目为载体，聚焦自身优势，成为以体育产业为核心的空间载体。譬如：浙江省绍兴市的柯桥酷玩小镇，就是以“酷玩”时尚和体育休闲为核心，以跑酷、极限轮滑、室内滑雪、潜泳、极限摩托、滑翔伞、花样滑板等项目为载体，形成体育服务产业生态链，打造体育特色小镇。第三，树立产业链思维，推动体育产业与相关产业进行融合。建设体育特色小镇要树立产业链思维，以区位特征和体

① 盛世豪，张伟明. 特色小镇：一种产业空间组织形式[J]. 浙江社会科学，2016(3)：36-38.

育产业为基础，完善产业链布局，提高产业集聚和发展能力。① 同时，拓展体育产业链，融合文化、旅游、教育、健康等元素，整合成良性循环的产业体系。

三、坚持市场主导，优化资源配置

市场经济条件下，建设体育特色小镇要遵循“市场决定资源配置”这条规律，在更好地发挥政府的监管、政策供给、公共服务等职能的同时，通过竞争、价格和供求等来优化资源配置。第一，引入竞争机制，重视体育特色小镇的建设质量。市场经济的基本特征之一就是竞争，在体育特色小镇建设中引入竞争机制，就是要运用财政、金融、税收等经济手段，实行“优胜劣汰”，优化产业结构与促进产业转型升级。在建设特色小镇的浪潮中，全国各地建设体育特色小镇不能一哄而上，地方政府不能是全能政府，更不能搞政绩工程，而要坚持产业和民生导向，让企业成为建设主体，形成公平竞争，进行市场化运作。第二，以价格为引导，调节资源配置。建设体育特色小镇要建立价格机制，以价格为引导，规范价格秩序，使价格作用于供求关系，从而调节资源要素流动，减少重复建设和无效供给。地方政府要考虑体育产业的特征，积极出台和完善税费价格优惠政策，对于参与体育特色小镇建设的体育企业给予免税或优惠。第三，培育多元市场主体，增加市场供给。政府要通过出台和完善税费价格、规划与土地财政等有关政策，减少行政审批，鼓励和吸引社会力量参与体育特色小镇建设，将社会公众的消费需求与市场供给对接起来。建设体育特色小镇，要打破政府垫资或出资的融资模式，而强调市场在资源配置中的决定性作用，激发市场活力，引入社会资本，吸引具有较强实力的企业参与投资和管理。

---

① 赵士雯，赵艳华，国福旺．新型城镇化背景下的天津特色小镇培育策略研究[J]．城市，2016(10)：22-25.

四、树立融合理念，加强跨界融合

建设体育特色小镇要因地制宜，通过资本融合、营销融合、媒体融合等方式，促进体育产业与旅游、文化、健康、科技、房地产、金融、养老、教育等产业进行跨界融合。第一，在宏观层面，加强管理部门之间的合作，联合出台跨界融合政策。体育和相关管理部门要创新体制机制，打破部门之间的障碍，联合出台跨界融合的制度和政策，为体育特色小镇建设提供政策保障，推进体育与相关产业进行深度融合。譬如：国家体育总局和国家旅游局共同印发的《关于大力发展体育旅游的指导意见》。第二，在中观层面，建立行业协会，促进企业互动合作。产业融合背景下，尝试建立横跨体育与旅游、文化、健康等融合的行业协会，发挥其协调和治理功能。企业要树立融合理念，开展跨行业互动合作，积极拓展服务领域，提高企业竞争力。同时，企业要对内部的人才、资金和信息等进行资源整合，大胆创新，扩大自身优势。第三，在微观层面，体育特色小镇要依托自然资源，体现地域生态特色，挖掘民族传统体育文化，加强体育旅游设施建设，打造体育特色产品。建设体育特色小镇也要以“互联网+体育”的思维来提高体育产业跨界融合的广度和深度，通过利用互联网技术，实现网络化和平台化管理，以吸引更多消费者。

五、完善运营管理，重视动态评估

体育特色小镇建设和运营管理中要凸显政府的引导作用，让企业成为主角，通过市场化运作，完善运营管理，实施动态评估，满足多方利益需求。第一，创新融资渠道，保障资金投入。体育特色小镇建设中，政府要通过完善基础实施和政策“组合拳”来吸引实力雄厚的投资主体。地方政府可利用体育产业发展引导基金来撬动社会资金，鼓励各类企业或个人以多种方式参与体育特色小镇建设。通过社会资本、开发性金融、政府资金、政策性资金、商业金融等多种融资渠道，为体育特色小镇提供资金支持，促进小镇的体育产业发展。第二，发挥龙头企业作用，进行项目及产业化运作。体育特色小镇建设要借鉴招商引资中的经验，引入资金实力较强的龙头企业，特别是重视和发挥上市公司的带动作用，突出企业的主体地位，进行项目化运作。完善体育特色小镇的运营管理，特别要利用 PPP 运作模式，以项目为核心，搭建政府部门、产业运营商、资本机构等多方参与的运营管理平台。第三，针对不同体育特色小镇，重视动态评估。特色小镇是“区域精英”，具有较强的引领作用，是在精准治理过程中对其进行绩效评估时不可缺少的部分①。针对不同项目类型的体育特色小镇，要实施动态管理和评估机制，通过设置不同的评价标准，进行年度考核，并将考核结果作为奖惩的重要依据。

六、突出小镇发展特色，形成产业链和服务圈

“特色”是体育特色小镇发展的核心，体育特色小镇如果没有特色，或者所有体育小镇千篇一律，“千镇一面”，体育休闲项目雷同，造成全国体育特色小镇同类竞争、恶性竞争，那体育特色小镇就违背了初衷，失去了意义。要找准和凸显体育产业特色，选择差异化的体育产业跨界融合路径，使体育特色小镇形成各自特色，避免同类竞争。

要切实抓好体育特色小镇项目建设，突出发展冰雪运动、户外运动、水上运动等消费引领性强、覆盖范围广、特色鲜明的体育运动项目，布局多个体育休闲项目，同时带动相关产业共同发展，形成独特的体育产业链；将各项公共体育服务相结合，形成公共服务圈，积极完善运动休闲场地设施，满足不同人群的体育消费需求。体育特色小镇具有明确的体育产业定位，体育产业不是孤立的产业形态，而是与旅游、文化、健康、科技等产业融合在一起，延伸体育产业价值链、提升体育价

① 闵学勤. 精准治理视角下的特色小镇及其创建路径[J]. 同济大学学报(社会科学版)，2016(5)：55-60.

值增值。促进体育产业与休闲、文化、养生等产业融合，改变体育产业独立发展的产业形态，促进小镇由独立发展向区域融合发展，由传统观光旅游向“体育+旅游”融合发展模式转变。坚持共建共享，进一步优化和完善体育特色小镇建设规划，不断注入新的活力，结合地域和民族特色，传承民族传统体育文化，释放体育赛事助力效应，真正发挥体育特色小镇对地区经济发展的促进作用，提高体育产业的附加值，打开体育特色小镇发展新局面。

七、重视生态文明建设，合理开发小镇旅游资源

冰雪、湿地、森林、草原等自然资源都是发展户外运动、体育休闲产业的良好自然条件，大多数自然资源丰富的地区经济发展相对比较落后，交通不便，导致地区比较贫困，建设体育特色小镇必须依托于当地的自然条件和生态环境，不可避免地要对大自然进行开发，必须合理高效利用自然禀赋资源，重视生态文明建设，才能实现体育特色小镇的可持续健康发展。合理开发体育特色小镇的旅游资源，以体育旅游拉动体育消费和旅游消费，增加当地居民收入来源，创造就业机会，促进地区经济和社会发展。加强对体育特色小镇生态文明建设的总体设计和科学规划，树立社会主义生态文明观，促进人与自然和谐发展，实现共赢。树立“生活、休闲、健身”一体的现代化生活理念，促进“三生融合”，深度挖掘体育特色小镇的发展潜力，开发体育特色小镇的旅游资源，科学合理规划布局，体育特色小镇才能成为推动体育产业发展和经济社会发展的永动机。在新型城镇化背景下，体育特色小镇是改变贫困落后地区面貌的大好历史机遇，开发生态旅游资源，必须重视生态文明建设，坚持环保，坚持科学发展和可持续发展，把自然景观与人文景观放在同等位置，传承中国优秀传统文化，合理合法开发自然资源。资源禀赋是体育特色小镇建设的基础，体育产业是体育特色小镇发展的端口，要深度挖掘小镇的旅游资源，加强小镇的生态文明建设。

八、走新型城镇化发展道路，提高城市综合承载力

体育特色小镇要实现长远可持续发展，必须走新型城镇化发展道路。新型城镇化是现代化发展的必经之路，我国经济社会发展的巨大潜力和动能就在于新型城镇化进程，新型城镇化是我国经济发展的一项民生工程，是供给端和需求端的连接线，更是供给和需求两侧作用的黄金联结点。国家建设体育特色小镇，目的是促使其挑起促进传统体育产业转型升级的重担。同时，要培育我国体育新兴产业，提高体育特色小镇竞争力，最终必须落实到现代化的城镇体系。农村贫困化是城乡二元结构体制下出现的农村地区衰退或发展滞后的严重社会问题，成为影响城乡协调与农村可持续发展的主要限制因素。

体育特色小镇具有经济带动性特征，建设体育特色小镇所带来的经济价值，能够产生经济辐射效应，带动周边城镇的经济和社会发展。特色小镇是城市与农村联结的纽带，体育特色小镇的建设能够统筹城乡和谐发展，促进城市和农村的综合配套设施的完善，降低新型城镇化的社会成本。利用体育特色小镇的经济辐射效应，振兴农村发展，推动城市和农村共同发展，提高新型城镇化的质量和水平，形成农村和城镇两者相互补充、相互促进的良性循环。建设好体育特色小镇，政府必须进一步完善基础配套设施建设，提高城市的综合承载力，完善公共交通、道路设施、铁路、水利、电力等基础配套设施，建设好标志性建筑等。利用好体育特色小镇的经济辐射效应，能够大大降低政府民生工作的压力，增强农村和城镇的特色竞争力，将体育特色小镇的长期发展与破解居民生活、就业等民生问题相结合，分流农村人口，坚持“去中心化”的发展战略规划，削弱大城市的“资源中心”地位，促进区域均衡发展，加速推进我国新型城镇化发展进程，实现体育特色小镇跨越式发展。

九、加强政府管理扶持力度，协调多元主体共同参与

政府是体育特色小镇的指挥者、管理者，体育特色小镇的资金来源

很大程度上依赖国家财政，经济基础决定上层建筑，体育特色小镇的发展必须有国家和政府的指引。在新型城镇化和供给侧改革的大背景下，最大限度发挥体育特色小镇对经济社会发展的促进作用，政府必须加强对体育特色小镇的扶持力度，设立体育特色小镇建设专项资金，给予体育特色小镇发展的空间，科学规划体育特色小镇的发展蓝图。同时，对体育特色小镇设定 1~2 年的培育期，并在培育期满后对小镇进行评估考核，验收不合格的取消体育特色小镇建设资格，提高体育特色小镇建设的质量和水平，促进小镇长远可持续发展。

政府对体育特色小镇建设主要起引导作用，建设主体应当是企业，同时吸引社会多元主体参与体育特色小镇建设，坚持以民生和体育产业为导向，坚持市场化运作。发挥市场在资源配置中的决定性作用，重视价格的杠杆作用和引导作用，避免体育特色小镇的重复建设，减少无效供给。完善政府对体育特色小镇建设的优惠政策，对参与体育特色小镇建设的企业给予免税或减税等优惠，降低企业准入门槛，放宽市场准入条件，简化申请程序，为企业及其他市场主体开通“绿色通道”。创新培育参与体育特色小镇建设的市场主体，开放承接，招商引资，引入 PPP 模式解决体育特色小镇建设过程中的资金短缺问题，拓宽小镇的融资渠道，减轻政府财政压力，优化体育特色小镇产业结构，激发体育产业发展活力。体育特色小镇的资金投入量较大，收益回收周期长，仅仅依靠国家和政府的资金支持，远远不能保障小镇的可持续发展，由此引入社会资本和金融机构资金，多个投资平台参与小镇建设，发挥各自优势，将多个投资平台的利益进行捆绑，共担风险，共同受益，能够缓解政府的财政压力，为政府债务松绑，为体育特色小镇的发展提供强有力且稳定的资金支持，进一步盘活小镇的体育特色产业发展。

十、冷静思考小镇建设，巩固小镇“底色”和丰富“颜色”

体育特色小镇遵循“政府引导，企业主体，市场化运作”的模式。政府要在规划设计、制度供给、人才引进、环境保护等方面发挥“引导”作用，体现政府的引领优势。同时，在体育特色小镇建设与发展过程中，政府要加强对特色小镇的监督，实施宽进严定的方式，规范小镇的发展方向，防止特色小镇成为房地产商的“圈地”手段，对发展较差、不符合发展要求的小镇实施动态淘汰制度。政府还应处理好与市场的关系，明确政府自身职责，摆脱“大包大揽”，运用市场化运作的方式，发挥在资金要素、人才要素等方面的优势，让市场在资源配置中起主导性作用。在体育特色小镇运营发展中，创新政府与企业的合作方式，降低企业准入机制，激发企业投资的活力，同时与社会企业建立良好的利益共享机制、风险共担机制，引导更多的企业参与小镇的建设与发展。在我国体育特色小镇建设中，要加强对文化的了解、理解，立足于当地民族传统体育文化、传统节假日活动等资源，挖掘特色、活态传承，将其充分融入体育小镇的建设发展中。同时，发挥好当地体育文化资源的优势，利用好体育文化要素，做到传统文化与时代发展的需求相结合，彰显体育特色小镇的文化特色。

体育特色小镇的“底色”，即投入建设的基本要素包括基土地要素、资金要素和人才要素，是体育特色小镇建设中必不可少的资源要素。因此，要创新资源要素的供给方式，巩固小镇“底色”。土地要素是体育场地设施建设的主要载体。特色小镇的规划面积一般控制在 3 平方千米左右，因此，土地资源对于特色小镇的建设属于稀缺资源。要使有限的资源发挥最大的效益，创新供给方式，盘活存量，做优增量。一方面，可以科学合理地规划布局体育特色小镇的建设，差异化配置土地资源，适度放宽用地限制等，提高资源的配置效率，使有限的土地资源发挥最大的经济效益与社会效益。另一方面，破除土地要素供给的体制限制，建立相关部门联动机制，引入市场竞争的方式，公平合理、公开透明地配置土地资源。经济基础决定上层建筑，充裕的资金是体育特色小镇建设的重要保障，也是体育特色小镇培育与发展的重要动力。由于体育特色小镇具有建设周期长、资金投入大等特点，仅仅依靠政府单方的支持，会使政府原本的财政压力进一步提高，而且所承担的风险也会增大。因此，要创新资金供给方式，借助 PPP 模式，通过政府与社会合作的方式，引进社会资本，建立盈利与风险共担机制，既可以扩大社会资本的投资领域，又可以很好地解决体育特色小镇的资金问题。

随着我国体育产业的快速发展，对社会人才的需求不断激增，而优秀的人才增长存在一定的滞后性，社会发展需求与供给之间存在巨大差距。在体育特色小镇方面，人才的聚集是使特色小镇能够健康发展与持续运营的重要因素。因此，体育特色小镇要建立完善的政策体系。其一，利用政策优势提高优秀人才的基本待遇水平，并在住房、医疗、子女教育等方面给予优惠。其二，完善职工的晋升机制与奖励机制，以吸引社会各界人才。同时，要加强对自然资源和生态环境的保护，完善各种满足优秀人才需要的公共配套设施，利用宜业、宜居的优美环境来留住人才，形成人才集聚效应。

在体育特色小镇发展中，单一的产业模式是阻碍小镇发展的关键因素，极易被其他特色小镇所超越或取代。因此，要延伸体育特色小镇的体育产业链，推动产业转型升级，促进产业跨界融合，使特色小镇多条产业链共同发展，小镇"颜色"更加丰富。延伸产业链主要有两种方式，一种是横向延伸，即产业融合。在促进产业融合的过程中应注重两产业之间的关联程度，以及各自的边界模糊性。体育特色小镇作为体育产业与旅游产业融合的产物，具有较大的发展空间。同时，还可以根据市场和社会的需求，运用"体育+"的思维，建立"体育+赛事"的体育赛事型小镇、"体育+健康"的康养型休闲小镇、"体育+互联网"的智能制造型体育特色小镇，推动体育产业跨界融合发展。另一种是纵向延伸，即向体育中介服务业、体育媒体业、竞赛表演业提供相关体育产品的上行产业链，以及体育设备的生产、制造，体育场馆等基础设施的规划设计、建设等下行延伸产业链，促进第二产业与第三产业共同发展。①

① 郜邦国，沈克印. 体育特色小镇发展热潮下的冷思考[J]. 体育科学研究，2019，23(6)：13-18.

体育特色小镇是旅游景区、体育产业聚集区与新型城镇化发展区的结合体，依托当地独特的自然环境条件，因地制宜发展体育休闲产业，与旅游产业、文化产业、养生产业等融合，体育特色小镇有小镇体育产业特色鲜明、“小而美”“聚而合”、运营机制灵活的特征。体育特色小镇是在供给侧改革、全民健身、新型城镇化战略等综合背景下，推动我国体育产业集聚、创新和升级新的推动力，是新型城镇化与体育产业相互作用的积极成果。以体育产业融入我国的脱贫扶贫工作，能够促进贫困地区经济和社会发展，建设体育特色小镇，促进了体育产业与文化、健康、休闲等相关产业的跨界融合。在社会主义制度背景下，国家提出培育体育特色小镇，发布一系列相关政策，支持、培育体育特色小镇的发展，是体育特色小镇建设的政治基础。改革开放以来，我国经济快速发展，成为世界第二大经济体，体育产业“十三五”规划发布，使我国体育产业进入发展的黄金时期，国家培育体育特色小镇建设，给予资金和政策支持，以体育产业带动地方经济发展，是体育特色小镇建设的经济基础。在全民健身和健康中国战略背景下，随着人民生活水平的提高，人民群众的体育消费需求向多元化、多层次转变，要求必须建设体育特色小镇，增加体育服务供给，是体育特色小镇建设的社会基础。提高文化软实力，建设文化强国，发扬我国优秀传统文化，传承我国民族体育项目，是我国体育特色小镇发展的文化基础。体育特色小镇的建设取得了一定的成效，推动了当地经济和社会发展，提高了居民收入水平，但是，由于政府规划不合理，行政干预过当，没有找准小镇的定位，导致出现片面旅游化、房地产倾向、小镇同质化、盲目开发、扶贫造假等问题，要预防、解决这些问题，必须突出小镇特色，形成产业链和服务圈，加强政府扶持力度，合理规划设计，由市场主导，协调多元社会主体参与特色小镇建设，合理开发自然资源，完善地区基础设施建设，坚持走新型城镇化道路。

体育特色小镇是城镇化发展到一定阶段下的必然产物，具有推动全民健身战略的实施、推进体育产业供给侧改革以及加快体育扶贫工作的进程等积极意义。在国家高度重视与人民需求快速增长的背景下，体育特色小镇在我国取得快速发展，已掀起新的“建镇”热潮。同时，体育特色小镇在快速发展中也凸显出一些现实问题，必须在发展“热潮”中进行冷思考，对体育特色小镇的“角色”“特色”“底色”“颜色”进行全方位的重新认识。要完善监督管理体制，明确政府、企业、市场各自的职责与作用，创新土地、资金、人才等要素的供给方式，挖掘地域产业、文化的禀赋资源，加快产业转型升级，促进体育产业跨界融合发展，推动体育特色小镇健康可持续发展。体育特色小镇的建设应追求特色鲜明，不可完全照搬，追求数量而忽视小镇建设的质量。体育特色小镇建设必须进行科学的规划、设计，进行“培育”而并非“打造”，避免盲目开发，明确体育特色小镇的发展必须以体育为主、旅游为辅，“特色”是小镇的核心。体育特色小镇要在保护自然生态环境的基础上进行开发，合理开发自然资源，利用小镇历史文化内涵，发挥出体育特色小镇的竞争优势，为我国脱贫攻坚工作助力。加强政府管理扶持力度，培育多元市场主体，共同参与体育特色小镇建设，促进共建共享，共同享有体育特色小镇建设成果。

在供给侧改革背景下，体育产业已不再以孤立的产业形态存在，而是通过新技术和新业态引领，与相关行业进行跨界融合。体育特色小镇是我国全面深化改革的产物，是体育产业跨界融合的创新载体，也是推进供给侧改革和新型城镇化的有益探索。建设体育特色小镇要发挥政府作用，特别要做好科学规划和创新制度供给。同时，要坚持以市场为主导，以企业为主体，优化资源配置，树立产业链思维，推动体育产业与相关产业进行融合。建设体育特色小镇要因地制宜，科学规划，不能一哄而上，更不能搞“形象工程”和“政绩工程”。要树立“大体育、大健康、大旅游”理念，经过科学论证和规划，明确体育产业定位，加强跨界融合，通过政府、市场、社会等多方力量共同建设体育特色小镇。新时代要以习近平新时代中国特色社会主义思想为指导，以新发展理念为引领，坚持以人民为中心的发展思想，坚持使市场在资源配置中起决定性作用和更好地发挥政府作用，以引导体育产业发展为核心，遵循产业发展规律，以建立规范纠偏机制、典型引路机制、服务支撑机制为重点，加快建立体育特色小镇高质量发展机制，释放城乡融合发展和内需增长新空间，促进体育产业高质量发展。

参考文献

[1] 吴国文. 住房城乡建设部国家发展改革委财政部联合发文：培育千个特色小镇 实现首个百年2016年目标[N]. 中国建设报，2016-07-21.

[2] 明文彪. 浙江特色小镇的理论内涵[N]. 浙江日报，2016-05-12.

[3] 浙江省人民政府. 关于加快特色小镇规划建设的指导意见[EB/OL]. [2016-05-04]. http://www.zj.gov.cn/art/2015/5/4/art_32431_202183.html.

[4] 江苏省体育局. 关于开展体育健康特色小镇建设工作的通知[EB/OL]. [2016-09-12]. http://www.jssports.gov.cn/art/2016/9/12/art_137_101816.html.

[5] 杨强. 体育与相关产业融合发展的路径机制与重构模式研究[J]. 体育科学，2015，35(7)：3-9.

[6] 曾江，慈锋. 新型城镇化背景下特色小镇建设[J]. 宏观经济管理，2016(12)：51-56.

[7] 胡鞍钢，方旭东. 全民健身国家战略：内涵与发展思路[J]. 体育科学，2016，36(3)：3-9.

[8] 贾康，冯俏彬. 新供给：创构新动力——"十三五"时期"供给管理"的思路与建议[J]. 税务研究，2016(1)：3-9.

[9] 王小广. 供给侧结构性改革：本质内涵、理论源流和时代使命[J].

中共贵州省委党校学报，2016(2)：82-87.
[10] 沈克印，吕万刚．体育产业供给侧结构性改革：学理逻辑、发展现实与推进思路[J]．武汉体育学院学报，2016，50(11)：30-35.
[11] 陈宇峰，黄冠．以特色小镇布局供给侧结构性改革的浙江实践[J]．中共浙江省委党校学报，2016(5)：28-32.
[12] 卓勇良．政府公共政策供给的逻辑必然与创新——浙江特色小镇规划建设的理论思考[J]．决策咨询，2016(2)：26-29.
[13] 智慧体育小镇等六大项目落户富阳 投资近百亿[EB/OL]．[2015-07-07]．http://mt.sohu.com/20150707/n416337967.shtml.
[14] 杨强．体育旅游产业融合发展的动力与路径机制[J]．体育学刊，2016，23(4)：55-62.
[15] 赵胜国，王凯珍，邰崇禧，等．全民健身国家战略下体育消费观的时代意蕴及其实现路径[J]．武汉体育学院学报，2016，50(5)：5-11.
[16] 盛世豪，张伟明．特色小镇：一种产业空间组织形式[J]．浙江社会科学，2016(3)：36-38.
[17] 赵士雯，赵艳华，国福旺．新型城镇化背景下的天津特色小镇培育策略研究[J]．城市，2016(10)：22-25.
[18] 闵学勤．精准治理视角下的特色小镇及其创建路径[J]．同济大学学报(社会科学版)，2016(5)：55-60.
[19] 李强．怎样推进特色小镇建设[J]．中国乡村发现，2016(6)：1-5.
[20] 江苏省体育局．关于开展体育健康特色小镇建设工作的通知[EB/OL]．[2016-09-12]．http://www.jssports.gov.cn/art/2016/9/12/art_137_101816.html.
[21] 沈克印，杨毅然．体育特色小镇：供给侧改革背景下体育产业跨界融合的实践探索[J]．武汉体育学院学报，2017，51(6)：56-62.
[22] Sirmon D G, Hitt M A, Ireland R D. Managing firm resources in dy-

namic environments to create value: looking inside the black box[J]. Academy of Management Review, 2009, 32(1): 273-292.

[23] Mele C, Spena T R, Colurcio M. Co-creating value innovation through resource integration[J]. International Journal of Quality and Service Sciences, 2010, 2(1): 60-78.

[24] 段艳玲，徐茂卫，陈曦. 我国体育产业协同创新网络能力和创新绩效：基于资源整合的中介效应研究[J]. 上海体育学院学报，2016，40(2)：56-61.

[25] 刘国永. 实施全民健身战略，推进健康中国建设[J]. 体育科学，2016，36(12)：3-10.

[26] 柯桥简介. [EB/OL]. [2016-03-18]. http://www.kq.gov.cn/sxxm-hw/01/0101/010101/201603/t20160318_391310.shtml.

[27] 宋文杰. 项目包带动式的特色小镇规划创新——以柯桥酷玩小镇为例[J]. 小城镇建设，2016(3)：92-94.

[28] 赵佩佩，丁元. 浙江省特色小镇创建及其规划设计特点剖析[J]. 规划师，2016(12)：57-62.

[29] 侯洁如，周慧敏. 以"酷"的名义玩转休闲时尚——记浙江省绍兴市柯桥酷玩小镇[N]. 中国改革报，2016-11-15.

[30] 周爱光，杜高山. 新常态视野下我国体育产业发展研究[J]. 体育学刊，2016，23(6)：7-13.

[31] 曾江，慈锋. 新型城镇化背景下特色小镇建设[J]. 宏观经济管理，2016(12)：51-56.

[32] 杨强. 体育旅游产业融合发展的动力与路径机制[J]. 体育学刊，2016，23(4)：55-62.

[33] 李东鹏，梁徐静，邓翠莲. "互联网+"背景下休闲体育产业发展趋势、动力和创新路径研究[J]. 广州体育学院学报，2017，37(4)：33-36.

[34] 苏斯彬，张旭亮. 浙江特色小镇在新型城镇化中的实践模式探析

[J]. 宏观经济管理，2016(10)：73-75.

[35] 刘锡宾. 我省特色小镇建设原则和对策研究[J]. 政策瞭望，2015(9)：49-51.

[36] 王洪光，杨凯量，党晓荣，等. 优化土地要素配置推进特色小镇建设[J]. 浙江国土资源，2016(7)：29-31.

[37] 张鸿雁. 论特色小镇建设的理论与实践创新[J]. 中国名城，2017(1)：4-10.

[38] 健康中国 2030 规划纲要[EB/OL]. [2016-08-29]. http://www.17jiaoyu.com/bangzhu/anli/.

[39] 中华人民共和国中央人民政府. 国务院关于加快发展体育产业促进体育消费的若干意见[EB/OL]. [2014-10-02]. http://www.gov.cn/.

[40] 中华人民共和国国家发展和改革委员会. 体育产业"十三五"规划[EB/OL]. [2017-08-10] http://www.ndrc.gov.cn/fzgggz/fzgh/ghwb/gj.

[41] 中华人民共和国中央人民政府. 国务院办公厅关于加快发展健身休闲产业的指导意见[EB/OL]. [2016-10-28]. http://www.gov.cn/zhengce/content/2016-10/28/content.

[42] 中华人民共和国中央人民政府. 关于深入推进新型城镇化建设的若干意见[EB/OL]. [2016-02-16]. http://www.gov.cn/zhengce/content.

[43] 住房城乡建设部，国家发展改革委，财政部. 关于开展特色小镇培育工作的通知[EB/OL]. [2016-07-01]. http://www.mohurd.gov.cn.

[44] 总局办公厅关于推动运动休闲特色小镇建设工作的通知(体群字〔2017〕73号)[EB/OL]. [2017-05-11]. http://gw.yjbys.com/tongzhi/128647.html.

[45] 中华人民共和国国家发展和改革委员会. 国家新型城镇化规划

(2014—2020年)[EB/OL].[2014-03-16]. http://www.ndrc.gov.cn/fzgggz/fzgh/ghwb/gj.
[46] 中华人民共和国中央人民政府. 关于深入推进新型城镇化建设的若干意见[EB/OL].[2016-10-28]. http://www.gov.cn/.
[47] 韦福雷. 特色小镇发展热潮中的冷思考[J]. 开放导报，2016(6)：20-23.
[48] 陈安华，江琴，张歆，叶莹莹. "特色小镇"影响下的小城镇建设模式反思——以永康市龙山运动小镇为例[J]. 小城镇建设，2016(3)：54-61.
[49] 卓勇良. 特色小镇的内涵和外延[N]. 今日浙江，2015-07-10.
[50] 张吉福. 特色小镇建设路径与模式——以山西省大同市为例[J]. 中国农业资源与区划，2017(1)：145-151.
[51] 蔡健，刘维超，张凌. 智能模具特色小镇规划编制探索[J]. 规划师，2016(7)：5-5.
[52] 汪千郡. 产城融合视角下特色小镇规划策略探讨——以青神苏镇为例[J]. 住宅与房地产，2016(9)：41-43.
[53] 张红喜，汪长城. 政策触媒下浙江省特色小镇创建路径探讨——以淳安县乐水小镇为例[J]. 特色小镇专刊，2016(4)：41-56.
[54] 陈远莉，苏华成. 体育特色小镇的国际发展模式与启示[J]. 哈尔滨体育学院学报，2019(5)：55-60.
[55] 刘雪. 合肥市大圩镇马拉松体育特色小镇的现状调查研究[D]. 北京：首都体育学院，2017.
[56] 蒋清，敬艳. 全域旅游视域下体育特色小镇的开发[J]. 开放导报，2017(5)：92-95.
[57] 邵安兆. 洛阳市伊滨区产城融合发展的战略思考[J]. 洛阳理工学院学报，2012(2)：13-29.
[58] 田培杰. 协同治理概念考辨[J]. 上海大学学报，2014(1)：124-138.

[59] 田玉麒. 当代中国公共服务协同供给探析[D]. 长春：吉林大学，2014.
[60] 马光. 环境与可持续发展导论[M]. 北京：北京科学出版社，2001.
[61] 段瑞琼. 基于可持续发展的资源型城市政府转型研究[D]. 桂林：广西师范大学，2014.
[62] 滕藤. 中国可持续发展研究(上卷)[M]. 北京：经济管理出版社，2001.
[63] 贾华强. 可持续发展经济学导论[M]. 北京：知识出版社，1996.
[64] 荆门市人民政府. 京山获"中国网球特色城市"称号[EB/OL]. [2012-08-28]. http://www.jingmen.gov.cn/.
[65] 京山网球特色小镇入选国家运动休闲特色小镇[EB/OL]. [2017-08-11]. http://www.sohu.com/a/163884858_99930747.
[66] 京山网球特色小镇：打造世界网球生活小城[EB/OL]. [2017-11-13]. https://www.360kuai.com/pc/9a38fc2a739b48d7.
[67] 京山市委书记刘启华到访长江国际商会洽谈合作[EB/OL]. [2017-11-13]. http://dy.163.com/v2/article/detail/EFAC2OLS0518BM44.html.
[68] 岑雪婷. 呼和浩特市新型城镇化的SWOT分析及对策研究[J]. 中国商贸，2015(8)：96-98.
[69] 湖北省人民政府. 湖北省特色小镇创建工作实施方案[EB/OL]. [2017-12-12]. http://www.hubei.gov.cn/govfile/ezbf/201712/t20171220_1236425.shtml.
[70] 韩鹏. 基于市场需求的温泉旅游产品开发初探——以湖北省温泉旅游产品为例[J]. 太原城市职业技术学院学报，2012(2)：168-170.
[71] 京山温泉新区季度在建项目23个[EB/OL]. [2015-04-14]. http://blog.sina.com.cn.

[72] 湖北京山温泉度假中心品牌定位及营销策划方案[EB/OL]. [2020-01-15]. http://jz.docin.com/p-308942637.html.

[73] 王龙飞，姚利松，王俊之体育特色小镇建设中体育产业的集群式发展研究[J]. 南京体育学院学报(社会科学版)，2017，31(5)：49.

[74] 叶小瑜，谢建华，董敏. 国外运动休闲特色小镇的建设经验及其对我国的启示[J]. 南京体育学院学报(社会科学版)，2017，31(5)：54-58.

[75] 杨毅然，沈克印. 供给侧改革背景下我国体育特色小镇建设路径探讨[J]. 体育成人教育学刊，2018，34(1)：36-40.

[76] Tomlinson A. Sport and social class[J]. Social Science Information, 2016, 17(6): 819-840.

[77] Tashman P, Rivera J. Ecological uncertainty, adaptation, and mitigation in the U. S. ski resort industry: managing resource dependence and institutional pressures[J]. Strategic Management Journal, 2016, 37(7): 1507-1525.

[78] Hsiao C T, Peng H L, Huang H H. The impact of sports ethics of professional baseball player to the development of sports industry in Taiwan[J]. Quality & Quantity, 2012, 46(6): 1753-1767.

[79] Xue T. Sports industry and sustainable development of sports economy on vacation study recreation[J]. Journal of Sports & Science, 2006.

[80] Moore K, Berno. The nature of the adventure tourism experience in Queenstown [C]. Tourism Down Under Conference, Centre for Tourism, University of Otago, 1996.

[81] Foray J. Chamonix, an alpine and scientific adventure[J]. International Journal of Sports Medicine, 1992, 13(S1): S9-S12.

[82] Rosenberg N. Technological change in the machine tool industry: 1840-1910[J]. The Journal of Economic History, 1963, 23(2):

414-446.

[83] Yoffie D B. Introduction: chess and competing in the age of digital convergence[C]. Competing in the Age of Digital Convergence. Boston, 1997.

[84] Christensen C M, Rosenbloom R S. Explaining the attacker's advantage: technological paradigms, organizational dynamics, and the value network[J]. Research Policy, 1995, 24(2): 233-257.

[85] Hirsch A. Empowerment: philosophy and misconceptions[J]. Diabetologie und Stoffwechsel, 2010, 5(2): 10-20.

[86] Liu Y S, Chen C, Li Y L. Differentiation regularity of urban-rural equalized development at prefecture-level city in China[J]. Journal of Geographical Sciences, 2015, 25(9): 1075-1088.

[87] Wu Lan Ying. Investigation and analysis on sports consumption of urban residents of Henan province[J]. Physics Procedia, 2012, 33: 2020-2026.

[88] Martha A, Garcia-Murillo, MacInnes I. FCC organizational structure and regulatory convergence [J]. Telecommunications Policy, 2001 (25): 431-452.

[89] Broring Stefanic. Innovation strategies in converging industries: a resource-based perspective[R]. Research Paper, University of Muenster, Institute of Business Administration, 2003.

[90] Wirtz B. Reconfiguration of value chains in converging media and communications markets[J]. Long Range Planning. 2001, 34: 489-507.

[91] Geradin D. Regulatory issues raised by network convergence: the case of multi-utilities[J]. Journal of Network Industries, 2001(2): 113-126.

[92] Tadayoni R, Skouby K E. Terrestrial digital broadcasting: convergence and its regulatory implications[J]. Telecommunications Policy,

1999(23)：175-199.

[93] 张泽君，隋凤娟，张建华，张健.“互联网+”视域下体育特色小镇发展研究[J]. 河北体育学院学报，2018(5)：36-40.

[94] 张清华. 山东省足球特色小镇建设路径研究——以临淄区足球小镇为例[D]. 曲阜：曲阜师范大学，2018.

[95] 李柳. 京津冀运动休闲特色小镇的发展路径研究——以张坊镇、下营镇、北田曼城国际小镇为例[D]. 北京：首都体育学院，2019.

[96] 刘欣英. 产城融合的机制与效应研究——以陕西省为例：[D]. 西安：西北大学，2017.

[97] 魏祖民. 镇海区推进产城融合发展的路径模型与突破重点[J]. 发展探索，2014(2)：23-26.

[98] 沈凌云，李明慧. 基于产城融合理念的产业园区发展探索——以曲靖经济技术开发区为例[J]. 曲靖师范学院学报，2014(9)：5-8.

[99]李学杰. 城市化进程中对产城融合发展的探析[J]. 经济师，2012(10)：43-44.

[100] 唐晓宏. 城市更新视角下的开发区产城融合度评价及建议[J]. 经济问题探索，2014(8)：144-149.

[101] 何立春. 产城融合发展的战略框架及优化路径选择[J]. 社会科学期刊，2015(6)：123-127.

[102] 住房城乡建设部，国家发展改革委，财政部. 关于开展特色小镇培育工作的通知[EB/OL]. [2016-07-01]. http://www.mohurd.gov.cn/wjfb/201607/t20160720_228237.html.

[103] 国家体育总局办公厅. 关于推动运动休闲特色小镇建设工作的通知[EB/OL]. [2017-05-09]. http://ghs.ndrc.gov.cn/zttp/xxczhjs/ghzc/201707/t20170731_856450.html.

[104] 陈安华，江琴，张歆，叶莹莹.“特色小镇”影响下的小城镇建设

模式反思——以永康市龙山运动小镇为例[J]. 小城镇建设, 2016(3): 54-61.
[105] 马斌. 新型城市化进程中的特色小镇——城市功能展示的新平台[J]. 城乡规划, 2017(4): 14-19.
[106] 张潇潇. 互联网+视域下的“体育小镇”构建研究[J]. 南京体育学院学报(社会科学版), 2017, 31(4): 18-22.
[107] 韦福雷. 特色小镇发展热潮中的冷思考[J]. 开放导报, 2016(6): 20-23.
[108] 马斌. 特色小镇: 浙江经济转型升级的大战略[J]. 浙江社会科学, 2016(3): 39-42.
[109] 厉建梅. 文旅融合下文化遗产与旅游品牌建设研究[D]. 济南: 山东大学, 2016.
[110] 植草益. 日本的产业组织[M]. 北京: 经济管理出版社, 2000(8): 450.
[111] 厉无畏, 王慧敏. 产业发展的趋势研判与理性思考[J]. 中国工业经济, 2002(4): 5-11.
[112] 杨强. 体育与相关产业融合发展的路径机制与重构模式研究[J]. 体育科学, 2015, 35(7): 3-9, 17.
[113] 盛广耀. 新型城镇化理论初探[J]. 学习与实践, 2013(2): 13-18.
[114] 吴殿廷, 赵林, 高文姬. 新型城镇化的本质特征及其评价[J]. 北华大学学报(社会科学版), 2013, 14(6): 33-37.
[115] 黄开腾. 城乡协同: 新型城镇化背景下乡村治理的新思路[J]. 云南行政学院学报, 2016, 18(4): 123-129.
[116] 郭美清. 中国新型城镇化理论研究[D]. 漳州: 闽南师范大学, 2015.
[117] 段鸿斌. 体育扶贫: 法律意涵、政策机制与实施路径[J]. 武汉体育学院学报, 2017, 51(8): 5-12.

[118] 郭庆. 农民工体育贫困状况与精准扶贫策略研究——基于城市融入视角的实证分析[J]. 武汉体育学院学报, 2017, 51(5): 21-27.

[119] 国务院. 国务院关于加快发展体育产业促进体育消费的若干意见(国发〔2014〕46号)[Z]. 2014-10-20.

[120] 阿马蒂亚·森. 贫困与饥荒[M]. 王宁, 王文玉, 译. 北京: 商务印书馆, 2001.

[121] 韦福雷. 特色小镇发展热潮中的冷思考[J]. 开放导报, 2016(6): 20-23.

[122] 国家发展改革委. 关于加快美丽特色小(城)镇建设的指导意见[EB/OL]. [2016-10-08]. http://www.ndrc.gov.cn/zcfb/zcfbtz/201610/t20161031_824855.html.

[123] 王介勇, 陈玉福, 严茂超. 我国精准扶贫政策及其创新路径研究[J]. 中国科学院院刊, 2016, 31(3): 289-295.

[124] 国务院. 关于加快发展体育产业促进体育消费的若干意见(国发〔2014〕46号)[Z]. 2014.

[125] 刘灏, 张宏杰. 新型城镇化视域下运动休闲特色小镇建设机制及路径研究[J]. 南京体育学院学报(社会科学版), 2017, 31(4): 14-17, 27.

[126] 李伟平, 权德庆, 蔡军, 魏华, 雷文. 西安市城镇居民体育消费结构及其特征研究——基于数据挖掘的视角[J]. 体育科学, 2013, 33(9): 22-28.

[127] 张振峰. 体育消费需求升级视角下体育产业转型发展路径[J]. 西安体育学院学报, 2017, 34(4): 453-458.

[128] 国家统计局. 中华人民共和国2017年国民经济和社会发展统计公报[EB/OL]. [2018-02-28]. http://www.stats.gov.cn/tjsj/zxfb/201802/t20180228_1585631.html.

[129] 胡鞍钢, 方旭东. 全民健身国家战略: 内涵与发展思路[J]. 体

育科学，2016，36(3)：3-9.
[130] 杨毅然，魏孟祺，沈克印．“健康中国”背景下政府购买公共体育服务研究[J]．湖北体育科技，2016，35(11)：953，973-976.
[131] 李海晶．习近平的传统文化观研究[D]．南昌：南昌大学，2016.
[132] 奥斯特罗姆．制度分析与发展的反思[M]．北京：商务印书馆，1992：287-288.
[133] 西里尔·E．布莱克．比较现代化[M]．上海：上海译文出版社1996：178.
[134] 陈立旭．论特色小镇建设的文化支撑[J]．中共浙江省委党校学报，2016，32(5)：14-20.
[135] 四川省人民政府办公厅．关于加快发展体育产业的实施意见．[EB/OL]．[2012-10-12]．http://www.sc.gov.cn/10462/10883/11066/2012/10/16/10232693.shtml.
[136] 四川省体育局．四川省体育产业发展规划纲要(2011—2020)[EB/OL]．[2013-03-22]．http://www.scsport.gov.cn/zwgk/ghjh/201303/t20130322_20298.htm.
[137] 蒋梦惟．北京特色小镇建设未来五年将加速跑[N]．北京商报，2016-08-30(2).
[138] 韦宇．广西推进百镇建设示范工程[EB/OL]．[2016-10-10]．http://www.gx.xinhuanet.com/house/20161010/3476208_c.html.
[139] 刘小龙．体育扶贫的“马山模式”[N]．中国体育报，2017-05-16(1).
[140] 沈克印，吕万刚．体育产业供给侧改革的现实诉求与实施策略：基于资源要素视角[J]．西安体育学院学报，2017(6)：1-7.
[141] 安徽省体育局．关于推进体育特色小镇建设的指导意见[EB/OL]．[2017-05-05]．http://www.ahty.gov.cn/cyxx/info_70.aspx?itemid=14004.
[142] 朱莹莹．浙江省特色小镇建设的现状与对策研究——以嘉兴市为

例[J]. 嘉兴学院学报，2016，28(2)：49-56.
[143] 特色小镇热潮下的冷思考[N]. 重庆日报，2018-06-12.
[144] 范斌. 基于根植性理论视角下的我国体育特色小镇建设机制研究[J]. 体育与科学，2018，39(1)：84-89.
[145] 詹姆斯·E. 安德森. 公共政策制定[M]. 北京：中国人民大学出版社，2009.
[146] 沈克印，董芹芹. 体育特色小镇建设的地方探索与培育路径——以浙江省柯桥酷玩小镇为例[J]. 武汉体育学院体育学报，2018，52(9)：24-31.
[147] 打造体育健康特色小镇 助力"强富美高"新江苏[N]. 新华日报，2017-04-25(8).
[148] 李庆雷，沈琼. 旅游特色小镇平台化运营模式探析[N]. 中国旅游报，2018-07-03.
[149] 厉无畏，王慧敏. 产业发展的趋势研判与理性思考[J]. 中国工业经济，2002(4)：5-11.
[150] 曹可强，席玉宝. 体育产业经营管理[M]. 北京：高等教育出版社，2017.
[151] 杨毅然，沈克印. 精准扶贫背景下体育特色小镇助力体育扶贫研究——以广西马山攀岩小镇为例[J]. 体育研究与教育，2018，33(4)：24-29.
[152] 张宝雷，张月雷，徐成立，等. 国外体育特色小镇建设经验与启示[J]. 山东体育学院学报，2018，34(8)：47-51.
[153] 张辉，岳燕祥. 我国旅游小镇发展之思考[J]. 2018，33(5)：8-10.
[154] 冯奎. 特色小镇的风向、风口与风险[J]. 旅游学刊，2018，33(5)：1-3.
[155] 温锋华. 中国特色小镇规划理论与实践[M]. 北京：社会科学文献出版社，2018.
[156] 刘锡宾. 我省特色小镇建设原则和对策研究[J]. 政策瞭望，

2015(9): 49-51.

[157] 胡昌岭. 体育特色小镇的功能定位、建设理念与精准治理研究[J]. 体育与科学, 2018, 39(3): 69-74.

[158] 何祖星, 夏贵霞. 运动休闲产业与旅游产业融合发展研究[J]. 西安体育学院学报, 2015(6): 685-689.

[159] 郜邦国, 沈克印. 我国冰雪特色小镇的规划建设[J]. 体育成人教育学刊, 2018, 34(4): 13-17.

[160] 郜邦国, 沈克印. 体育特色小镇发展热潮下的冷思考[J]. 体育科学研究, 2019, 23(6): 13-18.

[161] 贾康. 建设新时代的现代化经济体系——从我国社会主要矛盾的转化看以供给侧结构性改革为主线[J]. 人民论坛·学术前沿, 2018(5): 52-54.

[162] 黄海燕, 徐开娟, 廉涛, 等. 我国体育产业发展的成就、走向与举措[J]. 上海体育学院学报, 2018, 42(5): 15-21.

[163] 艾四林, 康沛竹. 中国社会主要矛盾转化的理论与实践逻辑[J]. 当代世界与社会主义, 2018(1): 13-18.

[164] 赵胜国, 王凯珍, 邰崇禧, 等. 全民健身国家战略下体育消费观的时代意蕴及其实现路径[J]. 武汉体育学院学报, 2016, 50(5): 5-11.

[165] 鲍明晓. “十三五”我国体育发展战略研究[J]. 上海体育学院学报, 2016, 40(2): 1-6, 45.

[166] 沈克印. 论新时代中国社会主要矛盾与体育产业供给侧改革[J]. 体育学研究, 2019(5): 56-64.

[167] 沈克印, 吕万刚. 体育产业供给侧改革: 投入要素、行动逻辑与实施路径——基于社会主要矛盾转化研究视角[J]. 中国体育科技, 2020, 56(4): 44-51.

附录 A　国家体育总局运动休闲特色小镇第一批试点单位

地区	名称	特色
北京（6）	延庆区旧县镇运动休闲特色小镇	举办“独山夜月”旅游文化体验活动，打造千年旧县，通过举办旧县古城垂钓，推广全民健身，培育高雅情趣，丰富群众休闲生活
	门头沟区王平镇运动休闲特色小镇	形成体育竞赛表演、体育健身休闲、体育场馆服务、体育培训与教育、体育传媒与信息服务、体育用品制造等产业形态
	海淀区苏家坨镇运动休闲特色小镇	以体育为核心，带动教练、培训、医疗、户外产品销售等整个体育服务产业链，甚至还有设计、制造、营销、物流等生产性产业链的落地发展
	门头沟区清水镇运动休闲特色小镇	多种功能于一体的空间区域、全民健身发展平台和体育产业基地
	顺义区张镇运动休闲特色小镇	组织开展群众身边的体育健身赛事和活动，还将提供体育设施标准化设计样式，配置各类赛事资源
	房山区张坊镇生态运动休闲特色小镇	坚持以发展高端旅游和户外运动为主攻方向，创新发展思路，以“醉山水、最运动”为行动主旨，建设中西文化融合、具有山地风情、独具特色的生态运动休闲小镇

续表

地区	名称	特色
天津（1）	蓟州区下营镇运动休闲特色小镇	积极挖掘人文历史及文化资源，以徒步健身、登山旅游、长城探秘、攀岩、拓展、自行车运动等运动旅游项目为基础，打造全国运动休闲特色小镇试点项目
河北（6）	廊坊市安次区北田曼城国际小镇	深挖廊坊文旅、体育休闲资源，首期将沿龙河两岸湿地，以体育产业为依托，结合自然环境进行生态修复，打造健康、活力廊坊新风景线，完善乡村基础设施，配套建设体育休闲、双创基地、主题公园等功能分区
	张家口市蔚县运动休闲特色小镇	聚焦新一代信息技术、高端装备制造、新材料、生物与新药、节能与环保、海洋高新、旅游、互联网经济等新兴产业，兼顾传统产业
	张家口市阳原县井儿沟运动休闲特色小镇	井儿沟将按照“体育+旅游+生态”的模式，积极争取专业公司加盟，把相关产业与事业和体育融合起来，围绕大型户外旱雪场地与小型室内旱雪馆为特色，依托黄花梁景区进行综合开发
	承德市宽城满族自治县都山运动休闲特色小镇	都山极具自然资源开发价值，其中“都山积雪”被誉为口外八景之一，以此来打造冰雪运动城市
	承德市丰宁满族自治县运动休闲特色小镇	通过探索“体育+扶贫”的发展模式，大力发展特色体育赛事，来带动经济发展
	保定市高碑店市中新健康城·京南体育小镇	打造以珠峰为雏形的世界最高、赛道最多、体积最大的人工单体攀岩馆、国家登山博物馆等特色建筑，将助力项目在京南形成“世界攀岩在中国，中国攀岩看保定”的格局，充分提升城市影响力和旅游竞争力，使镇区形成“体育+旅游”双产业导向的特色小镇

续表

地区	名称	特色
山西(3)	运城市芮城县陌南圣天湖运动休闲特色小镇	集生态旅游、运动休闲、激情娱乐、健康餐饮、修心养生于一体的体育旅游胜地
	大同市南郊区御河运动休闲特色小镇	以体育运动专业培训为核心，以专业赛事承办、体育会议会展为特色
	晋中市榆社县云竹镇运动休闲特色小镇	形成了体育竞赛表演、体育健身休闲、体育培训教育等产业形态
内蒙古(2)	赤峰市宁城县黑里河水上运动休闲特色小镇	建设国家级水上运动基地、极限运动基地和大营子体育休闲生态小镇基础设施，形成乡村生态旅游产业带。建设完善运动休闲设施，组织开展群众身边的体育健身赛事和活动
	呼和浩特市新城区保合少镇水磨运动休闲小镇	大青山国家登山健身步道成为最聚集人气的体育运动休闲点。同时，利用大青山滑雪场地的建设，把新城区打造成为集运动、休闲、旅游于一身的特色小镇
辽宁(3)	营口市鲅鱼圈区红旗镇何家沟体育运动特色小镇	包括品牌体育园、国防教育基地、体育运动养生调理、运动休闲配套区、生态公园区五大功能区，是体育与旅游、文化、健康养老产业、体育教育深度结合的综合体
	丹东市凤城市大梨树定向运动特色体育小镇	该区由休闲农业体验区、民族村落观光区、旅游综合服务区三大功能区组成。在生态观光旅游区举行定向越野比赛，打造定向运动特色小镇
	大连市瓦房店市将军石运动休闲特色小镇	以体育产业为引领，以休闲旅游、生态观光、健康养老、蓝色经济、美丽乡村等多产业融合发展的特色生态宜游宜居小镇

续表

地区	名称	特色
吉林（2）	延边州安图县明月镇九龙社区运动休闲特色小镇	推进“体育+旅游”融合发展模式，打造全国性旅游示范区。同时带动农户创收脱贫
	梅河口市进化镇中医药健康旅游特色小镇	以特色种植产业、特色养殖产业、大健康产业、泛旅游产业、创意文化产业为支撑，以旅游+为主要抓手的特色小镇综合体
黑龙江（1）	齐齐哈尔市碾子山区运动休闲特色小镇	大力推进全民健身活动，加强体育基础设施建设，推进体育及相关产业发展，促进地方经济社会发展
上海（4）	崇明区陈家镇体育旅游特色小镇	陈家镇体育基础领先，是国家体育产业示范基地，国际一流的体育训练基地，旅游资源丰富。未来可以建设成以体育赛事、运动体验为代表的体旅结合的国家体育旅游示范地
	奉贤区海湾镇运动休闲特色小镇	举办体育赛事，建设成传播中国风筝文化、龙舟文化的体育休闲特色小镇示范地
	青浦区金泽帆船运动休闲特色小镇	通过帆船赛事的举办，把该地打造成世界级湖区最具影响力的国际帆船港，向中国其他地区提供可复制的产业转型模式
	崇明区绿华镇国际马拉松特色小镇	建设成国家中长跑训练基地，完善城镇基础设施并初步形成体育特色城镇风貌，形成马拉松文化特色小镇，将崇明区打造成中国田径事业与体育产业示范基地

续表

地区	名称	特色
江苏（4）	扬州市仪征市枣林湾运动休闲特色小镇	围绕“户外体育和大健康”主题，以“户外运动”为核心，致力成为中国户外运动名镇的首发中心、中国体育旅游目的地、江苏省康体运动产业发展示范区
	徐州市贾汪区大泉街道体育健康小镇	打造具有独特体育文化内涵、良好体育产业基础，集运动休闲、文化、健康、旅游、养老、教育培训等多种功能于一体的全民健身发展平台和体育产业基地
	苏州市太仓市天镜湖电竞小镇	形成一批电子竞技优势品牌，打造一批空间布局、产业关联度大、辐射带动能力强的区域性产业群，建成具有全球影响的电子竞技特色小镇
	南通市通州区开沙岛旅游度假区运动休闲特色小镇	通过不断升级提升公共服务能力，建成南通房车露营地，将南通市打造成具有露营特色的运动休闲小镇
浙江（3）	衢州市柯城区森林运动小镇	打造富有影响力的国家级森林特色品牌赛事，探索健康、科学、生态、环保的小镇运营模式
	杭州市淳安县石林港湾运动小镇	以山地骑行赛道为载体，做强水上休闲运动，做特环湖骑游运动，做活山地体验运动
	金华市经开区苏孟乡汽车运动休闲特色小镇	在差异定位和领域细分中构建小镇大产业、扩大就业，聚集人口，实现汽车运动、汽车休闲与传统体育项目的有机融合

续表

地区	名称	特色
安徽（3）	六安市金安区悠然南山运动休闲特色小镇	以体育为核心，带动教练、培训、医疗、户外产品销售等整个体育服务产业链，已成为六安市以其优美环境、极致配套引领皖西高端社区新标杆
	池州市青阳县九华山运动休闲特色小镇	将举办老年体协、健身气功、瑜伽等各种文体活动，为九华山运动特色小镇建设提供体育项目支持，把运动休闲特色小镇建设成健康养生基地
	六安市金寨县天堂寨大象传统运动养生小镇	将天堂寨打造成以中国传统文化和中国传统体育运动为特色，以健康物联网技术为支撑，以打造健康赛事、健康管理、健康康复为目的的传统养身小镇，打造成以运动休闲+健康养生为主题的特色文旅新品牌
福建（3）	泉州市安溪县龙门镇运动休闲特色小镇	通过“体育+文化”“体育+科技”的发展模式有效带动就业，助推新城镇化建设
	南平市建瓯市小松镇运动休闲特色小镇	通过“运动+养生+文化+农业+休闲+旅游”的模式，实现体育、健康、文化、旅游等多元素的有机结合
	漳州市长泰县林墩乐动谷体育特色小镇	挖掘林墩丰富自然资源和人文资源，发挥良好的区位优势，凸显品牌效应，以旅游发展促进环境提升，涌现出世界珍稀富硒温泉等品牌特色

续表

地区	名称	特色
江西(3)	上饶市婺源县珍珠山乡运动休闲特色小镇	推进皇菊、茶叶、蓝莓、中药、大鲵等特色种养业发展，逐步打造出婺源皇菊、山溪活竹酒、黄砂干鱼、酒糟鱼、婺珍山笋等农特产品和旅游商品加工产业
	九江市庐山西海射击温泉康养运动休闲小镇	庐山西海射击温泉康养运动休闲小镇集飞碟射击、游泳、羽毛球、乒乓球、健身运动、水上乐园、瑜伽、太极养生和户外拓展等多种运动于一体，并融合温泉养生、娱乐休闲、酒店服务、园林景观、康体养生等多种元素的运动休闲主题小镇
	赣州市大余县丫山运动休闲特色小镇	以“体育+旅游”产业为核心，辐射带动区域经济协同发展，通过地道探险、徒步登山、悬空栈道等特有的体育运动项目，把丫山建设成一个以运动休闲为主题的特色小镇
山东(5)	临沂市费县许家崖航空运动小镇	“航空”概念的新定义，使得费县的航空运动获得了前所未有的发展契机，许家崖将成为我国唯一一个以航空命名的特色小镇
	烟台市龙口市南山运动休闲小镇	利用高尔夫发展优势，打造成中国一流的高尔夫赛事发展基地
	潍坊市安丘市国际运动休闲小镇	因地制宜引入山地户外、水上、航空、冰雪等消费引领性强、覆盖面广的室内外运动休闲场地设施，布局多个运动休闲项目，满足不同人群的健身休闲需求
	日照奥林匹克水上运动小镇	充分发挥“蓝天、碧海、金沙滩”的生态优势，致力于将日照打造成“运动之城、活力之城、健康之城”
	青岛市即墨市温泉田横运动休闲特色小镇	打造成以体育运动、温泉健康、休闲娱乐为主题的国家级体育旅游度假目的地

续表

地区	名称	特色
河南（3）	信阳市鸡公山管理区户外运动休闲小镇	开启健身+旅游的独特发展模式，体育产业的高度融合快速发展，营造崇尚健康、参与健身、追求健康文明生活方式的良好环境和氛围，满足了广大市民群众日常户外休闲活动需要，提升了全国文明城市创建工作，对外展示了亮丽的体育产业名牌
	郑州市新郑龙西体育小镇	新郑的体育小镇建设主打高新技术产业，在郑州市建设区域中心城市未来发展中，成为中心城市向南扩张的“桥头堡”
	驻马店市确山县老乐山北泉运动休闲特色小镇	老乐山历史悠久、内涵深厚，是一座道教文化名山，其体育旅游特色项目突出，先后获得全国休闲农业与乡村旅游示范点、国家级青少年户外营地的殊荣
湖北（6）	荆门市漳河新区爱飞客航空运动休闲特色小镇	通过举办一系列体育文化赛事活动，充分发挥荆门爱飞客航空小镇“全国首批通用航空产业综合示范基地”的品牌影响力
	宜昌市兴山县高岚户外运动休闲特色小镇	规划建设溪谷飞索、卡丁车、山地自行车、山地赛车、徒步等项目，进一步丰富户外运动体验项目，将高岚镇打造成全国知名的户外运动休闲特色小镇
	孝感市孝昌县小悟乡运动休闲特色小镇	小悟乡运动休闲特色小镇的建设，与大健康产业相结合，正在建立健全优质的公共体育服务体系
	孝感市大悟县新城镇运动休闲特色小镇	是大悟县著名的农业大镇、人文名镇、商业城镇、经济强镇。文教卫生成龙配套，娱乐休闲服务上乘
	荆州市松滋市洈水运动休闲小镇	培育和发展一批开发建设水平高、精准扶贫机制实、经营管理发展好、示范带动效果强的旅游项目
	荆门市京山网球特色小镇	京山拥有华中最大的网球主题公园，是全国唯一的“中国网球特色城市”。通过主办网球赛事，建设成特色网球体育小镇

续表

地区	名称	特色
湖南（5）	益阳市东部新区鱼形湖体育小镇	集体育赛事、健康养生、大型会展、文化演艺于一体的特色新城
	长沙市望城区千龙湖国际休闲体育小镇	集自然生态、休闲度假、康体保健、商务会务于一体的高品位生态型度假区
	长沙市浏阳市沙市镇湖湘第一休闲体育小镇	小镇将以“耕读传家，乐动长沙”为品牌，全力建设长株潭都市旅游区板块独特的“湖湘第一休闲体育小镇”。四个特色：一是体育小镇与传统文化相结合；二是体育小镇与美丽乡村结合；三是体育小镇与群众性文化活动相结合；四是体育小镇与产业发展相结合
	常德市安乡县体育运动休闲特色小镇	安乡县将发展有机旅游食品，打响“黄山头板鸭”“汤家岗米”“官垱干子”等安乡特色饮食品牌
	郴州市北湖区小埠运动休闲特色小镇	打造成集运动娱乐、旅游体验、休闲度假、主题乐园、教育培训等产业于一体的康养型体育特色小镇
广东（5）	汕尾市陆河县新田镇联安村运动休闲特色小	利用先烈墓园开展革命教育，将革命传统教育基地与旅游观光景点有机结合
	佛山市高明区东洲鹿鸣体育特色小镇	小镇将以体育运动、旅游休闲为主导产业，依托明阳山公园，结合城南新区建设，立足佛山本地特色体旅资源，以运动休闲为核心，以特色运动为亮点，打造成集运动、赛事、健身、休闲、度假于一体，形态更高级、分工更优化、结构更合理的国家体育休闲小镇示范样本
	湛江市坡头区南三镇运动休闲特色小镇	有效促进以乡镇为重点的基本公共体育服务均等化，促进乡镇全民健身事业和健康事业实现深度融合与协调发展

续表

地区	名称	特色
广东(5)	梅州市五华县横陂镇运动休闲特色小镇	小镇将通过承办足球冬训、国家级青少年足球比赛和训练等，将自身建设成以足球为主，聚集五华县自然资源与人文资源的体育特色小镇。以此实现五华县足球产业的可持续发展，助推五华县经济社全面发展，助力新时期精准脱贫工作
	中山市国际棒球小镇	打造以棒球为基础的运动休闲特色小镇，集棒球比赛、训练、旅游、文化、影视、传媒、培训、健身、教育、商贸于一体，还将建成中国乃至全球最大的棒球系列运动用品线上线下的集聚基地和采购中心
广西(4)	河池市南丹县歌娅思谷运动休闲特色小镇	通过自行车赛事的举办，体现出体育特征鲜明、文化气息浓厚、产业集聚融合、生态环境良好的发展特色，把南丹县建设成全国有名的自行车赛事举办地
	防城港市防城区“皇帝岭-欢乐海”滨海体育小镇	构建以特色小镇为平台载体的“产业生态系统”，带动体育及相关产业的聚集和发展，实现我市传统城市产业的升级互补
	南宁市马山县古零镇攀岩特色体育小镇	马山县是全国首个“攀岩特色体育小镇”，通过挖掘山地户外资源，开展包括“营动中国”在内的相关体育运动，使得马山的经济发展状况、地方知名度得到明显提升
	北海市银海区海上新丝路体育小镇	是全国唯一建在少数民族自治区的国家级旅游度假区，少数民族特色鲜明，将形成鲜明的地下大峡谷探险旅游活动特色

续表

地区	名称	特色
海南(2)	海口市观澜湖体育健康特色小镇	海口观澜湖体育特色健康小镇以高尔夫、篮球、足球三大体育运动为核心，依托海南“生态立省、国际旅游岛、最大经济特区”三大优势，以“体育健康”为主题和特色，打造中国最大规模的体育健康特色小镇
	三亚市潜水及水上运动特色小镇	坚持宽进严出、动态管理、宁缺毋滥的原则，组织专业力量加强对项目建设规划编制的指导和把关，整合体育系统的资源予以支持，同时协调中央有关部门完善有关支持政策。对完成运动休闲特色小镇试点任务、达到运动休闲特色小镇试点评定要求的项目，国家体育总局将认定其为“国家运动休闲特色小镇”
重庆(4)	彭水苗族土家族自治县-万足水上运动休闲特色小镇	促进彭水县江河钓鱼基地提档升级，打造具有全国影响力的品牌赛事，还将促进彭水体验式旅游的发展
	渝北区际华园体育温泉小镇	集室内攀岩、室内冲浪、室内滑雪、室内风洞跳伞等项目于一体，将成为西南地区最大的极限体育运动中心
	南川区太平场镇运动休闲特色小镇	紧紧抓住赛车运动和航空小镇两个核心特色产业，形成拳头产品，同时带动青少年实践基地、房车露营地、特色高端农业三个辅助业态，打造产业链完整的五大业态，发展区域经济
	万盛经开区凉风“梦乡村”关坝垂钓运动休闲特色小镇	发展“一河三区四梦”特色产业链的“凉风梦乡渔村”，打造成全域旅游、全民健身及精准扶贫的典型

续表

地区	名称	特色
四川（4）	达州市渠县龙潭乡賨人谷运动休闲特色小镇	打造成集运动、赛事、康养、旅游、度假于一体的特色小镇
	广元市朝天区曾家镇运动休闲特色小镇	形成集旅游度假、健身、探险、体验、娱乐休闲于一体的综合性、高品位旅游度假区
	德阳市罗江县白马关运动休闲特色小镇	形成搭建体育运动新平台，树立体育特色新品牌，引领运动休闲新风尚，培育体育产业市场，吸引长效投资的小镇特色
	内江市市中区永安镇尚腾新村运动休闲特色小镇	系内江市首个新农村综合体，以著名长寿书画家晏济元先生的故居“尚腾山庄”命名。永安镇运动休闲特色小镇用体育产业的优势特色带动相关产业的发展，为市中区建设注入了新活力
贵州（2）	遵义市正安县中观镇户外体育运动休闲特色小镇	与历史结合形成特色鲜明的红色体育休闲运动小镇，利用得天独厚的海拔优势和地势条件，打造滑翔运动高端体育旅游度假区
	黔西南州贞丰县三岔河运动休闲特色小镇	为更好地推动运动休闲小镇的建设，贞丰县三岔河景区依托旅游资源，结合民族特色，加大体育休闲项目的建设力度，全力推动旅游扶贫产业发展
云南（4）	迪庆州香格里拉市建塘体育休闲小镇	建塘镇具有悠久的历史和灿烂的民族文化，群众性传统体育活动丰富多彩，其中，端午赛马被列为云南非遗保护名录，群众基础最好
	红河州弥勒市可邑运动休闲特色小镇	充分利用民族特色，开发阿细传统摔跤、斗牛等体育项目，来举办大型体育赛事，让游客参与体验；要以可邑运动休闲小镇项目为契机，认真谋划，助推体育特色小镇发展

续表

地区	名称	特色
云南(4)	曲靖市马龙县旧县高原运动休闲特色小镇	通过精心谋划、科学布局，打造“曲靖国际高原体育城”，依托山貌地形、历史文化布置城市绿道，通过绿道将城区景点串联起来，初步形成合理的骑行、慢行运动休闲绿道体系
	昆明市安宁市温泉国际网球小镇	具有天下第一汤美誉之称的温泉旅游资源，此外网球特色产业链初具规模，自“十二五”以来，安宁体育工作有序快速发展，在国家指导下，网球形成了品牌赛事的“全产业链结构”
西藏(1)	林芝市巴宜区鲁朗运动休闲特色小镇	探索开发登山滑雪、高山滑翔伞等高原特色户外运动项目，举办全国滑雪邀请赛，积极促进体育科技成果转化和应用
陕西(3)	商洛市柞水县营盘运动休闲特色小镇	打造“地方特色鲜明、体制机制灵活、生态环境优美、多种功能叠加”的营盘运动休闲特色小镇
	渭南市大荔县沙苑运动休闲特色小镇	打造以沙漠生态保护、乡土风情教育等为主的科普研习旅游基地，增强小镇吸引力，促进体育经济与旅游经济的融合发展
	宝鸡市金台区运动休闲特色小镇	金台区功夫小镇的建设将是该区的主要特色，将按照产业园区建设和新型城镇化的总体要求，采取政府主导、企业运作、合作共赢的市场化运作模式，引进突出产业，整体上采取PPP的合作方式建设
甘肃(1)	兰州市皋兰县什川镇运动休闲特色小镇	完善运动休闲特色小镇建设规划，突出体育特色，形成产业链和服务圈。对于破解皋兰县文化体育产业发展瓶颈，推进什川镇运动休闲特色小镇项目的建设具有十分重要的意义

续表

地区	名称	特色
青海（1）	海南藏族自治州共和县龙羊峡运动休闲特色小镇	打造户外攀岩、沙漠越野、极限蹦极等特色运动项目，主要建设山地运动区、水上运动区、沙漠运动区和户外休闲运动区四大区域，举办以高原为主要载体的各种体育赛事
宁夏（1）	银川市西夏区苏峪口滑雪场小镇	突出“旅游+体育”特色，在体育赛事活动的助推下，该滑雪场经济快速发展，旅游品牌影响力不断扩大
新疆（1）	乌鲁木齐市乌鲁木齐县水西沟镇体育运动休闲小镇	集冰雪运动、冒险、健身、休闲度假为一体，具有异国风情的国际顶级“冰雪运动小镇”

附录 B　体育总局办公厅关于推动运动休闲特色小镇建设工作的通知

体群字〔2017〕73 号

各省、自治区、直辖市、新疆生产建设兵团体育局，体育总局各运动项目管理中心，中国足球协会：

运动休闲特色小镇是在全面建成小康社会进程中，助力新型城镇化和健康中国建设，促进脱贫攻坚工作，以运动休闲为主题打造的具有独特体育文化内涵、良好体育产业基础，运动休闲、文化、健康、旅游、养老、教育培训等多种功能于一体的空间区域、全民健身发展平台和体育产业基地。

为贯彻党中央和国务院关于推进特色小镇建设、加大脱贫攻坚工作力度的精神，充分发挥体育在脱贫攻坚工作中的潜在优势作用，更好地为基层经济社会事业、全民健身与健康事业、体育产业发展服务，引导推动运动休闲特色小镇实现可持续发展，体育总局决定组织开展运动休闲特色小镇建设、促进脱贫攻坚工作。现将有关事宜通知如下。

一、重要意义

建设运动休闲特色小镇，是满足群众日益高涨的运动休闲需求的重要举措，是推进体育供给侧结构性改革、加快贫困落后地区经济社会发展、落实新型城镇化战略的重要抓手，也是促进基层全民健身事业发展、推动全面小康和健康中国建设的重要探索。建设运动休闲特色小镇，能够搭建体育运动新平台、树立体育特色新品牌、引领运动休闲新风尚，增加适应群众需求的运动休闲产品和服务供给；有利于培育体育产业市场、吸引长效投资，促进镇域运动休闲、旅游、健康等现代服务业良性互动发展，推动产业集聚并形成辐射带动效应，为城镇经济社会发展增添新动能；能够有效促进以乡镇为重点的基本公共体育服务均等化，促进乡镇全民健身事业和健康事业实现深度融合与协调发展。

二、总体要求

(一)指导思想

认真贯彻落实习近平总书记系列重要讲话精神和治国理政新理念、新思想、新战略，落实总书记关于体育工作重要论述，落实党的十八大和十八届三中、四中、五中、六中全会精神，统筹推进“五位一体”总体布局，协调推进“四个全面”战略布局，牢固树立和践行新发展理念，加快推动体育领域供给侧结构性改革。将运动休闲特色小镇建设和脱贫攻坚任务紧密结合起来，多措并举、综合施策、循序渐进、以点带面，促进体育与健康、旅游、文化等产业实现融合协调发展，带动区域经济社会各项事业全面发展。

(二)基本原则

——因地制宜，突出特色。从各地实际出发，依托各地传统体育文化、运动休闲项目和体育赛事活动等特色资源，结合当地经济社会发展和基础设施条件，依据产业基础和发展潜力科学规划、量力而行、有序推进，形成体育产业创新平台。

——政府引导，市场主导。强化政府在政策引导、平台搭建、公共服务等方面的保障作用；充分发挥市场在资源配置中的决定性作用，鼓励、引导和支持企业、社会力量参与运动休闲特色小镇建设并发挥重要作用。

——改革创新，融合发展。鼓励各地创新发展理念、发展模式，大胆探索、先行先试。促进运动休闲产业与体育用品制造、体育场地设施建设等其他体育产业门类，旅游、健康、文化等其他相关产业互通互融和协调发展。

——以人为本，分类指导。以人民为中心，充分发挥体育在引导形成健康生活方式、提高人民健康水平、促进经济社会发展等方面的综合作用。鼓励东部地区多出经验和示范，政策和资金支持向中西部贫困地区倾斜。

三、主要任务

到2020年，在全国扶持建设一批体育特征鲜明、文化气息浓厚、产业集聚融合、生态环境良好、惠及人民健康的运动休闲特色小镇；带动小镇所在区域体育、健康及相关产业发展，打造各具特色的运动休闲产业集聚区，形成与当地经济社会相适应、良性互动的运动休闲产业和全民健身发展格局；推动中西部贫困落后地区在整体上提升公共体育服务供给和经济社会发展水平，增加就业岗位和居民收入，推进脱贫攻坚工作。运动休闲特色小镇要形成以下特色：

——特色鲜明的运动休闲业态。聚焦运动休闲、体育健康等主题，形成体育竞赛表演、体育健身休闲、体育场馆服务、体育培训与教育、体育传媒与信息服务、体育用品制造等产业形态。

——深厚浓郁的体育文化氛围。具备成熟的体育赛事组织运营经验，经常开展具有特色的品牌全民健身赛事和活动，以独具特色的运动项目文化或民族民间民俗传统体育文化为引领，形成运动休闲特色名片。

——与旅游等相关产业融合发展。实现体育旅游、体育传媒、体育会展、体育广告、体育影视等相关业态共享发展，运动休闲与旅游、文化、养老、教育、健康、农业、林业、水利、通用航空、交通运输等业态融合发展，打造旅游目的地。

——脱贫成效明显。通过当地体育特色产业的发展吸纳就业，创造增收门路，促进当地特色农产品销售，在体育脱贫攻坚中树立示范。

——禀赋资源的合理有效利用。自然资源丰富的小镇依托自然地理优势发展冰雪、山地户外、水上、汽车摩托车、航空等运动项目；民族文化资源丰富的小镇依托人文资源发展民族民俗体育文化。大城市周边重点镇加强与城市发展的统筹规划与体育健身功能配套；远离中心城市的小镇完善基础设施和公共体育服务，服务农村。

四、组织实施

运动休闲特色小镇的建设由地方各级政府及其体育等相关部门根据当地实际进行，充分发挥社会力量和市场机制的作用，避免盲目跟风。各省(区、市)体育局、体育总局有关运动项目管理中心分别根据当地和运动项目实际向体育总局推荐小镇项目、进行业务指导。体育总局主要以组织开展运动休闲特色小镇示范试点、制定完善政策的方式加强行业管理和引导。

(一)项目报送

1. 报送程序

坚持地方自愿申报和省(区、市)体育局、体育总局运动项目管理中心(项目协会)推荐相结合，按年度分批报送。县级体育行政部门根据实际情况，将辖区内符合条件的项目上报省(区、市)体育局，省(区、市)体育局进行审核后推荐上报体育总局。体育总局各运动项目管理中心(项目协会)可直接推荐项目。

2. 基本条件

申报和推荐的小镇应具备以下基本条件：

(1)交通便利，自然生态和人文环境好；

(2)体育工作基础扎实，在运动休闲方面特色鲜明；

(3)近5年无重大安全生产事故、重大环境污染、重大生态破坏、重大群体性社会事件、历史文化遗存破坏现象；

(4)小镇所在县(区、市)政府高度重视体育工作，能对发展运动休闲特色小镇提供政策保障；

(5)运动休闲特色小镇建设对当地推进脱贫攻坚工作具有特殊意义。

3. 推荐数量(2017年度)

(1)京津冀三省(市)各推荐3个，其他省(区、市)各推荐1—2个；

(2)体育总局有关运动项目管理中心各推荐1个。

(二)政策支持

对所推荐的第一批小镇项目，体育总局将组织专家对规划进行评审，筛选出一批基础扎实、条件良好、具备优势、特色鲜明的运动休闲小镇进行试点示范，并会同有关部门给予引导和支持。

对纳入试点的小镇，一次性给予一定的经费资助，用于建设完善运动休闲设施，组织开展群众身边的体育健身赛事和活动。

体育总局各运动项目管理中心(项目协会)将向各小镇提供体育设施标准化设计样式，配置各类赛事资源。

体育总局将会同中央有关部门制定完善运动休闲特色小镇建设有关政策、细化工作方案，推动此项工作持续健康发展，成为脱贫攻坚工作的助力项目。

(三)有关要求

各省(区、市)体育局和体育总局运动项目管理中心要认真组织，做好运动休闲特色小镇遴选和推荐工作，坚持优中选优、宁缺勿滥，把好关口，保证推荐上报的材料真实准确。

请组织填报《2017 年度运动休闲特色小镇推荐表》(附件 1)，按附件 2 的提纲格式报送《运动休闲特色小镇建设工作汇报材料》(含电子版)，提供运动休闲特色小镇建设总体规划，于 2017 年 6 月 20 日前一并报送体育总局。

体育总局办公厅

2017 年 5 月 9 日

附录C　国家发展改革委办公厅关于建立特色小镇和特色小城镇高质量发展机制的通知

发改办规划〔2018〕1041号

各省、自治区、直辖市及计划单列市、新疆生产建设兵团发展改革委，住房城乡建设部、国家体育总局、国家开发银行、中国农业发展银行、中国光大银行办公厅(室)：

特色小镇和特色小城镇是新型城镇化与乡村振兴的重要结合点，也是促进经济高质量发展的重要平台。党中央、国务院高度重视，国家发展改革委等部门先后印发实施《关于加快美丽特色小(城)镇建设的指导意见》《关于规范推进特色小镇和特色小城镇建设的若干意见》，引导特色小镇和特色小城镇发展取得一定成效，概念不清、盲目发展及房地产化苗头得到一定纠正。为进一步对标对表党的十九大精神，巩固纠偏成果、有力有序有效推动高质量发展，现通知如下。

一、总体要求

(一)指导思想。全面贯彻党的十九大精神，以习近平新时代中国特色社会主义思想为指导，坚持以人民为中心，坚持稳中求进工作总基调，坚持新发展理念，坚持使市场在资源配置中起决定性作用和更好发挥政府作用，以引导特色产业发展为核心，以严格遵循发展规律、严控房地产化倾向、严防政府债务风险为底线，以建立规范纠偏机制、典型引路机制、服务支撑机制为重点，加快建立特色小镇和特色小城镇高质量发展机制，释放城乡融合发展和内需增长新空间，促进经济高质量发展。

（二）基本原则。

——坚持遵循规律。立足各地区发展阶段，遵循经济规律和城镇化规律，实事求是、因地制宜、量力而行，使特色小镇和特色小城镇建设成为市场主导、自然发展的过程。

——坚持产业立镇。立足各地区比较优势，全面优化营商环境，引导企业扩大有效投资，发展特色小镇投资运营商，打造宜业宜居宜游的特色小镇和特色小城镇，培育供给侧小镇经济。

——坚持规范发展。统筹规范特色小镇和特色小城镇创建工作，把握内涵、纠正偏差、正本清源，坚决淘汰一批缺乏产业前景、变形走样异化的小镇和小城镇。

——坚持典型引路。逐步挖掘特色小镇和特色小城镇典型案例，总结提炼、树立标杆、推广经验、正面引导，以少带多引领面上高质量发展，确保沿正确轨道健康前行。

——坚持优化服务。明确政府角色定位，顺势而为、因势利导，重在理念引导、规划制定、平台搭建和政策创新，使特色小镇和特色小城镇建设成为政府引导、高质量发展的过程。

二、建立规范纠偏机制

以正确把握、合理布局、防范变形走样为导向，统筹调整优化有关部门和省级现有创建机制，强化年度监测评估和动态调整，确保数量服从于质量。

（三）规范省级创建机制。各地区要依据特色小镇与特色小城镇本质内涵的差异性，调整并分列现有省级特色小镇和特色小城镇创建名单，分类明确功能定位和发展模式；在创建名单中，逐年淘汰住宅用地占比过高、有房地产化倾向的不实小镇，政府综合债务率超过100%市县通过国有融资平台公司变相举债建设的风险小镇，以及特色不鲜明、产镇不融合、破坏生态环境的问题小镇；对创建名单外的小镇和小城镇，加强监督检查整改。省级发展改革委于每年12月，将调整淘汰后的省级特色小镇和特色小城镇创建名单、数据(表2、3)，报送国家发展改革委。

(四)优化部门创建机制。发挥推进新型城镇化工作部际联席会议机制作用，国家发展改革委会同国务院有关部门优化现有创建机制，统一实行有进有退的创建达标制，避免一次性命名制，防止各地区只管前期申报、不管后期发展与纠偏。有关部门按照《关于规范推进特色小镇和特色小城镇建设的若干意见》要求，在已公布的96个全国运动休闲特色小镇、两批403个全国特色小城镇创建名单中，持续开展评估督导和优胜劣汰，适时公布整改名单，有关情况及时送国家发展改革委。对创建名单外的小镇和小城镇加强监测，视情况动态公布警示名单。

三、建立典型引路机制

以正面引领高质量发展为导向，持续挖掘典型案例、总结有益经验、树立示范性标杆，引导处于发展过程中的小镇和小城镇对标典型、学习先进。

(五)建立典型经验推广机制。逐年组织各地区挖掘并推荐模式先进、成效突出、经验普适的特色小镇和特色小城镇，按少而精原则从中分批选择典型案例，总结提炼特色产业发展、产镇人文融合和机制政策创新等典型经验，以有效方式在全国范围推广，发挥引领示范带动作用。2018年9月底前，省级发展改革委将第一批特色小镇推荐案例(2个以内，表1)，报送国家发展改革委。

(六)明确典型特色小镇条件。基本条件是：立足一定资源禀赋或产业基础，区别于行政建制镇和产业园区，利用3平方公里左右国土空间(其中建设用地1平方公里左右)，在差异定位和领域细分中构建小镇大产业，集聚高端要素和特色产业，兼具特色文化、特色生态和特色建筑等鲜明魅力，打造高效创业圈、宜居生活圈、繁荣商业圈、美丽生态圈，形成产业特而强、功能聚而合、形态小而美、机制新而活的创新创业平台。

(七)明确典型特色小城镇条件。基本条件是：立足工业化城镇化发展阶段和发展潜力，打造特色鲜明的产业形态、便捷完善的设施服务、和谐宜居的美丽环境、底蕴深厚的传统文化、精简高效的体制机制，实现特色支柱产业在镇域经济中占主体地位、在国内国际市场占一定份额，拥有一批知名品牌和企业，镇区常住人口达到一定规模，带动乡村振兴能力较强，形成具有核心竞争力的行政建制镇排头兵和经济发达镇升级版。

(八)探索差异化多样化经验。鼓励各地区挖掘多种类型小镇案例，避免模式雷同、难以推广。立足不同产业门类，挖掘先进制造类、农业田园类及信息、科创、金融、教育、商贸、文旅、体育等现代服务类案例。立足不同地理区位，挖掘“市郊镇”“市中镇”“园中镇”“镇中镇”等特色小镇案例，以及卫星型、专业型等特色小城镇案例。立足不同运行模式，挖掘在机制政策创新、政企合作、投融资模式等方面的先进经验。

四、建立服务支撑机制

以政府引导、企业主体、市场化运作为导向，稳步推动符合规律、富有潜力的特色小镇和特色小城镇高质量发展，为产生更多先进典型提供制度土壤。

(九)鼓励地方机制政策创新。鼓励全面优化营商环境，加强指导、优化服务、开放资源。创新财政资金支持方式，由事前补贴转为事中事后弹性奖补。优化供地用地模式，合理安排建设用地指标，依法依规组织配置农业用地和生态用地，鼓励点状供地、混合供地和建筑复合利用。合理配套公用设施，切实完善小镇功能、降低交易成本。推行特色小镇项目综合体立项，允许子项目灵活布局。鼓励商业模式先进、经营业绩优异、资产负债率合理的企业牵头打造特色小镇，培育特色小镇投资运营商。

(十)搭建政银对接服务平台。引导金融机构逐年为符合高质量发展要求的特色小镇和特色小城镇，在债务风险可控前提下提供长周期低成本融资服务，支持产业发展及基础设施、公共服务设施、智慧化设施等建设。2018 年 12 月底前，省级发展改革委组织收集特色小镇信息(表4)，汇总印送省级开发银行、农业发展银行和光大银行，并会同省行将完成尽调小镇信息报送总行，抄送国家发展改革委。各总行开辟绿色通道，2019 年 1 月底前完成评审和融资服务，将批复投放情况报送国家发展改革委。

五、组织保障

(十一)强化上下联动。依托推进新型城镇化工作部际联席会议机制，国家发展改革委强化统筹协调和跟踪督导，建立数据共享平台；各有关部门统一行动、合理参与、把握节奏、精益求精。省级发展改革委要增强责任意识，会同有关部门以钉钉子精神抓好落实。

(十二)加强宣传引导。逐年组织现场经验交流会，指导有关方面开展培训和论坛，引导社会各界学习典型、防范风险。发挥主流媒体舆论导向作用，持续报道建设进展，宣传好案例好经验，形成良好舆论氛围。

国家发展改革委办公厅

2018 年 8 月 30 日

附录D 国务院办公厅关于促进全民健身和体育消费推动体育产业高质量发展的意见

国办发〔2019〕43号

各省、自治区、直辖市人民政府，国务院各部委、各直属机构：

体育产业在满足人民日益增长的美好生活需要方面发挥着不可替代的作用。在新形势下，要以习近平新时代中国特色社会主义思想为指导，强化体育产业要素保障，激发市场活力和消费热情，推动体育产业成为国民经济支柱性产业，积极实施全民健身行动，让经常参加体育锻炼成为一种生活方式。经国务院同意，现提出以下意见。

一、深化“放管服”改革，释放发展潜能

（一）深化全国性单项体育协会改革。各协会主办的体育赛事活动资源、培训项目等，符合条件的都要通过公开方式交由市场主体承办。鼓励将赛事活动承办权、场馆运营权等通过产权交易平台公开交易。（体育总局和地方人民政府负责。以下除特别指出的外均需地方人民政府负责，不再列出）

（二）完善赛事管理服务机制。制定体育赛事活动办赛指南、参赛指引，明确举办基本条件、标准、规则和各相关主管部门的责任。建立

跨部门的体育赛事活动综合服务机制或例会制度。开发体育赛事活动安全许可预受理系统，为赛事活动承办方申请许可提供便利。改进商业性体育赛事活动的安全管理措施。(体育总局、公安部负责)

(三)深化场馆运营管理改革。鼓励各地推进公共体育场馆“改造功能、改革机制”工程。政府投资新建体育场馆应委托第三方企业运营，不宜单独设立事业单位管理。支持职业体育俱乐部主场场馆优先改革。(体育总局负责)

(四)推动公共资源向体育赛事活动开放。围绕可利用的水域、空域、森林、草原等自然资源，综合考虑生态、防洪、供水安全等因素，分类制定允许开展的体育赛事活动目录，明确申请条件和程序。推动自行车、运动船艇、滑雪板等体育器材装备的公路、铁路、水运、民航便利化运输。(体育总局、公安部、自然资源部、住房城乡建设部、交通运输部、水利部、林草局、铁路局、民航局、空管办负责)

二、完善产业政策，优化发展环境

(五)落实已有税费政策。体育企业符合现行政策规定条件的，可享受研究开发费用税前加计扣除、小微企业财税优惠等政策。体育场馆自用的房产和土地，可按规定享受有关房产税和城镇土地使用税优惠。鼓励通过谈判协商、参与市场化交易等方式，确定体育场馆及健身休闲设施使用电气热的价格。(财政部、税务总局、发展改革委、能源局负责)

(六)加强知识产权保护。推动体育赛事转播权市场化运营。建立体育无形资产评估标准、完善评估制度。支持各类体育协会采用冠名、赞助、特许经营等方式开发其无形资产。(体育总局、财政部负责)

(七)加大金融支持力度。鼓励银行业金融机构开展体育企业应收账款、知识产权等质押贷款创新。引导各地政府性融资担保机构将体育企业纳入支持范围。支持符合条件的体育企业发行社会领域产业专项债券。鼓励保险机构积极开发相关保险产品。(人民银行、财政部、银保

监会、发展改革委负责)

三、促进体育消费，增强发展动力

(八)优化体育消费环境。完善体育市场主体和从业人员信用记录。加大对体育市场违法违规经营行为的打击力度，规范体育市场秩序。(体育总局、发展改革委、市场监管总局负责)

(九)出台鼓励消费政策。鼓励各地采取灵活多样的市场化手段促进体育消费，丰富群众性体育赛事活动、优化参赛体验。推动公共体育场馆延长开放时间，鼓励开发健身产品、提供体育培训服务。(体育总局、发展改革委负责)

(十)开展促进体育消费试点。以体育产业规划、城市体育用地供给、社区体育设施配套、经常参加体育锻炼人数等为条件，确定一批国家体育消费试点城市。(体育总局、发展改革委、自然资源部负责)

(十一)培养终身运动习惯。实施全民健身行动，努力打造百姓身边的健身组织和“15 分钟健身圈”。推行运动水平等级评定制度，根据不同项目、年龄段特点，制定专业和业余统一的等级标准，培养健身技能，增强体育消费粘性，激活健身培训市场。探索实行学生运动技能标准达标评定制度，推动每名学生熟练掌握至少 1 项终身受益的运动技能。广泛开展各级学校体育联赛。(体育总局、教育部负责)

四、建设场地设施，增加要素供给

(十二)优化体育产业供地。各地区在编制国土空间规划时要统筹考虑体育用地布局，在安排年度土地利用计划时，加大对体育产业新增建设用地的支持力度。利用以划拨方式取得的存量房产、土地兴办体育产业，符合《划拨用地目录》的可按划拨方式办理用地手续，不符合《划拨用地目录》的可采取协议出让方式办理。鼓励各地探索利用集体建设用地、符合条件的“四荒”(荒山、荒沟、荒丘、荒滩)土地发展体育产业。(自然资源部、林草局负责)

（十三）因地制宜建设体育设施。鼓励各类市场主体利用工业厂房、商业用房、仓储用房等既有建筑及屋顶、地下室等空间建设改造成体育设施，并允许按照体育设施设计要求，依法依规调整使用功能、租赁期限、车位配比及消防等土地、规划、设计、建设要求，实行在五年内继续按原用途和土地权利类型使用土地的过渡期政策。合理利用公园绿地、市政用地等建设足球场、篮球场、排球场等体育设施，鼓励社会资本参与投资建设并依法按约定享受相应权益。已交付的体育设施由体育部门履行监管职责，确保落实体育用途。（发展改革委、自然资源部、住房城乡建设部、体育总局等相关部门按职责分工分别负责）

（十四）加大全民健身设施建设力度。组织实施全民健身提升工程，安排中央预算内投资支持全民健身和体育产业基础设施建设。开展全国社会足球场地设施建设专项行动。（发展改革委、体育总局负责）

（十五）挖掘学校体育场地设施开放潜力。在政策范围内采取必要激励机制，支持中小学对校园体育场地设施进行社会通道改造，在课余时间和节假日向社会开放；不具备改造条件的，也应保证在课余时间和节假日向本校师生开放；新建的学校体育场地设施应在规划设计时，创造向社会开放的条件；鼓励以购买服务方式引入专业机构运营管理。严格执行学校安全管理措施，确保校园安全。（教育部、住房城乡建设部、体育总局、自然资源部负责）

（十六）规范体育场馆公共安全服务供给。建立体育场馆安保等级评价制度。制定相关安保标准，分级分类明确体育赛事安全设施和安保人员装备配备要求，推动安保业务市场化、专业化发展。到2022年，大型体育场馆全部完成安保等级评价。（公安部、体育总局负责）

五、加强平台支持，壮大市场主体

（十七）发挥政府资金引导带动作用。研究设立由政府出资引导、社会资本参与的中国体育产业投资基金。以省为单位制定政府购买公共体育服务目录和标准。（体育总局、财政部、发展改革委和各省级人民

政府负责)

(十八)建设体育产业发展平台。促进各类体育组织与体育企业合作，打造一批知名企业和自主品牌。鼓励符合条件的中小体育企业服务平台申报国家中小企业公共服务示范平台。开展全国体育科技创新大赛。(体育总局、科技部、工业和信息化部负责)

(十九)推动体育社会组织发展。体育社会组织符合直接登记条件的，可直接向民政部门依法办理登记。重点扶持一批运行良好、积极作为的基层体育组织。(体育总局、民政部负责)

六、改善产业结构，丰富产品供给

(二十)提升体育服务业比重。大力培育健身休闲、竞赛表演、场馆服务、体育经纪、体育培训等服务业态，创新商业模式，延伸产业链条。力争到2022年，体育服务业增加值占体育产业增加值的比重达到60%。加强体育服务业质量监测。(体育总局、市场监管总局负责)

(二十一)支持体育用品制造业创新发展。推动智能制造、大数据、人工智能等新兴技术在体育制造领域应用。鼓励体育企业与高校、科研院所联合创建体育用品研发制造中心。(工业和信息化部、发展改革委、体育总局负责)

(二十二)推动体育赛事职业化。着力发展现有职业联赛，鼓励有条件的运动项目举办职业赛事，合理构建职业联赛分级制度。支持成立各类职业联盟。支持校际体育赛事发展，探索商业化运营模式。发展体育经纪人队伍，挖掘体育明星市场价值。(体育总局、教育部负责)

(二十三)加快发展冰雪产业。促进冰雪产业与相关产业深度融合，合理规划、广泛调动社会力量投资建设冰雪运动场地设施。力争到2022年，冰雪产业总规模超过8000亿元，推动实现“三亿人参与冰雪运动”目标。(体育总局负责)

(二十四)大力发展“互联网+体育”。推动电子商务平台提供体育消费服务。支持以冰雪、足球、篮球、赛车等运动项目为主体内容的智能

体育赛事发展。(体育总局负责)

七、优化产业布局，促进协调发展

(二十五)打造体育产业增长极。以京津冀、长三角、粤港澳大湾区、海南等区域为重点发展体育产业，培育一批具有较大影响力的体育城市。引导在京的全国性体育组织落户河北雄安新区，支持京津体育科研院所、体育高科技企业到河北开展技术研发、中试和产业化生产。(体育总局、发展改革委和相关地方人民政府负责)

(二十六)促进区域特色体育产业发展。以资源禀赋为依托，引导足球、冰雪、山地户外、水上、汽车摩托车、航空等运动项目产业合理布局。分项目制定新一轮产业发展规划，加强相关基础设施建设，鼓励各地开发一批以攀岩、皮划艇、滑雪、滑翔伞、汽车越野等为代表的户外运动项目。支持新疆、内蒙古、东北三省等地区大力发展寒地冰雪经济。(体育总局、发展改革委负责)

(二十七)助力“一带一路”建设。以“一带一路”沿线国家为重点，发起组建国际体育产业联盟。推动在“一带一路”沿线国家举办马拉松、自行车、帆船、汽车拉力赛等系列体育赛事。(体育总局、发展改革委、外交部负责)

八、实施“体育+”行动，促进融合发展

(二十八)推动体医融合发展。将体育产业发展核心指标纳入全国卫生城市评选体系。鼓励医院培养和引进运动康复师，开展运动促进健康指导，推动形成体医融合的疾病管理和健康服务模式。完善国民体质监测指标体系，将相关指标纳入居民健康体检推荐范围。为不同人群提供有针对性的运动健身方案或运动指导服务，推广科学健身，提升健身效果。加强针对老年群体的非医疗健康干预，普及健身知识，组织开展健身活动。(卫生健康委、民政部、体育总局负责)

(二十九)鼓励体旅融合发展。探索将体育旅游纳入旅游度假区等

国家和行业标准。实施体育旅游精品示范工程，打造一批有影响力的体育旅游精品线路、精品赛事和示范基地。规范和引导体育旅游示范区建设。将登山、徒步、越野跑等体育运动项目作为发展森林旅游的重要方向。(文化和旅游部、林草局、发展改革委、体育总局负责)

(三十)加快体教融合发展。通过政府购买服务等方式，引进专业教练员、退役运动员、体育培训机构等为学校体育课外训练和竞赛提供指导。鼓励各地将体育基地、运动营地等纳入青少年研学基地。完善学校体育教学、训练和竞赛体系，支持学校与体育部门建立运动员共同培养机制。以游泳、田径等项目为试点，将教育部门主办的符合要求的赛事纳入运动员技术等级评定体系。加强普通高校高水平运动队建设，将其纳入国家竞技体育后备人才培养体系。(教育部、体育总局负责)

九、强化示范引领，打造发展载体

(三十一)鼓励建设体育服务综合体。支持推出一批体育特色鲜明、服务功能完善、经济效益良好的综合体项目，稳步推进建设一批规划科学、特色突出、产业集聚的运动休闲特色小镇。(体育总局、发展改革委负责)

(三十二)加强体育产业基地建设与管理。推动形成一批运转良好、带动能力强的国家体育产业示范基地、示范单位和示范项目。(体育总局负责)

(三十三)探索体育产业创新试验区建设。培育一批试验区，鼓励和引导各地在体制机制、主体培育、融合发展等方面探索实践。利用现有资源，设立国家体育产业发展协同创新中心。(体育总局、发展改革委负责)

十、夯实产业基础，提高服务水平

(三十四)加强体育产业人才培养。鼓励普通高校、职业院校设置体育产业相关专业，形成有效支撑体育产业发展的高层次人才培养体

系。完善教练员水平评价制度。(教育部、体育总局负责)

(三十五)完善体育产业统计体系。开展体育产业统计监测，到2022年，基本形成及时、全面、准确的体育产业数据定期发布机制。(体育总局、统计局负责)

体育总局、发展改革委要加强对本意见落实情况的跟踪督促。各有关部门要强化责任落实，加强协同联动。各地区要建立相关协调机制，强化政策衔接，做到思想重视、责任到位、措施有力、确保实效。

国务院办公厅

2019年9月4日

附录 E　贵州省体育特色小镇建设与评定指标(试行)

一、术语与定义

(一)体育小镇

在全面建成小康社会进程中，助力新型城镇化和健康中国建设，以体育运动休闲为主题打造的具有体育文化内涵、良好体育产业基础，集运动休闲、文化、健康、旅游、养老、教育培训等多种功能于一体的空间区域、全民健身发展平台和体育产业小镇。

(二)体育特色小镇

以国家推动运动休闲特色小镇建设为契机，结合贵州全省名城名镇名村建设，重点发展足球、攀岩、骑行、露营、探洞、低空飞行、水上项目、冰雪项目等体育特色项目，建设一批体育特征鲜明、文化气息浓厚、产业集聚融合、生态环境良好、惠及人民健康、具有示范作用的体育产业发展小镇。

二、评定对象

符合以下条件的体育特色小镇创建对象可申请评定：

1. 建设、运营满1年(含1年)以上;

2. 有经营管理主体及相应的从业人员;

3. 为贵州全省名城、名镇、名村以及新建知名小镇;

4. 近一年内未发生重、特大安全责任事故,近一年内无重、特大生态环境破坏和污染问题,近一年内无重、特大市场秩序问题;

5. 开发有高桥极限、洞穴探险、路跑健身、山地骑行、户外拓展、水上运动、冰雪运动、低空运动、攀岩、徒步等特色业态。

三、评定要求

(一)资源与环境

小镇范围内体育、旅游等资源丰富,体育旅游价值较高,整体环境舒适,体育旅游主题特色明显,体育文化氛围浓厚,整体视觉形象清晰。

(二)设施及配套服务

小镇范围内基础设施布局合理、舒适便捷、安全先进,交通、购物、餐饮、住宿等配套服务较为完善。

(三)产品与服务

拥有受公众欢迎、方便参与、健康时尚的体育旅游产品,提供优质的体育旅游服务,满足体育旅游者健身游、观光游、赛会游的需求。

(四)人员要求

服务人员身体健康,态度热情,文明礼貌,参加岗前培训,熟悉小镇及周边的旅游资源,具有较强的专业知识和技能。教练员要持相关专业技术资格证上岗。

(五)宣传与推广

宣传推广渠道多种，形式多样，信息符合正能量。与体育协会(俱乐部)、旅行社等密切合作，积极参加各类体育旅游博览会、论坛、会展节庆等，品牌宣传推广内容形成体系

(六)保障措施

建立有“人防”“物防”和“技防”相结合的安全保障体系和较为规范、完整的卫生管理制度，与附近公安、消防、医疗、防疫、卫生等部门有联动机制。

(七)综合管理

小镇取得相关营业证照，有完整的经营管理制度，应提供特殊人群(老年人、残疾人、儿童)服务项目，开展体育旅游数据专项统计，鼓励社会组织参与或吸纳志愿者开展体育旅游服务。

四、评定条件

贵州省体育特色小镇评定条件分为“基本条件”和“特色条件”(详见表1)。

“基本条件”适用于体育小镇的建设与评定。

“特色条件”适用于体育特色小镇的建设与评定。

贵州省体育局

2020年4月8日

表1 贵州省体育特色小镇评定指标体系表

	一级指标	二级指标
基本条件	资源与环境	1. 体育旅游资源丰富。小镇范围内体育旅游资源丰富、价值较高，整体生态环境舒适 2. 体育旅游文化浓厚。小镇范围内体育文化氛围浓厚，体育旅游主题特色明显，整体视觉形象清晰
	基础设施及配套服务	1. 基础设施完备。有满足体育旅游消费需求的基础配套设施 2. 服务满足需求。提供有体育旅游接待、咨询等服务的人员和设施 3. 智慧化建设先进。有免费 WiFi、公众号(官网)、大数据等建设 4. 应急场所满足需求。有满足体育旅游需求的应急场所 5. 小镇宣传到位。有基地的基本情况介绍、体育旅游项目布局图等
	体育条件	1. 体育元素凸显。有满足需求的体育场地、设施(器材)及元素 2. 赛事条件具备。有举办或承办体育赛事活动的场地和计划
	视觉识别系统	1. 视觉识别系统规范。有统一规范醒目的标识指示系统 2. 信息宣传电子化。建设有对外公布信息的电子宣传载体(包括但不限于 LED 等显示设备)
	经营管理制度	1. 财务审计合规。有规范的年度财务和审计报告 2. 经营管理制度健全。包括但不限于财务管理、统计管理、技能培训、信息化管理、环境卫生管理、设施设备管理、服务质量监督与管理、安全管理、应急救援救护等制度
特色条件	体育旅游要素突显	1. 体育旅游业态凸显。有不少于 1 项包括但不限于足球、攀岩、骑行、露营、探洞、低空飞行、水上项目、冰雪项目等特色体育旅游项目 2. 市场主体培育与壮大。注册有 1 家(含)以上体育旅游类企业，或有 2 家(含)以上体育旅游类企业入驻 3. 社会组织参与。有 1 个(含)以上体育旅游类社会组织入驻，或成立有 1 个体育旅游类社会组织 4. 高端要素支撑。与 1 家(含)以上体育、旅游类科研院所或新型智库机构建立咨询服务协作，集聚体育旅游人才、技术、信息等要素 5. 品牌建设与传播。自主举办不少于 1 项特色主题或 IP 品牌的体育旅游活动 6. 重大赛事举办。举办或承办有市级(含)以上体育赛事，其中至少 1 项具有贵州民族特色 7. 产业规划引领。有科学合理的体育旅游产业发展规划或策划 8. 专业人才指导。有 3 名(含)以上工作人员获“社会体育指导员职业资格证”

续表

	一级指标	二级指标
特色条件	产业协同发展	1. 区域产业协同发展。与周边30公里(或30分钟车程)以内的餐饮、住宿、交通、购物、景区、娱乐等企业联动发展，用市场方式完善体育旅游服务体系 2. 多产业融合成形。与特色文化、教育培训、金融服务、会展传媒、大数据、科学技术、体育扶贫等业态融合发展，包括但不限于1项 3. 产业链条基本形成。有知名体育或旅游类企业入驻，形成基本的体育旅游产业链
	产业带动效益	1. 促进就业创业。吸纳当地人口在小镇内就业或创业 2. 带动产业发展。能够带动当地个体户或企业发展 3. 产业效益明显。年综合收入达到1.8亿元以上，或年接待人数达30万人次以上 4. 市场占有率稳步提升